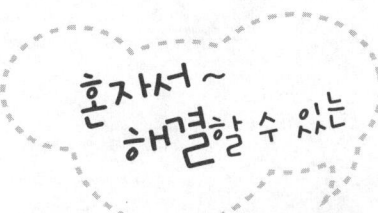

혼자서~
해결할 수 있는

교통사고
Q&A

| 조명원 지음 |

가림M&B

혼자서~
해결할 수 있는

교통사고
Q&A

| 조명원 지음 |

가림 M&B

혼자서 해결할 수 있는
교통사고 Q&A

2004년 6월 15일 제1판 1쇄 발행

지은이/조명원
펴낸이/강선희
펴낸곳/가림M&B

등록/1999. 1. 18. 제5-89호
주소/서울시 광진구 구의동 57-71 부원빌딩 4층
대표전화/458-6451   팩스/458-6450
홈페이지 http://www.galim.co.kr
e-mail galim@galim.co.kr

값 12,000원

ISBN 89-89107-38-5 13360

 현대 사회에 있어서 흔히 자동차는 문명의 이기(利器)이자
흉기라고 말한다. 문제는 현실에서 교통사고는 본인이 아무
리 원하지 않더라도 운명처럼 누구에게나 닥칠 수 있는 문제라는 점이다.

특히, 우리는 자동차 없이는 이 세상을 단 하루도 살아갈 수 없을 만큼
자동차는 생활의 일부분이 되어 버렸고, 그에 따라 교통법규는 우리의 일
상생활과 가장 밀접한 관계가 있는 생활법률로서 우리 앞에 다가와 있다.

그러나 막상 교통사고가 발생하면 누구나 교통사고에 대한 법률지식의
부족으로 당황한 나머지 엄청난 불이익을 당하는 경우가 허다한 실정이다.
또한 교통사고를 둘러싼 민·형사상의 법률문제는 간단한 것 같지만, 사실
은 매우 복잡하고 애매모호하며 그 해결방법 또한 매우 난해한 경우가 대
부분이다.

이 책은 필자가 20년간 교통사고와 관련된 수많은 민·형사사건을 담당
하면서 준비하였던 여러 자료를 정리하고 1970년에서 현재까지의 대법원
등 각급 법원의 주요 판례를 나름대로 정리하여 전문가가 아닌 일반인들도
쉽게 이해할 수 있도록 사례 중심으로 쉽게 한 권의 책으로 엮은 것이다.

특히, 우리 사회에서 실제로 발생하였던 교통사고를 사례별로 기술하여 자칫 딱딱해지기 쉬운 법률문제를 누구나 흥미롭게 읽을 수 있도록 쉽게 설명하려고 노력하였다.

이 책이 교통사고를 당하였거나 순간적인 실수로 교통사고를 일으키고 고통받고 있는 수많은 교통사고의 당사자들은 물론이고, 자동차를 운전하고 이용하는 모든 사람들에게 교통사고를 둘러싼 법률문제를 명쾌하게 해결할 수 있는 길잡이가 되었으면 하는 바람이다.

끝으로 이 책의 발간을 위하여 노력해 주신 가림출판사 여러분들의 노고에 깊이 감사드린다.

2004년 6월

서초동 사무실에서 조 명 원

c|o|n|t|e|n|t|s

책머리에 ••• 9

Chapter 1 교통사고와 형사책임

Chapter 2 교통사고와 손해배상 책임

Chapter 3 교통사고와 자동차보험

Chapter 1 | 교통사고와
형사책임

1_ 도로교통법상 자동차의 의미 ···*22*

2_ 음주측정불응죄의 성립요건 ···*23*

3_ 불성실하게 측정에 응한 경우 음주측정불응죄의 성립여부 ···*25*

4_ 아파트단지 내 노상주차장이 '도로'인 여부 ···*27*

5_ 주택가 막다른 골목길이 도로교통법상의 '도로'인 여부 ···*29*

6_ 대학구내가 도로교통법상의 도로인 여부 ···*31*

7_ 시동을 걸지 않고 차를 움직인 경우 음주운전에 해당하는지 여부 ···*33*

8_ 주차장에서의 운전과 음주운전 해당여부 ···*34*

9_ '위드마크공식'에 의한 음주운전 인정여부 ···*37*

10_ 노상주차장에서의 운전과 음주운전 해당여부 ···*39*

11_ 만취운전과 심신장애여부 ···*41*

12_ 중앙선이 황색점선인 경우 중앙선 침범사고인 여부 ···*43*

13_ 중앙선 침범사고의 의미 ···*45*

14_ 중앙선 침범사고와 '신뢰의 원칙' ···*47*

15_ 좌회전 또는 유턴과 중앙선 침범사고의 여부 ···*48*

16_ 횡단보도로 도로의 중앙을 넘어간 경우 중앙선 침범사고여부 ···*49*

17_ 합의여부에 관계없이 형사처벌되는 교통사고 ···*51*

18_ 횡단보도 앞 일시정지선과 일시정지할 장소의 차이 ···*53*

19_ 신호기 또는 안전표지가 없는 교차로에서의 좌회전 허용여부 ··· *55*

20_ 승객 추락방지 의무의 의미 ··· *57*

21_ 11세 피해자의 승낙과 도주운전 해당여부 ··· *59*

22_ 혼잡한 시내도로에서의 안전거리 ··· *61*

23_ 긴급자동차의 우선 통행방법 ··· *62*

24_ 안전지대 옆을 통과하는 차량의 주의의무 ··· *63*

25_ 연습운전면허를 받은 사람의 준수사항 ··· *64*

26_ 운전면허의 효력발생 시점 ··· *66*

27_ 형사합의 및 합의금의 성격 ··· *68*

28_ 선고유예란 어떤 판결인가 ··· *70*

29_ 범칙금 미납자에 대한 처리절차 ··· *72*

Chapter | 교통사고와
손해배상 책임

1_ 음식점에 보관시킨 자동차의 교통사고와 손해배상 책임자 ••• 76

2_ 영업용 택시 사고로 인한 승객에 대한 손해배상 책임 ••• 78

3_ 주 · 정차 차량을 추돌한 경우 손해배상 책임 ••• 80

4_ 신호기의 고장으로 인한 사고와 손해배상 책임자 ••• 82

5_ 뺑소니사고와 국가의 피해보상 ••• 84

6_ 자동차를 절취한 범인이 교통사고를 낸 경우 ••• 85

7_ 자동차 매도 후 명의이전 전에 발생한 교통사고에 대한 책임자 ••• 87

8_ 도로변 낙석사고에 대한 국가의 손해배상 책임여부 ••• 90

9_ 미성년자의 교통사고와 부모의 책임 ••• 93

10_ 아파트단지 내 사고와 아파트 관리회사의 책임여부 ••• 95

11_ 보행자 통행방법위반과 불법행위의 성립여부 ••• 97

12_ 화물 운송중의 교통사고와 운송의뢰인의 책임여부 ••• 99

13_ 교통사고에 대한 지입회사의 책임 ••• 101

14_ 교습용 자동차의 사고와 피교습자의 책임여부 ••• 103

15_ 정비공장에서 시운전 중 사고를 낸 경우의 손해배상 책임자 ••• 105

16_ 동료 공무원의 교통사고와 국가배상 청구여부 ••• 107

17_ 중앙선이 설치된 도로에서의 주의의무 ••• 109

18_ 합의 이후 추가 손해배상을 청구할 수 있는 경우 ••• 111

19_ 가해운전자와 합의한 후에도 차주에게 손해배상청구를

할 수 있는지 여부 ••• 114

20_ 고속도로 교통사고와 손해배상 ••• 116

21_ 불법 주차차량을 추돌한 경우 피해자의 과실 정도 ••• 118

22_ 운전자와 동승자인 피해자가 친족인 경우 과실상계여부 ••• 119

23_ 호의동승자에 대한 손해배상액 감경여부 ••• 122

24_ 차량 운행과 사고발생 간의 상당 인과관계 ••• 125

25_ 연쇄 추돌사고의 경우 선행 차량의 과실유무 ••• 127

26_ 자동차 운전자의 후행 오토바이에 대한 주의의무 ••• 129

27_ 중앙선이 설치된 도로에서 교행하는 자동차 운전자의 주의의무 ••• 131

28_ 교차로 통행방법과 과실여부 ••• 133

29_ 정체된 차량 사이로 횡단한 피해자의 과실 정도 ••• 134

30_ 횡단보도와 가까운 곳으로 횡단한 보행자의 과실 정도 ••• 135

31_ 도로 보행중의 사고와 피해자의 과실 정도 ••• 136

32_ 횡단보도를 건너던 도중 신호등이 빨간색으로 바뀐 경우

피해자의 과실 정도 ••• 137

33_ 승객의 승 · 하차시 안전사고와 피해자의 과실 정도 ••• 139

34_ 후진중인 차에 충격된 피해자의 과실 정도 ••• 141

35_ 피해자가 도로에 누워 있었던 경우 피해자의 과실 정도 ••• 143

36_ 자전거 또는 오토바이로 횡단보도를 횡단하다가 일어난

사고의 과실 정도 ••• 144

37_ 전문직 양성 대학에 재학중인 피해자의 일실수입 산정방법 ••• *145*

38_ 교통사고 이후 피해자가 자살한 경우 ••• *147*

39_ 교통사고 피해자가 또다시 교통사고를 당하여 사망한 경우

　　 손해배상의 범위 ••• *149*

40_ 사고 차량에 동승한 차주의 손해액 산정과 그 운전자의

　　 과실상계여부 ••• *150*

41_ 정차한 버스에서 하차하던 중 상해를 입은 경우 ••• *151*

42_ 계약직 직원의 일실소득 산정방법 ••• *153*

43_ 손해배상액 산정에 있어 과실상계와 손익상계의 순서 ••• *155*

44_ 공상군경의 사망과 유족연금의 공제여부 ••• *157*

45_ 개인사업자의 일실수입 산정기준 ••• *159*

Chapter 3 교통사고와 자동차보험

1_ 보험금 청구권의 소멸시효기간과 소멸시효의 기산점 ••• *164*

2_ 피해자가 운전보조자인 경우 보험적용여부 ••• *166*

3_ 성폭행을 피하여 차에서 뛰어내린 경우의 보험적용여부 ••• *168*

4_ 개인적 용무로 회사택시를 운전하다가 일으킨 사고와

　　보험적용여부 ••• *170*

5_ 동승운전자의 피해에 대한 보험적용여부 ••• *172*

6_ '운전' 과 '운행' 의 차이 ••• *174*

7_ 견인되는 차량의 수리작업중 사고와 보험적용여부 ••• *176*

8_ 무단운행임을 알고도 동승한 피해자에 대한 보험적용여부 ••• *178*

9_ 공동운행자의 사고와 보험적용여부 ••• *179*

10_ 지게차로 적재한 화물이 떨어져 사고가 발생한 경우

　　보험적용여부 ••• *180*

11_ 무면허운전자가 일으킨 사고와 보험적용여부 ••• *182*

12_ 피보험자의 고의사고와 보험적용여부 ••• *184*

13_ 택시에 설치된 폭발물로 인한 사고와 보험적용여부 ••• *186*

14_ 화물자동차의 하역작업중 발생된 사고에 대한 보험적용여부 ••• *187*

15_ 보험회사의 과실상계 주장에 대하여 ••• *189*

16_ 계모가 교통사고를 낸 경우 가족운전자한정운전자보험의

　　적용여부 ••• *191*

17_ 자기신체사고자동차보험에 있어 음주운전면책약관의

　　적용여부 ••• 193

18_ 자동차 안에서 잠자는 도중 질식사한 경우 자동차보험 적용여부 ••• 195

19_ 가해자와 피해자 사이의 서면 합의의 보험회사에 대한 효력 ••• 197

20_ 수리비가 차량 가격을 초과할 경우 ••• 199

21_ 해외여행보험 가입자의 손해배상액 ••• 201

22_ 자기 차량 손해에 있어 음주 · 무면허 면책약관의 효력 ••• 203

23_ 손해배상액보다 치료비가 더 많은 경우 ••• 205

24_ 손해배상액 산정방법 ••• 207

25_ 착오로 면책대상 보험금을 지급한 경우 부당이득 반환여부 ••• 209

26_ '2종 보통운전면허'로 12인승 승합차를 운전하다가

　　일으킨 교통사고 ••• 211

27_ 렌터카로 인한 교통사고와 손해배상 책임자 ••• 213

28_ 자동차매매와 보험계약의 승계여부 ••• 215

29_ 이미 지급한 형사합의금을 보험회사에 청구할 수 있는지 여부 ••• 216

30_ 배기량 49.6cc 오토바이가 자동차손해배상보장법상의

　　자동차인지의 여부 ••• 218

31_ 운전면허증을 회수 당한 경우 무면허운전인지의 여부 ••• 220

32_ 공무원이 출퇴근 도중 일으킨 교통사고와 국가의 배상책임여부 ••• 222

33_ 공무집행중 공용차의 운행지배자 ••• 224

부록 1

_ 전용차로의 종류 및 통행할 수 있는 차량 • • • *226*

_ 신호의 시기 및 방법 • • • *227*

_ 범칙행위 및 범칙금액표(운전자) • • • *228*

_ 범칙행위 및 범칙금액표(보행자) • • • *233*

_ 과태료금액표 • • • *234*

_ 운전면허시험의 일부면제 구분 • • • *237*

_ 차로에 따른 통행차의 기준 • • • *241*

_ 운전할 수 있는 차의 종류 • • • *243*

부록 2

_ 도로교통법 • • • *246*

_ 교통사고처리특례법 • • • *302*

_ 교통사고처리특례법시행령 • • • *305*

_ 자동차손해배상보장법 • • • *307*

_ 자동차손해배상보장법시행령 • • • *322*

1장

교통사고와 **형사책임**

도로교통법상 자동차의 의미

Q | 경운기를 운전하다가 교통사고를 야기하고 도주한 경우, 특정범죄
가중처벌등에관한법률 위반(도주운전)죄가 성립하나요?

A | 도주차량 운전자의 가중처벌을 규정한 특정범죄가중처벌등에관한법
률 제5조의3 제1항은 도로교통법 제2조에 규정된 자동차, 원동기장치
자전거 또는 궤도차의 교통으로 인하여 형법 제268조(업무상과실치사
상)의 죄를 범한 당해 차량의 운전자가 피해자를 구호하는 등 도로교
통법 제50조 제1항의 규정에 의한 조치를 취하지 아니하고 도주한 때
에 처벌한다고 규정하고 있습니다. 그리고 도로교통법 제2조 제14호
에서는 '자동차'라 함은 철길 또는 가설된 선에 의하지 아니하고 원
동기를 사용하여 운전되는 차로서 자동차관리법 제3조의 규정에 의
한 승용자동차·승합자동차·화물자동차·특수자동차·이륜자동차 및
건설기계관리법 제26조 제1항 단서의 규정에 의한 건설기계를 말합
니다. 단, 50cc 미만의 원동기장치자전거를 제외한다고 규정하고 있
습니다.

따라서 경운기나 50cc 미만의 오토바이는 특정범죄가중처벌등
에관한법률 제5조의3 제1항에 규정된 도로교통법 제2조 소정의 자동
차, 원동기장치자전거 또는 궤도차의 어느 것에도 해당되지 아니하므
로 이를 운행중 교통사고를 내고 도주한 경우에도 도주운전 죄는 성립
하지 아니한다고 할 것입니다 (대법원 84다 2884 판결).

음주측정불응죄의 성립요건

Q | 저는 처와 아이들을 태우고 결혼식에 가던 중, 도로를 차단하고 무차별 음주단속을 하는 경찰관에게 음주측정 요구를 받게 되었습니다. 그런데 저는 음주를 하지 않았음은 물론이고 처와 어린 자식들 앞에서 죄인 취급을 받는 것이 불쾌하여 경찰관에게 항의를 했더니 경찰은 무조건 도로교통법상의 음주측정불응죄로 형사 입건 조치를 취했습니다. 정말로 이러한 경우에도 음주측정불응죄가 성립하나요?

A | 음주측정불응죄에 관한 도로교통법 제107조의2 제2호는 "술에 취하였다고 인정할 만한 상당한 이유가 있는 사람으로서 제41조 제2항의 규정에 의한 경찰공무원의 측정에 응하지 아니한 사람"이라고 규정하고 있습니다.

그런데 여기서 '술에 취한 상태' 라 함은 음주운전죄로 처벌되는 음주수치인 혈중 알코올 농도 0.05% 이상의 음주상태를 말한다고 보아야 할 것이므로, 음주측정불응죄가 성립하기 위하여는 음주측정 요구 당시 운전자가 반드시 혈중 알코올 농도 0.05% 이상의 상태에 있어야 하는 것은 아니지만 적어도 혈중 알코올 농도 0.05% 이상의 상태에 있다고 인정할 만한 상당한 이유가 있어야 하는 것이고, 나아가 술에 취한 상태에 있다고 인정할 만한 상당한 이유가 있는지 여부는 음주측정 요구 당시 개별 운전자마다 그의 외관·태도·운전행태 등 객관적 사정을 종합하여 판단하여야 할 것입니다 (대법원 2002도 6632 판결).

따라서 사례와 같은 경우는 도로교통법 제107조의2 제2호 규정에 의한 음주측정불응죄에 해당한다고 볼 여지는 전혀 없다고 할 것입니다.

더욱이, 호흡측정기에 의한 음주측정을 요구하기 전에 사용되는 음주감지기 시험에서 음주반응이 나왔다고 할지라도 현재 사용되는 음주감지기가 혈중 알코올 농도 0.02%인 상태에서부터 반응하게 되어 있는 점을 감안하면 그것만으로 바로 운전자가 혈중 알코올 농도 0.05% 이상의 술에 취한 상태에 있다고 인정할 만한 상당한 이유가 있다고 볼 수는 없고, 거기에다가 운전자의 외관·태도·운전행태 등의 객관적 사정을 종합하여 술에 취한 상태에 있다고 인정할 만한 상당한 이유가 있는지 여부를 판단하여야 한다는 것이 대법원의 일관된 판례입니다.

따라서 이러한 점에 비추어 볼 때(대법원 2002. 6. 14. 선고 2001도 5987 판결, 2003. 1. 24. 선고 2002도 6632 판결), 도로를 차단하고 무차별로 음주단속을 실시하는 우리 경찰의 단속 행태는 법률상 바람직하지 못한 업무태도라 할 것입니다.

불성실하게 측정에 응한 경우 음주측정불응죄의 성립여부

Q | A는 경찰공무원으로부터 음주측정을 요구받고 형식적으로 음주측정에 응하였을 뿐 호흡측정기에 음주측정수치가 나타날 정도로 숨을 불어넣지는 않았다고 합니다. 이러한 경우에도 음주측정불응죄가 성립하나요?

A | 도로교통법 제41조 제2항에서 말하는 '측정'이란, 측정결과에 불복하는 운전자에 대하여 그의 동의를 얻어 혈액채취 등의 방법으로 다시 측정할 수 있음을 규정하고 있는 같은 조 제3항과의 체계적 해석상, 호흡을 채취하여 그로부터 주취의 정도를 객관적으로 환산하는 측정방법, 즉 호흡측정기에 의한 측정이라고 이해하여야 할 것이고, 한편 호흡측정기에 의한 음주측정은 운전자가 호흡측정기에 숨을 세게 불어넣는 방식으로 행하여지는 것으로서 여기에는 운전자의 자발적인 협조가 필수적이라 할 것이므로, 운전자가 경찰공무원으로부터 음주측정을 요구받고 호흡측정기에 숨을 내쉬는 시늉만 하는 등 형식적으로 음주측정에 응하였을 뿐 경찰공무원의 거듭된 요구에도 불구하고 호흡측정기에 음주측정수치가 나타날 정도로 숨을 제대로 불어넣지 아니하였다면 이는 실질적으로 음주측정에 불응한 것과 다를 바 없다 할 것이고, 운전자가 정당한 사유 없이 호흡측정기에 의한 음주측정에 불응한 이상 그로써 음주측정불응의 죄는 성립하는 것이라 할 것입니다.

따라서 사례의 경우, 정당한 사유 없이 호흡측정기에 의한 음주측정에 실질적으로 불응하였으므로 음주측정불응의 죄에 해당하고, 설령 그 후 혈액채취의 방법으로 음주측정을 하자고 요구한 사실이 있다 하더라도 이미 성립한 음주측정불응의 죄에 영향을 주지는 않는다고 할 것입니다(대법원 99도 5210 판결).

④ 아파트단지 내 노상주차장이 '도로'인 여부

Q | 저는 음주 만취상태에서 아파트단지 내 건물 사이의 공간 한쪽에 주차구획선을 그어 놓은 곳에서 자동차를 운전하려다가 제 차 앞에 세워 놓은 오토바이를 충격하여 시비하던 중, 출동한 경찰관에 의하여 음주운전으로 단속되었습니다.
위와 같은 경우에도 음주운전에 해당하는 것인가요?

A | 위 사례에 있어서 운전을 하려다가 오토바이를 충격한 지점이 도로교통법상의 '도로'에 해당한다면, 도로교통법 소정의 주취운전에 대한 형사책임을 면할 수 없을 것입니다.

이에 관하여 판례는, 아파트단지 내 건물 사이의 통로 한쪽에 주차구획선을 그어 차량이 주차할 수 있는 주차구역을 만들었다면 이는 주차장법 및 주택건설촉진법 등의 관계 규정에 의하여 설치된 아파트 부설주차장이라고 보아야 하고, 주차구획선 밖의 통로 부분이 일반교통에 사용되는 곳으로서 도로교통법 제2조 제1호 소정의 도로에 해당하는지의 여부는 아파트의 관리 및 이용상황에 비추어 그 부분이 현실적으로 불특정 다수의 사람이나 차량의 통행을 위하여

공개된 장소로서 교통질서유지 등을 목적으로 하는 일반 경찰권이 미치는 곳으로 볼 것인가 혹은 특정인들 또는 그들과 관련된 특정한 용건이 있는 자들만이 사용할 수 있고 자주적으로 관리되는 장소로 볼 것인가에 따라 결정할 것이나, 주차구획선 내의 주차구역은 도로와 주차장의 두 가지 성격을 함께 가지는 곳으로서 주차장법과 주택건설 촉진법 등의 관계규정이 우선 적용되므로 이를 도로교통법 소정의 도로라고 할 수는 없다고 판시한 바 있습니다(대법원 94누 9566 판결).

따라서 위 사례에 대하여는 도로교통법상의 음주운전으로는 처벌할 수 없을 것입니다.

그러나 주차구역을 벗어난 곳은 도로교통법상의 '도로'에 해당한다고 할 것인 바, 판례는 주차구역에서 3m 정도를 벗어난 사안에 대하여 이미 주차구획선을 벗어나 도로에 진입한 것으로 인정한 사례가 있습니다(대법원 93도 1574 판결).

주택가 막다른 골목길이 도로교통법상의 '도로'인 여부

Q | A는 음주만취 상태로 집에서 잠을 자다가 주택가 막다른 골목길에 주차시켜 놓았던 차량을 다시 일렬주차하기 위하여 약 1m 정도 전·후진하던 중 경찰관에게 음주운전으로 적발되었습니다. 이러한 경우까지도 도로교통법상의 음주운전에 해당하나요?

A | '운전'이라 함은 '도로'에서 차를 그 본래의 사용 방법에 따라 사용하는 것이므로(도로교통법 제2조 제19호), 위 사안에 있어서 주택가 막다른 골목길도 도로교통법상의 '도로'에 해당한다면 A는 도로교통법 소정의 주취운전에 대한 형사책임을 면할 수 없을 것입니다.

그런데 도로교통법상 '도로'라 함은 도로법에 의한 도로, 유료도로법에 의한 유료도로 그 밖의 일반교통에 사용되는 모든 곳을 말하며, 여기서 '일반교통에 사용되는 모든 곳'이라 함은 현실적으로 불특정 다수의 사람 또는 차량의 통행을 위하여 공개된 장소로서 교통질서유지 등을 목적으로 하는 일반 교통경찰권이 미치는 공공성이 있는 곳을 의미하는 것이므로, 특정인들 또는 그들과 관련된 특정한 용건이 있는 자들만이 사용할 수 있고 자주적으로 관리되는 장소가 아닌 한 주택가의 막다른 골목길 등과 같은 곳도 법에서 말하는 도로에 해당하고, 또 이러한 장소에서 자동차의 시동을 걸어 이동하였다면 그것이 주차를 위한 것이라거나 주차시켜 놓았던 차량을 똑바로 정렬하기 위한 것이더라도 '차량을 그 본래의 사용 방법에 따라 사용'하는 것으로서 법에서 말하는 '운전'에 해당한다고 할 것입니다(대법원 93도 828 판결).

따라서 위 사례의 경우는 도로교통법 소정의 주취운전으로 형사처벌을 받게 될 것입니다.

대학구내가 도로교통법상의 도로인 여부

Q | 대학생인 A가 대학구내에서 음주운전 중 다른 학생에게 상해를 가하는 교통사고를 야기하였습니다.

이러한 경우 교통사고처리특례법 제3조 제2항 단서 제8호 소정의 주취운전 사고로서 형사 처벌을 받아야 하는 것인가요?

A | 교통사고처리특례법 소정의 교통사고는 도로교통법에서 정하는 '도로' 에서 발생한 교통사고의 경우에만 적용되는 것은 아니고, 차의 교통으로 인하여 발생한 모든 경우에 적용되는 것입니다.

따라서 A가 야기한 위 사고가 교통사고처리특례법상의 교통사고임에는 틀림이 없습니다.

그러나 교통사고처리특례법 제3조 제2항 단서 제8호는 도로교통법 제41조 제1항의 규정에 위반하여 주취중에 운전한 경우를 규정하고 있고, 도로교통법 제41조 제1항은 누구든지 술에 취한 상태에서 '운전' 하여서는 아니된다고 규정하고 있으며, 같은 법 제2조 제19호는 "운전이라 함은 '도로' 에서 차를 그 본래의 사용 방법에 따라 사용하는 것을 말한다"고 규정하고 있습니다.

따라서 위 사례에 있어서 A가 교통사고처리특례법 소정의 주취운전사고로 처벌되려면 위 사고지점이 '도로' 이어야만 하는 것입니다.

도로교통법상 '도로' 라 함은 도로법에 의한 도로, 유료도로법에 의한 유료도로 그 밖의 일반교통에 사용되는 모든 곳을 말하는데(도로교통법 제2조 제1호), 여기서 '일반교통에 사용되는 모든 곳' 이라 함은 현실적으로 불특정 다수의 사람 또는 차량의 통행을 위하여 공개된 장소로서 교통 질서 유지 등을 목적으로 하는 일반 교통경찰권이 미치는 공공성이 있는 곳을 의미하는 것이므로, 특정인들 또는 그들과 관련된 특정한 용건이 있는 자들만이 사용할 수 있고 자주적으로 관리되는 장소는 이에 포함된다고 볼 수 없을 것입니다.

그런데 위 사례의 경우 교통사고가 발생한 장소는 대학교에 재학중인 학생들이나 그 곳에 근무하는 교직원들이 이용하는 대학시설물의 일부로 학교운영자에 의하여 자주적으로 관리되는 곳이지, 불특정 다수의 사람 또는 차량의 통행을 위하여 공개된 장소로 일반 교통경찰권이 미치는 공공성이 있는 곳으로는 볼 수 없으므로 결국 도로교통법 제2조 제1호에서 말하는 도로로는 볼 수 없습니다.

따라서 위 사고는 교통사고처리특례법 소정의 주취운전중의 사고라고 인정할 수는 없을 것입니다(대법원 96도 1848 판결).

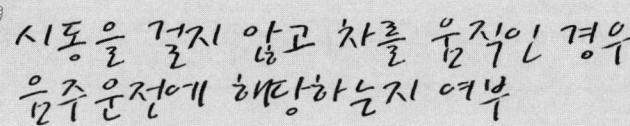

시동을 걸지 않고 차를 움직인 경우 음주운전에 해당하는지 여부

Q | 음주만취상태에서 차의 시동은 걸지 않은 채 핸드 브레이크를 풀고 브레이크 페달을 조작하여 자동차를 움직인 경우, 도로교통법 제41조 제1항 소정의 술에 취한 상태에서 자동차 등을 운전한 경우에 해당하는지요?

A | 도로교통법 제41조 제1항에 의하면 술에 취한 상태에서 '자동차 등'을 운전하는 것을 금지하고 있고, 도로교통법 제2조 제14호에서는 '자동차'라고 함은 철길 또는 가설된 선에 의하지 아니하고 원동기를 사용하여 운전되는 차를 말하고 있고, 같은 조 제19호에 의하면 '운전'이라 함은 도로에서 차를 그 본래의 사용 방법에 따라 사용하는 것을 말한다고 규정하고 있습니다. 그러므로 같은 법 제41조 제1항에서 말하는 자동차를 운전한다는 것은 원동기의 시동을 걸고 핸들이나 가속기 또는 브레이크 등을 손이나 발로 다루어 일정한 방향과 속도로 움직이게 해 발진하거나 적어도 발진조작을 완료하는 것을 가리키는 것이라 할 것입니다.

따라서 비록 술에 취한 상태에서 자동차의 핸드 브레이크를 풀고 브레이크 페달을 조작하여 움직이게 하였다 하더라도 차의 엔진을 시동하지 아니하였다면 같은 법 제41조 제1항에서 말하는 '주취중 운전'에는 해당하지 않는다고 할 것입니다(대법원 97도 1841 판결, 서울행정법원 98구 23641 판결).

주차장에서의 운전과 음주운전 해당여부

Q | 저는 음식점 주차장에 승용차를 주차하여 놓고 술을 마시다가 종업원이 다른 차에 방해가 되지 않도록 차를 똑바로 세워달라고 요청하여 다시 주차를 하던 중, 경찰관에게 음주운전으로 단속되었습니다. 이처럼 주차장에서 차를 똑바로 세우기 위하여 운전한 경우에도 형사처벌대상인 도로교통법상의 주취운전이 되는 것인가요?

A | 주취중 운전금지에 관하여 도로교통법 제41조 제1항은 "누구든지 술에 취한 상태에서 자동차 등을 운전하여서는 아니된다"라고 규정하고 있고, 같은 법 제107조의2 제1호에서는 "제41조 제1항의 규정에 위반하여 술에 취한 상태에서 자동차 등을 운전한 사람은 2년 이하의 징역이나 500만 원 이하의 벌금의 형으로 벌한다"라고 규정하고 있습니다.

따라서 도로교통법상 주취운전에 해당하려면, 먼저 술에 취한 상태에서 자동차를 '운전'하여야 합니다.

그런데 여기서 '운전'이라 함은 '도로'에서 차를 그 본래의 사용 방법에 따라 사용하는 것을 말하며(도로교통법 제2조 제19호), '도로'라 함은 도로법에 의한 도로, 유료도로 그 밖에 '일반교통에 사용되는 모든 곳'을 말합니다(도로교통법 제2조 제1호).

결국, 도로교통법상 주취운전에 해당하려면, 위와 같은 의미의 '도로'에서 차를 그 본래의 사용 방법에 따라 사용하여야만 하는 것입니다.

즉 도로교통법 제107조의2 제1호에 의하여 주취운전으로 처벌되려면 운전한 장소가 도로교통법 제2조 제1호 소정의 도로여야 하는 것입니다.

따라서 위 사안의 경우에 있어서는 음주운전을 하였다는 음식점 주차장이 도로교통법 제2조 제1호 소정의 도로로 볼 수 있느냐, 즉 그 주차장이 '일반교통에 사용되는 곳'이냐의 여부를 따져보아야 할 것입니다.

그런데 주차장은 '일반교통에 사용되는 곳'도 있을 수 있고, 또 그렇지 아니한 곳도 있을 수 있으므로 이에 관한 판례를 살펴보면 다음과 같습니다.

① 주차장으로 사용되는 주점 옆 공터가 일반공중이나 차량들이 자유로이 통행할 수 있는 통행장소가 아니라면 도로법이나 유료도로법 소정의 도로에 해당한다고 할 수 없고, 일반교통에 사용되는 곳이라고 보기도 어려워 도로교통법상의 도로라고 할 수 없다고 한 사례(대법원 92도 1330 판결)

② 나이트클럽 주차장은 그 곳을 출입하는 사람들을 위한 작은 주차장으로서 그 주차장이 일반교통에 사용되는 곳이라고 보기도 어려워 도로교통법상의 도로라고 할 수 없다고 한 사례(대법원 92도 448 판결)

③ 대형건물의 부설주차장에 대하여 도로교통법 제2조 제1호에서 말하는 '일반교통에 사용되는 곳'이라 함은 현실적으로 불특정 다수의 사람 또는 차량의 통행을 위하여 공개된 장소로서 교통질서 유지 등을 목적으로 하는 일반 교통경찰권이 미치는 공공성이 있는 곳을 의미하는 곳이고, 특정인들 또는 그들과 관련된 특정한 용건이 있는 사람들만이 사용할 수 있고 자주적으로 관리되는

장소는 이에 포함된다고 볼 수 없다는 이유로 도로교통법 소정의 도로라고 할 수 없다고 한 사례(대법원 92도 1662 판결)

④ 춘천시청 내 광장주차장에 대하여 시청관리자의 용인 아래 불특정다수의 사람과 차량이 통행하는 곳으로서 도로교통법 소정의 도로라고 인정한 사례(대법원 92도 1777 판결)

⑤ 노상주차장은 도로와 주차장의 두 가지 성격을 함께 가진다고 볼 수 있을 것이나, 이와 같은 노상주차장에 관한 주차장법의 규정은 도로법이나 유료도로법에 대한 특별규정이므로, 노상주차장에 관하여는 주차장법의 규정이 우선 적용된다고 할 것이므로 도로교통법이 규정하고 있는 도로상에서의 운전에 해당한다고 볼 수 없다고 한 사례(대법원 97도 1841 판결)

⑥ 아파트단지 내의 도로는 일반교통경찰권이 미치는 공공성이 있는 곳으로 도로교통법 소정의 '도로'에 해당한다고 한 사례(대법원 2002도 3190 판결)

따라서 위 판례의 취지에 비추어 볼 때, 위 사례에 있어서의 음식점 주차장이 '일반교통에 사용되는 곳'이냐 하는 점은 보다 구체적으로 따져 보아야 할 것이나, 일응 일반교통에 사용되는 도로라고는 보여지지 않으므로 그곳에서의 운전 행위에 대하여는 도로교통법상의 주취운전으로 처벌할 수는 없다고 할 것입니다.

'위드마크공식'에 의한 음주운전 인정여부

Q | 저는 부산 상가에서 소주 몇 잔을 마시고 승용차를 운전하여 서울로 오던 중, 서울 톨게이트에서 음주측정을 한 결과 0.007%가 나왔습니다. 그런데 단속경찰관은 부산에서 출발한 시간으로부터 5시간 25분이 경과하였으므로 이를 위드마크공식에 의하여 역추산하면 0.066%가 된다고 하면서 도로교통법위반(음주운전)으로 형사입건을 하였습니다. 이러한 경찰관의 조치가 타당한 것인지요?

A | 경찰관이 음주운전단속에 있어 운전 직후에 호흡이나 혈액을 검사하여 혈중 알코올 농도를 측정할 수 없는 경우에는 위드마크(Widmark)공식을 사용하여 역추산방식으로 운전 당시의 혈중 알코올 농도를 계산하는 경우가 있는데, 이러한 경우에는 위드마크공식의 적용을 위한 전제사실, 즉 음주량·음주시각·체중 등에 대한 엄격한 증명이 있어야 한다는 것이 판례의 태도입니다.

위 사례와 같은 경우, '위드마크' 공식에 의한 역추산방식을 이용하여 특정 운전시점으로부터 일정한 시간이 지난 후에 측정한 혈중 알코올 농도를 기초로 하고 여기에 시간당 혈중 알코올의 분해소멸에 따른 감소치에 따라 계산된 운전시점 이후의 혈중 알코올 분해량을 가산하여 운전시점의 혈중 알코올 농도를 추정함에 있어서는 피검사자의 평소 음주정도, 체질, 음주속도, 음주 후 신체활동의 정도 등의 다양한 요소들이 시간당 혈중 알코올의 감소치에 영향을 미칠 수 있는 바, 형사재판에 있어서 유죄의 인정은 법관으로 하여금 합리적인

의심을 할 여지가 없을 정도로 공소사실이 진실한 것이라는 확신을 가지게 할 수 있는 증명이 필요하므로, 위 영향요소들을 적용함에 있어 피고인이 평균인이라고 쉽게 단정하여 평균적인 감소치를 적용하여서는 아니되고, 필요하다면 전문적인 학식이나 경험이 있는 사람의 도움을 받아 객관적이고 합리적으로 혈중 알코올 농도에 영향을 줄 수 있는 요소들을 확정하여야 하고, 위드마크공식에 의하여 산출한 혈중 알코올 농도가 법이 허용하는 혈중 알코올 농도를 상당히 초과하는 것이 아니라 근소하게 초과하는 정도에 불과한 경우라면 위 공식에 의하여 산출된 수치에 따라 범죄의 구성요건 사실을 인정함에 있어서 더욱 신중하게 판단하여야 한다고 하면서 음주운전이 있었던 것으로 단정할 수 없다고 판결한 바 있습니다(대법원 2003. 4. 25. 선고 2002도 6762 판결).

반면에, "위드마크공식의 적용을 위한 전제사실인 음주량·음주시각·체중에 대한 엄격한 증명이 있고, 혈중 알코올 농도에 영향을 미치는 다른 요소들에 대하여 피고인에게 가장 유리한 수치를 대입하여 위드마크공식에 따라 혈중 알코올 농도를 산출한 결과 혈중 알코올 농도가 0.05%를 상당히 초과함을 이유로 음주운전의 공소사실에 대한 충분한 증명에 이르렀다고 볼 수 있다"고 판결한 사례도 있습니다(대법원 99도 5541 판결).

따라서 위드마크공식의 적용을 위한 전제 사실이 얼마나 엄격하게 입증되는가, 그리고 위드마크공식에 따른 혈중 알코올 농도 계산수치가 도로교통법상 주취운전금지 수치인 0.05%를 얼마나 초과하였느냐 하는 것이 음주운전여부를 인정하는 기준이 된다고 할 것이므로 위 사례의 경우는 도로교통법상의 주취운전에는 해당되지 않는다고 할 것입니다.

노상주차장에서의 운전과 음주운전 해당여부

Q | 저는 음주만취 상태에서 노상주차장에 주차해 놓은 승용차 운전석에서 시동을 걸어 약 1m 정도 전·후진을 하다가 경찰관에게 적발되었습니다. 이러한 경우에도 음주운전으로 형사처벌되나요?

A | 도로교통법상 처벌대상인 주취운전에 해당하려면, 술에 취한 상태에서 차를 '도로'에서 운전하여야 합니다(도로교통법 제107조의2 제1호, 제41조 제1항, 제2조 제1호, 제19호).

위 사안의 경우는, 노상주차장이 도로교통법상의 '도로'에 해당하는 것이냐 하는 것이 문제된다고 할 것입니다.

이에 관하여 판례는, "도로의 노면의 일정구역에 설치된 노상주차장은 도로와 주차장의 두 가지 성격을 함께 가진다고 볼 수 있을 것이나, 이와 같은 노상주차장에 관한 주차장법의 규정은 도로법이나 유료도로법에 대한 특별규정이므로, 노상주차장에 관하여는 주차장법의 규정이 우선 적용되고 주차장법이 적용되지 아니하는 범위 안에서 도로법이나 유료도로법의 적용이 있다고 보아야 할 것이다"(대법원 92도2901 판결)라고 판결한 바 있습니다.

따라서 "피고인이 술에 취한 상태에서 승용차를 운전하여 도로 노면에 설치되어 있는 이 사건 노상주차장 위를 약 1m 정도 전·후진하였다면, 피고인의 위와 같은 행위는 도로교통법이 규정하고 있는 도로상에서의 주취중운전에 해당한다고 볼 수 없을 것이다"라고 판결하였고(대법원 97도 1841 판결), 이어서 위와 같은 경우 경찰공무원이 이러한 상황하에서 음주측정을 요구한 것은 교통안전과 위험방지를 위하여 필요하다고 인정되는 경우에 해당한다고 할 수 없으므로, 피고인이 운전한 사실이 없다는 이유로 경찰관의 음주측정 요구에 불응한 행위는 도로교통법상의 음주측정거부죄에 해당하지 아니한다(대법원 97도1841 판결)고 판결한 바 있습니다.

그러므로 이 사안의 경우에도 도로교통법상 처벌대상인 주취운전에는 해당한다고 볼 수 없을 것입니다.

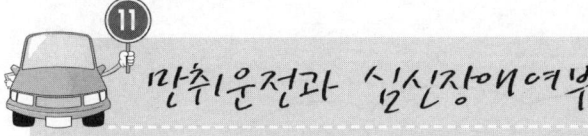

Qㅣ 제 친구는 직장동료들과 음주만취한 상태에서 승용차를 운전하다가 교통사고를 야기하여 구속된 상태입니다.

그런데 제 친구는 운전 당시 필름이 끊어질 정도로 만취하여 교통사고를 낸 사실조차 생각나지 않는다고 하는데 형법상 심신장애로 인한 형의 감경을 받을 수는 없는지요?

Aㅣ 형법 제10조는 "① 심신장애로 인하여 사물을 변별할 능력이 없거나 의사를 결정할 능력이 없는 자의 행위는 벌하지 아니한다. ② 심신장애로 인하여 전 항의 능력이 미약한 자의 행위는 형을 감경(減輕)한다. ③ 위험의 발생을 예견하고 자의로 심신장애를 야기한 자의 행위에는 전 2항의 규정을 적용하지 아니한다"라고 규정하고 있습니다.

따라서 운전자가 고의 또는 과실로 자기를 심신상실 또는 심신미약의 상태에 빠지게 한 후 이러한 상태에서 운전을 하다가 사고를 낸 경우에는 비록 심신미약이나 심신상실의 상태에서 운전을 하였다고 할지라도 형이 감경되거나 면제되지 아니하고 형법 제10조 제3항에 따라 그 행위에 대하여 형사상 책임을 면할 수 없게 됩니다.

판례도 "피고인이 자신의 차를 운전하여 술집에 가서 술을 마신 후 운전을 하다가 교통사고를 일으켰다면, 이는 피고인이 음주할 때 교통사고를 일으킬 수 있다는 위험성을 예견하고도 자의로 심신장애를 야기한 경우에 해당하여, 가사 사고 당시 심신미약 상태에 있었다고 하더라도 심신미약으로 인한 형의 감경을 할 수 없다"라고 판결한 바

있습니다.

따라서 위 사례의 경우에 있어서 친구는 음주시에 교통사고를
일으킬 위험성을 예견하였는데도 자의로 심신장애를 야기한 경우에
해당하므로 위 법 조항에 의하여 심신장애로 인한 감경 등을 할 수 없
다고 할 것입니다(대법원 92도 999 판결).

중앙선이 황색점선인 경우 중앙선 침범사고인 여부

Q | 저는 지방도로를 운전중 좌회전이 금지되지 아니한 곳에서 좌측으로 난 도로로 들어서기 위하여 황색점선으로 된 중앙선을 넘어 좌회전하던 중 반대방향에서 진행해 오던 오토바이와 충돌하는 교통사고를 야기하였습니다.

위와 같은 경우도 교통사고처리특례법상의 중앙선 침범사고에 해당하나요?

A | 비록 중앙선이 표시된 도로라고 하더라도 그 중앙선이 황색점선으로 표시된 것이라면 그곳이 특히 개별적으로 회전 등의 진로변경이 금지된 곳이 아닌 이상 좌회전도 가능한 지점이라고 할 것입니다.

그러나 자동차가 도로 양측으로 넘어가는 것이 허용된 황색점선의 중앙선이라고 하더라도, 운전자가 그 중앙선을 침범할 당시의 객관적인 여건으로 보아 장애물을 피하기 위하여 다른 적절한 조치를 취할 겨를이 없는 등의 급박한 사정 때문에 부득이 중앙선을 침범하여 반대차선으로 넘어가는 경우가 아닌 한, 교통사고처리특례법 제3조 제2항 단서 제2호 전단 소정의 '도로교통법 제13조 제2항의 규정에 위반하여 차선이 설치된 도로의 중앙선을 침범한 경우'에 해당하는 것이라고 해석하여야 할 것입니다.

따라서 자동차 운전자가 좌회전이 금지되지 아니한 곳에서 왼쪽으로 난 길로 들어서기 위하여 반대차선으로 넘어 들어갔다면 객관적으로 보아 중앙선을 넘을 필요가 있었다고 하겠지만, 반대차선에서 오토바이가 진행하여 오고 있는 것을 보고도 좌회전하기 위하여 반대차선으로 넘어 들어가다가 반대차선을 완전히 벗어나기도 전에 반대차선에서 진행해 오던 오토바이와 부딪쳤다면, 다른 특별한 사정이 없는 한 피고인이 반대방향의 교통에 충분한 주의를 기울이면서 중앙선을 침범하여 반대차선으로 넘어 들어갔다고 인정하기는 어려운 것이므로, 단지 운전자가 당시 중앙선을 넘을 필요가 있었고 반대방향의 교통을 살펴보고 충분히 좌회전할 수 있을 것으로 생각하였다는 사유만으로 위 교통사고가 교통사고처리특례법 제3조 제2항 단서 제2호 전단 소정의 중앙선 침범사고에 해당하지 아니한다고 할 수는 없다고 할 것입니다(대법원 90도 1656 판결).

결국 황색점선으로 표시된 중앙선의 경우에 있어서는 그 차선의 성질상 운행 당시의 객관적인 여건이 중앙선을 넘을 필요가 있어서 반대방향의 교통에 주의하면서 그 선을 넘어가는 것은 중앙선 침범이 아니라 할 것이나, 그렇지 아니한 경우에는 중앙선 침범이 된다고 할 것입니다(대법원 89도 1792, 86도 2597 판결).

중앙선 침범사고의 의미

Q | 저는 승용차를 운전중, 우측 골목에서 뛰어드는 어린아이를 피하려고 핸들을 좌측으로 꺾으면서 급제동 하였는데 차가 미끄러지면서 중앙선을 넘어가 반대차선에서 전진하여 오던 피해차량과 충돌하게 되었습니다. 이 경우도 교통사고처리특례법 제3조 제2항 단서상의 중앙선 침범사고에 해당하나요?

A | '중앙선'이라 함은 차마의 통행을 방향별로 명확하게 구분하기 위하여 도로에 황색실선이나 황색점선 등의 안전표지로 표시한 선 또는 중앙분리대·철책·울타리 등으로 설치한 시설물을 말합니다(도로교통법 제2조 제4의2).

교통사고처리특례법 제3조 제2항 단서 제2호 소정의 "도로교통법 제12조 제3항의 규정에 위반하여 중앙선을 침범하였을 때"라 함은 그 교통사고가 중앙선을 침범하여 운행한 행위로 인하여 일어난 경우를 말하는 것이고, 교통사고 장소가 중앙선을 넘어선 지점인 모든 경우를 포함하는 것은 아닙니다(대법원 85도 329, 84도 2134 판결).

따라서 위 사례의 경우와 같이 전방 도로 우측에서 좌측으로 횡단하는

성명불상자를 발견하고 이를 피하려고 핸들을 급히 좌측으로 꺾으면서 급제동 조치를 취하는 바람에 중앙선을 침범하면서 피해자를 충격하여 상해를 입게 한 경우에는 중앙선 침범사고라고 볼 수는 없는 것입니다.

또한 중앙선 침범사고는 중앙선이 설치된 도로상에서만 문제되는 것이며, 사고지점이 중앙선이 그어져 있지 않은 교차로라면 중앙선 침범사고라 할 수는 없을 것입니다(대법원 84도 182 판결).

중앙선 침범사고와 '신뢰의 원칙'

Q | 저는 승용차를 운전하던 중 반대방향에서 오던 트럭이 갑자기 중앙선을 침범하여 들어오는 바람에 충돌사고를 야기하게 되었습니다. 이 경우에 저에게도 과실이 있나요?

A | 자동차 운전자는 특별한 사정이 없는 한 반대방향에서 달려오는 차량이 교통법규를 지켜 중앙선을 침범하지 않을 것으로 신뢰하고 운전하는 것이므로 위 사례와 같은 경우에는 승용차 운전자에게는 과실이 있다고 할 수 없을 것입니다.

그러나 일방 차량이 중앙선을 침범하였다고 하여 항상 그에게만 과실이 인정되는 것이 아니고 구체적인 사안에 따라서는 중앙선을 침범하지 않은 운전자에게도 일부 과실이 인정되는 경우도 있을 수 있습니다.

판례는, 불과 15m의 가까운 거리에서 갑자기 중앙선을 침범함으로써 발생된 충돌사고에 대하여 중앙선 침범 운전자의 전적인 과실을 인정한 경우가 있고(서울지방법원 72나 780 판결), 중앙선을 90cm 침범한 충돌사고에 대하여 쌍방과실을 인정하는 취지의 판결을 한 사례가 있습니다(대법원 78도 2596 판결).

좌회전 또는 유턴과 중앙선 침범사고의 여부

Q | 저는 좌회전 금지구역에서 중앙선을 넘어 좌회전하다가 교통사고를 야기했습니다. 이처럼 좌회전을 하려한 경우에도 교통사고처리특례법상의 중앙선 침범사고에 해당하나요?

A | 위 질문은 좌회전 또는 유턴(U-turn)을 하기 위하여 중앙선을 넘어 반대차선으로 들어간 경우에도 교통사고처리특례법 제3조 제2항 단서 제2호 규정에 의한 중앙선 침범의 죄책을 지느냐 하는 문제입니다.

도로교통법 제12조 제3항은, 차마는 차도의 중앙선으로부터 우측 부분을 통행하도록 규정하고 있으며 차선이 설치된 도로상에 차량의 통행이 방향별로 명확하게 구분되게 하기 위하여 도로상에 황색실선으로 표시된 중앙선은 그 선을 경계로 서로 반대방향으로 운행하는 차선이 접하게 되는 것이어서 각 차선을 운행하는 운전자로서는 특단의 사정이 없는 한 반대차선 내에 있는 차량이 그 경계선을 넘어 들어오지 않을 것으로 신뢰하여 운행하는 것이므로 부득이한 사유가 없음에도 고의로 경계인 그 중앙선을 넘어 들어가 침범 당하는 차선의 차량운행자의 신뢰에 어긋난 운행을 하였다면 그러한 침범운행의 동기가 무엇인가에 따라 책임의 유무가 달라질 수는 없는 것입니다(대법원 2000도 2116 판결).

따라서 중앙선 침범의 이유가 좌회전 또는 유턴을 하려함에 있을지라도 중앙선 침범의 죄책을 면할 수는 없는 것입니다.

횡단보도로 도로의 중앙을 넘어간 경우 중앙선 침범사고여부

Q | 저는 좌회전하기 위하여 횡단보도로 도로의 중앙을 넘어 진행하던중 횡단보도상에서 반대차선에서 진행하던 차량과 충돌하였습니다.

이 경우 충돌지점은 횡단보도로서 중앙선이 없는데, 교통사고처리특례법상의 중앙선 침범사고에 해당하나요?

A | 위 사례의 내용을 정리해 보면, '횡단보도를 통하여 좌회전하다가 충돌사고를 야기하였는데, 그처럼 차량이 반대차선으로 넘어간 통로에 해당하는 도로부분은 횡단보도로서 사고지점상에는 중앙선이 그어져 있지 아니하므로 중앙선 침범사고라고는 볼 수 없지 않느냐'는 취지로 이해됩니다.

여기서 중앙선 침범사고에 대한 의미를 살펴보면, 중앙선이 설치된 도로에서 서로 반대방향으로 운행하는 운전자로서는 특단의 사정이 없는 한 반대차선 내에 있는 차량은 이 경계선을 넘어 들어오지 않을 것으로 신뢰하여 운행하는 것이므로, 부득이한 사유가 없는데도 고의로 이러한 경계선인 중앙선을 넘어 들어가 침범 당한 차선의 차량운행자의 신뢰에 어긋난 운행을 함으로써 사고를 일으켰다면 교통사고처리특례법 제3조 제2항 단서 제2호가 정한 처벌특례의 예외규정인 중앙선 침범사고에 해당한다고 할 것입니다.

판례는 위 사례와 같이 가해차량이 신호등이 설치되어 있지 아니한 횡단보도를 통로로 하여 반대차선으로 넘어 들어가다 충돌사고가 발생한 경우, 그 횡단보도에 황색실선의 중앙선이 곧바로 이어져 좌회전이 금지된 장소인 점 등 사고경위에 비추어 가해차량이 넘어간 부분이 횡단보도로서 실제로 중앙선이 그어져 있지 아니하더라도 반대차선에서 운행하던 피해자의 신뢰에 크게 어긋남과 아울러 교통사고의 위험성이 큰 운전행위로서 사고발생의 직접적인 원인이 되었다고 보아 교통사고처리특례법 제3조 제2항 단서 제2호 소정의 중앙선 침범사고에 해당한다고 판결한 예가 있습니다(대법원 95도 512 판결).

이처럼 차선이 접속하는 가상의 경계선인 중앙선을 침범한 사고의 경우에도 교통사고처리특례법 제3조 제2항 단서 제2호 소정의 중앙선 침범사고에 해당한다는 것이 판례의 태도입니다.

합의여부에 관계없이 형사처벌되는 교통사고

Q | 저는 반포대교에서 우측 차선으로 끼어들다가 가벼운 접촉사고를 야기하여 피해차 운전자에게 경미한 상해를 입게 한 일이 있습니다. 그런데 제 차는 자동차종합보험에 가입되어 있고, 또 피해자와도 원만하게 합의를 했는데도 경찰에서는 10개 예외사유에 해당되는 사고이기 때문에 형사처벌을 면할 수 없다고 합니다. 경찰에서 말하는 10개 예외사유란 무엇인가요?

A | 교통사고처리특례법 제3조 제1항에 의하면, "차의 운전자가 교통사고로 인하여 형법 제268조의 죄(업무상과실치사상, 중과실치사상의 죄)를 범한 때에는 5년 이하의 금고 또는 2천만 원 이하의 벌금에 처한다"고 규정하고 있습니다. 이어서 위 법 제8조 제2항과 제4조 제1항에서는 피해자가 사망하지 않은 교통사고에 있어서는 피해자가 가해운전자의 처벌을 원치 아니할 때와 가해차량이 종합보험이나 공제조합에 가입한 경우에는 공소를 제기할 수 없다고 규정하고 있습니다.

그러나 운전자가 구호조치를 취하지 아니하고 도주한 뺑소니사고의 경우와 위 법 제3조 제2항 단서에서 규정하고 있는 10개 항의 사유에 해당되는 경우에는 피해자와의 합의나 종합보험 또는 공제가입여부에 관계없이 형사처벌을 받게 되는데, 이를 보통 '10개 예외사유'라고 부르고 있습니다. 그 10개 예외사유를 살펴보면 다음과 같습니다.

1. **신호위반 등 사고** : 교통신호기 또는 교통정리를 하는 경찰관(이를 보조하는 교통순시원, 전투경찰대원 포함)의 신호나 통행의 금지 또는 일시정지를 내용으로 하는 안전표지가 표시하는 지시에 위반한 경우

2. **중앙선 침범 등 사고** : 중앙선을 침범하거나, 고속도로 또는 자동차전용도로를 횡단하거나 유턴 또는 후진한 경우

3. **속도위반 사고** : 제한속도를 시속 20km를 초과하여 운전한 경우

4. **앞지르기금지 위반, 끼어들기의 금지 위반의 경우**

5. **철길건널목 통과방법 위반의 경우**

6. **횡단보도상에서의 보행자 보호의무 위반의 경우**

7. **무면허운전**

8. **음주운전, 약물복용운전의 경우**

9. **보도를 침범하거나, 보도횡단방법에 위반한 경우**

10. **승객의 추락방지의무를 위반하여 운전한 경우**

횡단보도 앞 일시정지선과 일시정지 할 장소의 차이

Q | 신호등 없는 사거리에서 좌회전하기 위하여 횡단보도상의 차량정지선을 지나 교차로에 진입하던 중 앞에서 좌회전하려고 대기중이던 트럭을 추돌한 바 있습니다.

그런데 위 사고에 대하여 경찰에서는 일시정지를 내용으로 하는 안전표지위반 사고라고 하는데 맞는 말인지요?

A | 만일, 위 사례가 경찰의 주장과 같이 일시정지를 내용으로 하는 '안전표지'가 표시하는 지시에 위반한 사고라면 교통사고처리특례법 제3조 제2항 단서 제1호에 해당하므로 가해자는 피해자와의 합의여부(또는 종합보험가입여부)에 관계없이 형사처벌을 받게 될 것입니다.

여기서 '안전표지'라 함은 교통의 안전에 필요한 주의·규제·지시 등을 표시하는 표지판 또는 도로의 바닥에 표시하는 기호나 문자 또는 선 등을 말합니다(도로교통법 제2조 제12호). 따라서 도로교통법 제4조, 같은 법 시행규칙 제3조의 별표 1에 의한 횡단보도 정지선 표지(노면표지 706)는 안전표지임에는 틀림이 없습니다.

그러나 교통정리가 행해지고 있지 아니하는 교차로에서 좌회전하려는 차량은 서행할 의무는 있으나 도로교통법 제27조의2의 장소가 아닌 한 일시정지 할 의무는 없으므로, 교차로에 우선통행을 할 수 있는 다른 차량이 있는 경우에도 그 차량의 진로를 방해하지 않는 범위 내에서 서행하면서 교차로에 진입할 수 있는 것이고, 그 교차로 부근의 횡단보도 앞에 도로교통법 제4조, 같은 법 시행규칙 제3조 제1항, 제2항 〔별표 1〕에 의한 정지선표시(노면표지 일련번호 706)가 있다 하더라도 그 표시는 차의 운행중 법령이나 법령에서 정한 지시에 의하여 정지를 해야 할 경우 정지해야 할 지점을 표시하는 것으로서 일시정지표시(노면표지 일련번호 614 또는 규제표지 중 일련번호 224)와는 달리 그 표시 자체에 의하여 정지의무가 있음을 표시하는 것은 아니라고 할 것입니다.

또한 도로교통법 제27조의2 소정의 일시정지는 같은 법 제2조 제22호에서 정의하고 있는 바와 같이 '차가 일시적으로 그 바퀴를 완전 정지시키는 것'을 의미하는 것으로서, 같은 법 제22조 제3항(신호기에 의하여 교통정리가 행해지고 있는 교차로에 설치된 정지선에서의 정지), 제24조 제2항(횡단보도 앞에 설치된 정지선에서의 정지)과 같은 특별한 규정이 없는 한 교통상황 등 구체적인 사정에 따라 상대적으로 그 정지시간이나 정지지점을 달리하는 것이라 할 것입니다(대법원 99다 31704 판결).

따라서 위 사례의 경우는, 일시정지를 내용으로 하는 안전표지를 위반한 교통사고라 볼 수는 없다고 할 것입니다.

신호기 또는 안전표지가 없는 교차로에서의 좌회전 허용여부

Q | 저는 신호기나 좌회전 가능 표지가 설치되어 있지 않은 교차로에서 좌회전하다가 반대편에서 직진하던 자동차와 충돌하는 교통사고를 야기한 일이 있습니다. 위 사고에 대하여 경찰에서는 좌회전 금지위반 사고라고 주장하고 있는데 그것이 타당한 주장인가요?

A | 도로교통법 제3조, 제5조에서는 서울특별시장 등은 도로에서의 위험을 방지하고 교통의 안전과 원활한 소통을 확보하기 위하여 필요하다고 인정하는 때에는 신호기 및 안전표지를 설치하고 이를 관리하여야 하며, 보행자나 차마는 신호기 또는 안전표지가 표시하는 신호 또는 지시와 교통정리를 하는 경찰공무원의 신호나 지시를 따라야 한다고 규정하고 있습니다.

한편 도로교통법 제22조 내지 제24조에서는 교차로에서의 통행방법을 규정하면서 교통정리가 행해지고 있지 않은 교차로에서의 직진·우회전·좌회전 차량의 통행방법에 관한 내용을 포함시키고 있는데 위 규정들을 종합하여 보면 신호기 및 안전표지가 필요한 도로에서의 그것의 설치·관리는 행정기관의 의무로서, 그것이 설치된 경우 차량 등은 당연히 그 신호나 지시에 따라야 하나 그 점이 교차로에서의 좌회전은 좌회전 신호등이나 안전표지가 없는 한 허용되지 않는다고 볼 근거는 되지 않는다 할 것이며, 오히려 도로교통법이 교통정리가 행해지고 있지 않은 교차로에서의 좌회전방법을 규정하고 있는 취지에 비추어 일반적으로 교차로에서의 좌회전은 그것을 금지하는 신호기 또는 안전표지가 없는 한 허용된다고 할 것입니다(서울지방법원 87노 2685 판결).

　　따라서 사례의 경우에 있어서도, 이를 좌회전 금지위반 사고로 는 볼 수 없을 것입니다.

승객 추락방지 의무의 의미

Q | 화물차 운전기사인 A는 적재함에서 작업하던 피해자가 차에서 내린 것을 확인하지 않은 채 차를 출발시켜 피해자가 추락하여 상해를 입게 하는 교통사고를 야기하였습니다. 위 사고에 대하여 경찰에서는 교통사고처리특례법 제3조 제2항 단서 제10호에 해당하는 승객추락방지의무위반 사고로 입건하였는데 그러한 경찰의 조치는 타당한 것인가요?

A | 위 사례는 '승객 추락방지의무'의 의미에 관한 사안입니다. 이에 대하여 교통사고처리특례법 제3조 제2항 단서 제10호는 "도로교통법 제35조 제2항의 규정에 의한 승객의 추락방지의무를 위반하여 운전한 경우"라고 규정함으로써 그 대상을 '승객'이라고 명시하고 있고, 도로교통법 제35조 제2항 역시 "모든 차의 운전자는 '운전중' 타고 있는 사람 또는 타고 내리는 사람이 떨어지지 아니하도록 하기 위하여 문을 정확히 여닫는 등 필요한 조치를 취하여야 한다"고 규정하고 있습니다.

그러므로 위와 같은 규정의 취지에 비추어 보면, 위 특례법 제3조 제2항 단서 제10호 소정의 의무는 그것이 주된 것이든 부수적인 것이든 사람의 운송에 제공하는 차의 운전자가 그 승객에 대하여 부담하는 의무라고 보는 것이 상당하다 할 것입니다(대법원 99도 3716 판결).

따라서 위 사례와 같이 화물차 적재함에서 작업하던 피해자가 차에서 내린 것을 확인하지 않은 채 출발함으로써 피해자가 추락하여 상해를 입게 된 경우에는 교통사고처리특례법 제3조 제2항 단서 제10호 소정의 의무를 위반하여 운전한 경우에 해당하지 않는다고 할 것입니다.

또한 판례는, 승객의 추락방지의무를 위반하여 운전한 경우란 도로 교통법 제35조 제2항에서 규정하고 있는 대로 "차의 운전자가 타고 있는 사람 또는 타고 내리는 사람이 떨어지지 않도록 하기 위하여 필요한 조치를 하여야 할 의무"를 위반하여 운전한 경우를 말하는 것이 분명하고, 차의 운전자가 문을 여닫는 과정에서 발생한 일체의 주의의무를 위반한 경우를 의미하는 것은 아니므로, 승객이 차에서 내려 도로상에 발을 딛고 선 뒤에 일어난 사고는 승객의 추락방지의무를 위반하여 운전함으로써 일어난 사고에 해당하지 않는다고 판시한 사례가 있습니다(대법원 96도 3266 판결).

11세 피해자의 승낙과 도주운전 해당여부

Q │ 저는 승용차 운전중 골목길에서 뛰어나오는 11세 남짓의 초등학교 4학년생을 충격한 일이 있습니다.

사고 당시 피해자가 다리가 아프다고 하기는 하였으나 특별한 상처가 없어 보이고, 또 피해자가 혼자 돌아갈 수 있다고 하여 그냥 돌려보낸 일이 있습니다. 그런데 경찰에서 이를 뺑소니사고로 입건한다고 합니다. 위와 같은 경우도 뺑소니사고에 해당하나요?

A │ 특정범죄가중처벌등에관한법률 제5조의3 제1항의 "피해자를 구호하는 등 도로교통법 제50조 제1항의 규정에 의한 조치를 취하지 않고 도주한 때"라 함은 사고 운전자가 사고로 인하여 피해자가 사상(死傷)을 당한 사실을 알았음에도 불구하고 피해자를 구호하는 등 도로교통법 제50조 제1항에 규정된 의무를 이행하기 이전에 사고현장을 이탈하여 사고를 낸 자가 누구인지 확정될 수 없는 상태를 초래하는 경우를 말합니다(대법원 2004도 250 판결).

따라서 위 사례의 경우, 전혀 사리분별을 할 수 없지는 않지만 아직 스스로 자기 몸의 상처가 어느 정도인지 충분히 파악하기에는 나이 어린 피해자가 승용차에 부딪쳐 땅에 넘어진 이상, 의학적 전문지식이 없는 가해자로서는 당연히 피해자를 병원으로 데려가서 만약에 있을지도 모르는 다른 상처 등에 대한 진단 및 치료를 받게 해야 할 것입니다. 또 어린 피해자에게 집으로 혼자 돌아갈 수 있느냐고 물어 "예"라는 대답을 들었다는 이유만으로 아무런 보호조치도 없는 상태에서 피해자를 그냥 돌아가게 하였다면 사고를 일으킨 사람이 누구인지를 쉽게 알 수 없도록 하였다 할 것이므로 특정범죄가중처벌등에 관한법률 제5조의3 제1항 제2호에 해당한다고 할 것입니다(대법원 96도 1461 판결).

혼잡한 시내도로에서의 안전거리

Q | 저는 혼잡한 시내에서 퇴근시간에 승용차를 운전하고 있었습니다. 신호대기를 하였다가 6m쯤 떨어져서 앞차를 따라 운행하던 중, 앞서 가던 버스에 충격되어 제 차 앞으로 떨어진 피해자를 역과하는 교통사고를 야기하였습니다. 그런데 검찰에서는 저에게 안전거리를 확보하지 않은 과실이 있다고 하는데 옳은 판단인지요?

A | 모든 차는 같은 방향으로 가고 있는 앞차의 뒤를 따르는 때 앞차가 갑자기 정지하게 되는 경우에 그 앞차와의 충돌을 피할 만한 필요한 거리를 확보해야 합니다(도로교통법 제17조). 또 위와 같은 안전거리확보는 앞차가 제동기의 제동력에 의해 정지한 경우뿐만 아니라, 제동기 이외의 작용에 의해 갑자기 정지한 경우에도 지켜져야 하는 것입니다(대법원 97다 41639 판결).

그러나 도로교통법규에는 구체적인 안전거리에 관한 규정은 없으므로 결국 안전거리확보 의무위반여부는 구체적인 사안에 따라 판단하여야 할 문제라 할 것입니다.

따라서 위 사례의 경우 판례는, 일몰 무렵에 정지선에서 신호대기 하다가 앞서 가던 버스를 따라 약 6m 간격을 유지하여 출발하였다면 그 경우에는 앞뒤 차 모두 저속운행을 할 수밖에 없을 것이므로 앞 차의 급정지에 대비하여 충분한 안전거리를 유지하였다고 할 것이다라고 하여 승용차 운전자에게 무죄를 선고한 일이 있습니다(부산지방법원 84노 95 판결).

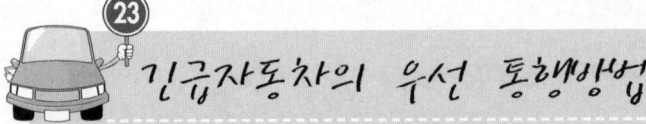

Q | 저는 중앙선을 침범하여 달려오는 긴급자동차에 충격되는 사고를 당했습니다.

긴급자동차는 중앙선을 침범하여 운행할 수 있나요?

A | '긴급자동차' 라 함은 소방자동차, 구급자동차 그 밖의 대통령령이 정하는 자동차로서 그 본래의 긴급한 용도로 사용되고 있는 중인 자동차를 말합니다(도로교통법 제2조 제16호).

긴급자동차는 긴급하고 부득이한 때에는 중앙선을 침범하여 좌측으로 통행할 수 있고(도로교통법 제25조), 또 도로교통법 제15조의 속도제한, 같은 법 제20조 내지 제20조의3의 앞지르기 금지시기 · 앞지르기 금지장소 · 끼어들기금지 등의 규정을 적용받지 않습니다(도로교통법 제26조).

따라서 위 사례의 경우가 '긴급하고 부득이한 때' 에 해당한다면 교통사고처리특례법상의 중앙선 침범사고라고는 할 수 없을 것입니다.

그러나 '긴급하고 부득이한 때' 가 아니라면 비록 긴급자동차라 할지라도 중앙선 침범사고에 해당한다고 할 것입니다.

안전지대 옆을 통과하는 차량의 주의의무

Q | 저는 승용차를 운전하여 교차로를 진행하다가 교차로에 설치된 안전지대를 횡단하여 나오는 택시와 충돌한 일이 있습니다. 이러한 경우에도 저에게 과실이 있나요?

A | '안전지대'라 함은 도로를 횡단하는 보행자나 통행하는 차마의 안전을 위하여 안전표지 그 밖의 이와 비슷한 공작물로서 표시한 도로의 부분을 말합니다(도로교통법 제2조 제10호).

위와 같은 안전지대가 표시되어 있는 경우라 할지라도 차량의 안전지대 횡단이 특별히 허용되고 있었던 사정이 없는 한, 그 안전지대 옆을 통과하는 차량의 운전자로서는 그 부근을 운행하는 다른 차량이 안전지대를 횡단하여 자기 차량의 진로 앞에 달려드는 일은 없을 것이라고 믿는 것이 당연하다 할 것입니다.

따라서 위 사례의 경우에 있어서 안전지대를 횡단하려는 차량을 상당한 거리에서 미리 발견하였다든가 하는 특단의 사정이 없는 한 그 같은 차량이 있을 것을 미리 예상하고 운전해야 할 업무상 주의의무를 기대할 수는 없다고 할 것입니다(대법원 82도 1018 판결).

결국 위 승용차 운전자에게는 신뢰의 원칙에 어긋나는 주의의무를 위반한 과실이 있다고는 할 수 없을 것입니다.

연습운전면허를 받은 사람의 준수사항

Q | 저는 제2종 보통 연습운전면허를 받은 후 혼자서 주행연습을 하다가 경찰에 적발되었습니다. 단속경찰관은 제가 지도자도 없이 혼자서 운전을 하였다는 이유로 법률상 무면허운전에 해당한다고 하는데 사실인가요?

A | 연습운전면허를 받은 사람이 도로에서 주행연습을 하는 때에는 다음 각 호의 사항을 지켜야 합니다(도로교통법시행규칙 제26조의2).

1. 운전면허(연습하고자 하는 자동차를 운전할 수 있는 운전면허에 한함)를 받은 날부터 1년이 경과된 사람(운전면허 정지기간중인 사람을 제외)과 함께 타서 그의 지도를 받아야 한다.
2. 사업용 자동차를 운전하거나 주행연습 외의 목적으로 운전을 해서는 안 된다.
3. 주행연습이라는 사실을 다른 차의 운전자가 알 수 있도록 연습중인 자동차에 도로교통법시행규칙에 따른 표지를 붙여야 한다.

그러므로 위 경우에는, 연습운전면허를 받고 주행연습중인 사람이 위 법규를 위반하였음은 이론의 여지가 있을 수 없다고 할 것입니다. 그러나 위와 같은 준수사항을 지키지 않았다고 하더라도 준수사항을 지키지 않은 데에 따른 제재를 가할 수 있음은 별론으로 하고 그 운전을 무면허운전이라고 할 수는 없을 것입니다(대법원 2000도 5540 판결).

따라서 이러한 경우 무면허운전으로 처벌할 수는 없으나, 도로교통법 제78조 제2항, 같은 법 시행규칙 제53조 제2항에 의하여 연습운전면허가 취소될 수 있다는 점은 유의하여야 할 것입니다.

Q | 운전면허시험에 합격한 후 운전면허증을 교부받기 이전에 운전하다가 적발되었습니다. 이 경우에도 무면허운전에 해당하나요? 경찰에서는 아직 교통안전교육을 받지 않았기 때문에 무면허운전이라고 하는데요.

A | 도로교통법 제68조 제1항, 제40조 본문, 제69조의 규정내용과 취지를 종합하여 보면, 운전면허신청인이 운전면허시험에 합격하기만 하면 운전면허의 효력이 발생한다고는 볼 수 없겠습니다. 그렇지만 지방경찰청장으로부터 운전면허증을 현실적으로 교부받아야만 운전면허의 효력이 발생한다고 볼 것은 아니고, 운전면허증이 작성권자인 지방경찰청장에 의하여 작성되어 운전면허신청인이 이를 교부받을 수 있는 상태가 되었을 때에 운전면허의 효력이 발생한다고 보아야 하며, 이 경우 운전면허신청인이 운전면허증을 교부받을 수 있는 상태가 되었는지의 여부는 특별한 사정이 없는 한 운전면허증에 기재된 교부일자를 기준으로 결정하는 것이 적합하다고 보는 것이 판례의 태도입니다.

또한, 도로교통법 제49조 제1항, 같은 법 시행규칙 제19조 제1항 제1호의 규정에 비추어 보면, 교통안전교육은 운전면허증을 교부받은 사람을 대상으로 실시하는 것이지 이를 교부받을 사람에 대하여 실시하는 것은 아니어서 위 교육의 이수가 운전면허를 부여함에 있어 반드시 요구되는 절차 내지 요건이라거나 그 전제조건이 된다 할 수 없고, 실무상 교통안전교육을 받아야만 운전면허증을 현실적으로 교부하고 있다 하더라도 이것은 위 교육의 이수를 확보하기 위한 행정편의에서 비롯된 것일 뿐 아무런 법적 근거도 없는 것입니다.

따라서 위 교육의 이수 여하에 따라 운전면허증을 교부받을 수 있는 상태가 되었는지 여부가 달라진다고 할 수는 없다고 할 것입니다(대법원 94다 21139 판결).

형사합의 및 합의금의 성격

Q | 저는 골목길에서 음주운전 차량에 충격되어 전치 6주간의 상해를 입고 입원중인데, 가해운전자의 가족이 찾아와 형사합의만 해 달라고 사정하고 있습니다.

이 경우 형사합의를 해주어도 나중에 보험회사를 상대로 손해배상을 청구하는데 문제가 없을까요?

A | 형사사건에 있어서 '합의'라는 말은 일반 사회적인 용어이고 법률상으로는 피해자가 수사기관이나 법원에 대하여 가해자의 형사처벌을 원하지 않는다는 의사표시에 불과한 것입니다.

따라서 피해자가 위와 같은 합의를 해줄 것인지, 안 해줄 것인지의 문제는 결국 피해자 본인의 자유 의사라 할 것입니다. 다만 형사합의를 해주면서 합의금 명목으로 돈을 받는 경우에는 그것은 원칙적으로 민사상 손해배상금의 성격을 갖게 된다는 점을 유의할 필요가 있습니다.

즉 불법행위의 가해자에 대한 수사과정이나 형사재판과정에서 피해자가 가해자로부터 합의금 명목의 금원을 지급 받고 가해자에 대한 처벌을 원치 않는다는 내용의 합의를 한 경우에, 그 합의 당시 지급받은 금원은 특히 위자료 명목으로 지급 받는 것임을 명시하였다는 등의 특별한 사정이 없는 한 손해배상금의 일부로 지급되었다고 보는 것이 적합하고(대법원 94다 14018 판결), 나중에 보험회사를 상대로 손해배상을 받는 경우 이미 지급 받은 합의금 상당액이 공제된다는 점을 유의하여야 할 것입니다.

　통상, 실무상에 있어서는 형사합의금이 소액일 경우에는 민사상 손해배상과는 별도의 순수한 형사위로금으로 인정하고 있고, 그렇지 않은 경우에는 민사상의 손해배상인 위자료로 보고 있습니다.

　따라서 실제 교통사고로 인한 합의를 할 때 과도한 합의금을 요구하는 경우가 허다한데 이것은 위와 같은 법리를 모르는데서 생기는 일이므로 바람직한 일이 아니라 할 것입니다.

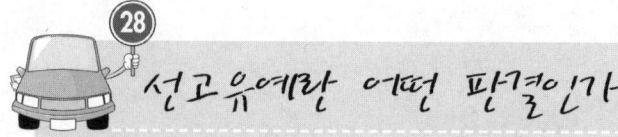

선고유예란 어떤 판결인가

Q | 저는 초보운전자로서 경미한 교통사고를 야기하여 교통사고처리 특례법위반으로 입건되어 법원에서 선고유예판결을 받았습니다. 선고유예란 무엇인가요? 전과자가 되는 형벌인가요?

A | '선고유예'란 범죄의 정도가 지극히 가벼운 피고인에 대하여 일정한 기간 동안 형의 선고를 유예하고, 그 유예기간 동안 다른 죄를 저지르지 않을 경우 면소(免訴 : 기소된 형사 피고 사건에서 공소권이 없어져 기소를 면제하는 일)된 것으로 간주하는 제도를 말합니다.

형법 제59조 내지 제61조에는 1년 이하의 징역이나 금고, 자격정지 또는 벌금의 형을 선고할 경우에는 ① 범인의 연령·성행·지능과 환경, ② 피해자에 대한 관계, ③ 범행의 동기·수단과 결과, ④ 범행 후의 정황 등을 참작하여 개전(改悛)의 정이 현저한 때에는 그 선고를 유예할 수 있고, 형의 선고유예를 받은 날로부터 2년을 경과한 때에는 면소된 것으로 간주한다고 규정하고 있습니다. 다만 형의 선고유예를 받은 사람이 유예기간 중 자격정지 이상의 형에 처한 판결이 확정되거나 자격정지 이상의 형에 처한 전과가 발견된 때에는 유예한 형을 선고한다고 규정하고 있습니다.

또한, 형의 선고를 유예하는 경우에 재범방지를 위하여 1년 기간의 보호관찰을 받을 것을 명할 수 있으며, 보호관찰을 명한 선고유예를 받은 사람이 보호관찰기간 중에 준수사항을 위반하고 그 정도가 무거운 때에는 유예한 형을 선고할 수 있습니다(형법 제59조의2, 제61조 제2항).

이와 같이 선고유예 제도는 경미한 죄를 저지른 피고인에 대하여 전과를 남기지 않고 사회생활을 할 수 있게 하는 제도입니다.

따라서 위 사례의 경우에도 선고유예기간 동안 다른 범죄를 저지르지 않을 경우 전과 문제는 걱정하지 않아도 될 것입니다.

범칙금 미납자에 대한 처리절차

Q | 저는 강원도를 다녀오다가 과속으로 무인단속 카메라에 적발되어 금 60,000원의 범칙금 납부통고서를 받았습니다.
주위에서는 카메라 단속에 의한 범칙금은 납부하지 않더라도 큰 문제는 없다고 하는데 사실인가요?

A | 경미한 도로교통법 위반사범에 대하여는 당해 운전자를 범칙자로 규정하고 그와 같은 범칙행위에 대하여 경찰서장이 범칙금 납부통고서로 납부할 것을 통고하고 있습니다(도로교통법 제117조, 제118조).

경찰서장으로부터 범칙금 납부통고서를 받은 사람은 10일 이내에 범칙금을 납부하여야 하고, 다만 천재지변 그 밖의 부득이한 사유로 말미암아 그 기간 안에 범칙금을 납부할 수 없는 때에는 그 부득이한 사유가 없어지게 된 날로부터 5일 이내에 납부하여야 합니다(도로교통법 제119조 제1항)

그리고 위 납부기간 안에 범칙금을 납부하지 않은 사람은 납부기간이 만료되는 날의 다음날부터 20일 이내에 통고받은 범칙금에 그 100분의 20을 더한 금액을 납부하여야 합니다(도로교통법 제119조 제2항).

또한 위와 같은 범칙금을 납부하지 않은 경우에는 관할경찰서장은 즉결심판에 회부하고, 법원은 도로교통법을 적용하여 벌금·구류·과료에 처하게 됩니다.

다만 즉결심판이 청구된 피고인이 즉결심판의 선고 전까지 통고 받은 범칙금액에 그 100분의 50을 더한 금액을 납부하고 증빙서류를 제

출한 때에는 경찰서장은 그 피고인에 대한 즉결심판청구를 취소하여
야 하며(도로교통법 제120조), 판사의 즉결심판에 대하여 불복할 경우 7일
이내에 관할경찰서장에게 정식재판청구서를 제출하면 정식재판을 받
게 됩니다(즉결심판에관한절차법 제14조).

따라서 범칙금 납부통고서의 경우에도 위와 같은 절차가 진행될 것
이므로 가능한 납부기간 안에 납부하는 것이 옳은 행동이라 할 것입
니다.

2장

장

교통사고와 손해배상 책임

음식점에 보관시킨 자동차의 교통사고와
손해배상 책임자

Q | 저는 저녁 약속장소에서 음식점 주차원에게 승용차와 승용차 열쇠를 맡기고 식사를 했습니다. 그런데 술을 마시게 되어 음식점 주인에게 다음날 차를 찾아가겠다고 말한 후 택시를 타고 귀가하였습니다.

다음날 새벽 위 음식점의 종업원이 함부로 열쇠를 꺼내어 제 승용차를 운전하다가 피해자에게 상해를 입히는 교통사고를 야기하였습니다. 이 경우에도 제가 자동차 소유자로서 손해배상 책임을 져야 하나요, 아니면 음식점 주인이 책임을 져야 하나요?

A | 우리 사회에서 음식점이나 술집 주차장에서 자동차와 자동차 열쇠를 맡기는 경우는 흔히 있는 일입니다.

또한 음주운전에 대한 단속이 강화되면서 자동차를 음식점이나 술집 등에 세워 놓고 택시를 타고 귀가하는 경우도 많이 있습니다.

그런데 위와 같은 경우 자동차 소유자나 음식점 주인에게 자동차손해보장법상의 운행지배권과 운행이익이 있다고 볼 수 있느냐 하는 것이 바로 위 질문에 대한 해답이 될 것입니다.

이에 대하여 대법원 판례는, 위와 같은 경우 자동차 소유자는 운행지배권과 운행이익을 완전히 상실하였고, 음식점 주인이 승용차에 대한 관리권을 가지고 운행지배와 운행이익을 갖게 되었으므로 음식점 주인이 사고에 대한 손해배상 책임이 있다고 판결하고 있습니다(대법원 97다 35115 판결).

즉 손님으로부터 음식점 주차장에 주차시킨 승용차 열쇠의 보관을 의뢰받은 음식점 경영주가 그 승용차 열쇠를 음식점 안에 있는 열쇠 함에 넣어 두고 퇴근하면서 종업원에게 다음날 아침 손님이 승용차를 찾으러 오면 열쇠를 돌려주라고 말하고 그대로 퇴근하였는데, 그 종업원이 친구를 만나러 가기 위하여 함부로 열쇠함에서 문제의 승용차 열쇠를 꺼내어 승용차를 운전하다가 사고를 낸 경우에 대하여 "음식점의 경영주는 손님으로부터 승용차와 승용차 열쇠를 맡아 보관하게 됨으로써 그 승용차에 대한 관리권을 가지고 운행지배와 운행이익을 향유하게 되었으며, 종업원이 그의 승낙 없이 무단으로 운행하다가 낸 사고라 하더라도 위와 같은 승용차 열쇠의 보관 및 관리 상태, 종업원이 승용차를 운행하게 된 경위, 음식점 경영주와 종업원과의 관계 등에 비추어 볼 때 위 사고에 있어서 음식점 경영주의 위 승용차에 대한 운행지배와 운행이익이 완전히 상실되었다고 볼 수 없다"는 이유로 음식점 경영주에게 손해배상 책임을 인정하였습니다.

따라서 위 사례의 경우 자동차 소유자는 손해배상 책임이 없다 하겠습니다.

영업용 택시 사고로 인한 승객에 대한 손해배상 책임

Q | 저는 영업용 택시를 타고 퇴근하던 중, 음주운전 차량이 택시를 추돌하는 바람에 전치 6주간의 경추부골절상을 입고 1개월째 출근도 하지 못하고 있습니다.

위 사고에 대하여 경찰에서는 음주운전 차량의 일방적 과실에 의한 사고라고 하는데, 그 차는 보험에도 가입되어 있지 않고 또 운전자는 아무런 자력도 없는 사람입니다.

이러한 경우 택시운전기사에게는 아무런 과실이 없더라도 혹시 택시회사를 상대로 손해배상을 받을 수는 없나요?

A | 결론부터 말씀드리면, 위와 같은 경우 비록 택시운전기사에게는 아무런 과실이 없다고 할지라도 택시회사는 그 승객이 입은 손해를 배상할 책임이 있습니다.

따라서 이 사건의 경우 위 택시가 가입한 공제조합이나 보험회사를 상대로 손해배상을 받을 수 있습니다.

자동차손해배상보장법 제3조는 "자기를 위하여 자동차를 운행하는 자는 그 운행으로 말미암아 다른 사람을 사망하게 하거나 부상하게 한 때에는 그 손해를 배상할 책임을 진다", "승객이 사망하거나 부상한 경우에 있어서는 그것이 그 승객의 고의 또는 자살행위로 말미암

은 것이 아닌 한 그 손해를 배상할 책임이 있다"라고 규정하고 있습니다.

따라서 승객이 사망하거나 부상당한 경우에 있어서 운행지배자(택시회사)는 비록 택시운전기사에게 아무런 과실이 없다고 하더라도 무조건적으로 무과실책임을 지게 되는 것입니다.

이에 대하여는 평등의 원칙에 위배되는 위헌적 규정이라는 견해도 있었으나, 대법원은 "승객이 운행자의 지배하에 있는 자동차에 탑승함으로서 그 자동차의 직접적인 위험범위 내에 받아들여졌다는 점에서 승객에 대하여 무과실책임을 지게 한 데에는 합리적인 이유가 있다고 할 것이어서 평등의 원칙에 위반된다고 할 수 없다"라고 판결했습니다(대법원 97다 14835 판결).

③ 주·정차 차량을 추돌한 경우 손해배상 책임

Q | 저는 야간에 오토바이를 타고 국도를 운행하던 중 도로변에 불법 주차되어 있는 트럭을 발견하지 못하고 그 트럭을 추돌하면서 다리가 골절되는 중상을 입었습니다. 사고지점은 편도 1차선 도로로서 가로등도 없는 어두운 곳임에도 위 트럭은 위험표지판이나 미등도 켜놓지 않은 상태였습니다.

이러한 경우 저는 트럭운전기사나 트럭의 소유자를 상대로 손해배상을 받을 수 있나요?

A | 도로교통법 제30조·제32조, 같은 법 시행령 제10조·제13조에 의하면, 야간에 자동차를 주·정차하는 경우에는 미등과 차폭등을 켜 두어 다른 차의 운전자가 주차시설을 쉽게 식별할 수 있도록 해야 함은 물론 다른 교통에 장해가 되지 않도록 주차하여야 할 법령상의 의무가 있습니다(대법원 92다 6112 판결).

그러나 이러한 조치를 취하지 아니하였다고 하여 무조건 위와 같은 추돌사고에 대하여 손해배상 책임이 있는 것은 아닙니다. 즉 주차운전자로서의 주의의무를 다하였을 경우나, 그러한 조치를 취할 필요가 없는 경우라면 주차운전자의 손해배상 책임이 면책될 수도 있는 것입니다(대법원 94다 33866 판결).

이와 관련하여서는, "이러한 조치는 고속도로 또는 자동차전용도로에서의 정차나 차량의 통행이 많아 정차 사실을 후행차량에게 사전에 쉽게 알릴 수 없는 경우에 필요한 것이고, 그렇지 않고 속도가 제한되어 있고, 후행차량에게 쉽게 정차 사실을 알릴 수 있는 곳이라면 굳이 운전자에게 이러한 안전의무조치를 요구할 수는 없다"는 대법원 판례가 있습니다(대법원 95다 39359 판결).

그러나 사례의 경우는, 트럭을 가로등도 없는 어두운 곳에 불법주차 하였고, 특히 미등이나 차폭등도 켜지 않은 채 주차해 둠으로써 발생한 사고이므로 트럭운전기사나 트럭의 소유자는 자동차손해배상보장법의 자기를 위하여 자동차를 운행하는 자로서 사고로 피해자가 입은 손해를 배상할 의무가 있다고 할 것입니다.

다만 전방주시 등의 주의의무를 태만히 한 피해자의 과실도 상당정도 경합되었다 할 것이므로 손해배상액을 정함에 있어서는 과실상계에 의한 감액이 있게 된다는 점을 유의하여야 할 것입니다.

신호기의 고장으로 인한 사고와 손해배상 책임자

Q | 저는 보행자 신호기의 녹색신호를 보고 횡단보도를 건너던 중 자동차에 충격되어 대퇴부골절 등 중상을 입는 교통사고를 당했습니다.

그런데 경찰조사과정에서 확인된 바에 따르면, 사고 당시 교통신호기의 고장으로 인하여 보행자 신호기나 차량 신호기가 모두 녹색신호였다고 합니다.

그리고 고장난 신호기는 서울특별시 소속 공무원과 서울지방경찰청 소속 공무원이 합동으로 근무하는 교통종합센터에서 관리하는 신호기라고 합니다. 만일 손해배상을 청구한다면 서울특별시와 국가 중 어디를 상대로 청구하여야 하나요?

A | 교통신호기는 공공의 영조물에 해당하며, 법률상 공공의 영조물의 설치 또는 관리에 하자가 있기 때문에 타인에게 손해를 발생하게 하였을 때에는 국가 또는 지방자치단체는 그 손해를 배상하여야 합니다(국가배상법 제5조 제1항).

도로교통법 제3조 제1항은 특별시장·광역시장 또는 시장·군수 (광역시의 군수를 제외)는 도로에서의 위험을 방지하고 교통의 안전과 원활한 소통을 확보하기 위하여 필요하다고 인정하는 때에는 신호기 및 안전표지를 설치하고 이를 관리하도록 규정하고, 도로교통법시행령 제71조의2 제1항 제1호는 특별시장·광역시장은 신호기 및 안전표지의 설치·관리에 관한 권한을 지방경찰청장에게 위임한다고 규정하고 있습니다. 따라서 국가배상법에 의한 배상책임을 신호기의 설치·관리의 권한을 위임한 지방자치단체(서울특별시)가 부담할 것이냐, 아니면 권한을 위임받은 지방경찰청장이 소속된 국가가 부담할 것이냐 하는 것이 문제되고 있습니다.

이 사건의 경우와 같이 행정권한이 기관위임 된 경우 권한을 위임받은 기관은 권한을 위임한 기관이 속하는 지방자치단체의 산하 행정기관의 지위에서 그 사무를 처리하는 것이므로 사무귀속의 주체가 달라진다고 할 수 없습니다. 따라서 권한을 위임받은 기관 소속의 공무원이 위임사무처리에 있어 고의 또는 과실로 타인에게 손해를 가하였거나 위임사무로 설치·관리하는 영조물의 하자로 타인에게 손해를 입힌 경우에는 권한을 위임한 관청이 소속된 지방자치단체(서울특별시)가 국가배상법에 의한 배상책임을 부담하게 됩니다.

다만 국가배상법 제6조 제1항은 국가배상법 제2조, 제3조 및 제5조의 규정에 의하여 교통신호기를 관리하는 지방경찰청장 산하 경찰관들에 대한 봉급을 부담하는 국가도 국가배상법 제6조 제1항에 의한 배상책임을 부담하게 됩니다(대법원 99다 11120, 99다 24201 판결).

따라서 위 사례의 경우에는 국가나 지방자치단체(서울특별시) 모두를 상대로 연대하여 손해를 배상하라는 손해배상을 청구할 수 있다고 하겠습니다.

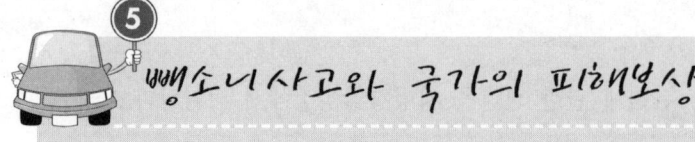

Q | 저의 어머니는 3개월 전 새벽예배를 다녀오시던 중 횡단보도에서 번호를 알 수 없는 승용차에 충격되어 3개월째 입원치료를 받고 있습니다. 이처럼 뺑소니 차량에 의하여 피해를 입은 경우, 정부로부터 치료비라도 보상을 받을 수 있는 방법은 없는지요?

A | 사례와 같이 자동차 보유자를 알 수 없는 자동차의 운행으로 인하여 사망하거나 부상한 경우에 정부는 피해자의 청구에 따라 책임보험의 보험금의 한도에서 그가 입은 피해를 보상하도록 규정되어 있습니다 (자동차손해배상보장법 제26조 제1항).

따라서 위 사례의 경우에는 이를 근거로 정부에 피해보상금을 청구할 수 있습니다.

책임보험금의 한도를 살펴보면 다음과 같습니다.

1. 피해자가 사망한 경우에는 8천만 원의 범위 안에서 피해자에게 발생한 손해액(다만 그 손해액이 2천만 원 미만인 경우에는 2천만 원으로 한다.)
2. 피해자가 부상한 경우에는 최고 1천5백만 원에서 최저 60만 원
3. 피해자에게 후유장애가 발생한 경우에는 최고 8천만 원에서 최저 5백만 원

✽ 보다 상세한 내역은 자동차손해배상보장법시행령 제3조를 참고하여 주시기 바랍니다.

자동차를 절취한 범인이 교통사고를 낸 경우

Q | 저는 집앞 도로상에 잠시 자동차를 주차시키고, 자동차 키를 꽂아 둔 채 10여 분 간 자리를 비웠습니다. 그 사이 동네 불량학생이 임의로 자동차를 절취하여 운전하던중 지나가는 행인을 충격하여 피해자에게 전치 10주간의 상해를 입히는 교통사고를 야기하였습니다. 피해자는 자동차의 소유자인 저에게 손해배상을 요구하고 있는데 저에게 위 사고에 대한 책임이 있나요?

A | 자동차손해배상보장법상 손해배상 책임을 부담하는 '자기를 위하여 자동차를 운행하는 자'란 자동차에 대한 운행을 지배하여 그 이익을 향수(享受)하는 책임주체로서의 지위에 있는 자를 의미하므로, 통상적으로 그러한 지위에 있다고 인정되는 자동차의 소유자는 비록 제3자가 그 자동차를 운전하다가 사고를 내었다고 하더라도 그 운행에 있어 소유자의 운행지배와 운행이익이 완전히 상실되었다고 볼 특별한 사정이 없는 경우에는 그 사고에 대하여 자동차손해배상보장법 제3조 소정의 운행자로서의 책임을 부담하게 됩니다.

따라서 위 사례의 경우는, 결국 자동차 소유자가 운행지배와 운행이익을 완전하게 상실하였다고 볼 수 있느냐 하는 문제로 귀결될 것입니다. 이러한 상실여부에 대한 판단은 평소 자동차나 그 열쇠의 보관 및 관리상태, 소유자의 의사와 관계없이 운행이 가능하게 된 경위, 소유자와 운전자의 인적관계, 운전자의 차량반환 의사유무, 무단운행 후 소유자의 승낙가능성, 무단운행에 대한 피해자의 주관적 인식유무

등 객관적이고 외형적인 여러 사정을 사회통념에 따라 종합적으로 평가하여 이를 판단하여야 할 문제인 것입니다(대법원 94다 41232, 98다 61395 판결).

위와 같이 제3자가 소유자의 승낙을 받지 아니하고 임의로 자동차를 운전하던 중 사고를 일으킨 경우에 대하여 판례는 "자동차의 키를 뽑지 아니하고 출입문도 잠그지 아니한 채 노상에 주차시킨 행위와 그 차량을 절취한 제3자가 일으킨 사고로 인한 손해와의 사이에 상당인과관계가 있다"라고 하여 소유자의 손해배상 책임을 인정했습니다(대법원 2001다 23201 판결).

따라서 위 판례의 취지에 비추어 볼 때, 위 사례의 경우에도 손해배상 책임이 있다고 할 것입니다.

자동차 매도 후 명의이전 전에 발생한 교통사고에 대한 책임자

Q | 저는 자동차 중고매매상을 통하여 승용차를 매도하고 자동차와 함께 자동차등록 명의이전에 필요한 모든 서류를 넘겨주었습니다. 그런데 매수인이 명의이전을 해가지 않고 있던 중, 피해자에게 상해를 가한 후 차량을 버리고 도주한 교통사고가 발생했습니다. 위 사고의 피해자는 자동차등록원부상 소유자로 되어 있는 저를 상대로 손해배상을 청구하고 있는데 어떻게 해야 하나요?

A | 교통사고에 대한 손해배상 책임에 관하여 자동차손해배상보장법 제3조는 "자기를 위하여 자동차를 운행하는 자는 그 운행으로 말미암아 다른 사람을 사망하게 하거나 부상하게 한 때에는 그 손해를 배상할 책임을 진다"라고 규정하고 있습니다.

따라서 자동차를 매도하고 등록명의가 이전되기 이전에 교통사고가 발생된 경우에 대하여는 구체적인 사례별로 자동차등록명의인(매도자)에게 그 자동차에 대한 운행지배관계가 존속한다고 볼 것이냐 하는 점을 따져보아야 할 것입니다.

이에 대하여 대표적인 두 가지 판례가 있는데, 우선 자동차등록명의인(매도인)의 손해배상 책임을 인정한 경우를 살펴보면, "자동차보유자의 운행지배는 현실적으로 보유자와 운전자 사이에 사실상 지배관계가 존재하는 경우뿐만 아니라 간접적이거나 제3자의 권리를 통한 관념상 지배관계가 존재하는 경우도 포함하므로, 자동차를 매도하고

도 자동차등록명의를 그대로 남겨둔 경우 매도인의 운행지배유무는 매도인과 매수인의 실질적 관계를 살펴서 사회통념상 매도인이 매수인의 차량운행에 간섭하거나 지배·관리할 책무가 있는 것으로 평가할 수 있는지 여부를 가려 결정해야 한다. 매도인이 자동차를 매도하여 인도하고 잔대금까지 완제되었다 하더라도 매수인이 그 자동차를 타인에게 전매할 때까지 자동차등록원부상의 소유명의를 매도인이 그대로 보유하기로 특약하였을 뿐만 아니라 그 자동차에 대한 할부계약상 채무자의 명의도 매도인이 그대로 보유하며, 자동차보험까지도 매도인 명의로 가입하도록 한 채 매수인으로 하여금 자동차를 사용하도록 해 왔다면, 매도인은 매수인이 그 자동차를 전매하여 명의변경 등록을 마치기까지 매도인 명의로 자동차를 운행할 것을 허용한 것으로서 그 자동차운행에 대한 책무를 벗어났다고 보기는 어려우므로 자동차손해배상보장법 제3조 자기를 위하여 자동차를 운행하는 자에 해당한다고 봄이 상당하다"라고 판결한 사례가 있습니다(대법원 94다 38212 판결).

한편 매도인의 손해배상 책임을 부정한 경우를 살펴보면, "자동차 매도인이 매매대금을 전액 지급받고 차량을 인도한 후 매수인에게 자동차등록원부상의 이전등록과 할부구입 계약상의 채무자 명의변경 및 보험관계의 명의변경 등에 필요한 일체의 서류를 교부하여 매수인은 그 이전등록과 명의변경이 가능하였는데도, 할부금 보증인을 미처 구하지 못한 매수인측 사정으로 보험계약 만료일까지 명의변경절차를 미루다가 사고가 발생한 것이라면 매도인은 차량에 대한 운행지배를 행사하거나 운행이익을 얻는 지위에서 벗어났다고 할 것이고, 매도인이 매수인에게 위 명의변경절차를 미루는 것을 양해하였다는 것만으로 차량의 운행지배나 운행이익을 보유한다고 볼 수 없다"라고 판결한 사례도 있습니다(대법원 91다 41866 판결).

그런데 사례의 경우는 매수인이 하등 이유 없이 이전등록을 지연하고 있다가 사고가 난 것이므로 매도인(자동차등록원부상의 명의인)은 자동차손해배상보장법 제3조 '자기를 위하여 자동차를 운행하는 자'라고 볼 수 없습니다. 따라서 손해배상 책임도 부담하지 않는다고 할 것입니다.

도로변 낙석사고에 대한 국가의 손해배상 책임여부

Q | 지난 여름 장마철에 서울 – 춘천간 국도상에서 자동차를 운전하던 중 도로변 암벽에서 떨어지는 낙석에 충격되어 자동차가 완전 파손되었고 저도 전치 6주간의 골절상을 입었습니다. 이러한 경우 도로를 제대로 관리 보수하지 않은 국가를 상대로 손해배상을 청구할 수 있나요?

A | 법률상 도로, 하천, 기타 공공의 영조물의 설치 또는 관리에 하자가 있기 때문에 타인에게 손해를 입혔을 때에는 국가 또는 지방자치단체가 그 손해를 배상하여야 합니다(국가배상법 제5조 제1항).

따라서 위 사고가 국도의 설치 또는 관리에 하자가 있기 때문에 발생한 사고라면 당연히 국가에게 그 사고로 인한 손해배상의 책임이 있다고 할 수 있겠으나, 문제는 위 사고가 도로의 설치 또는 관리상의 하자로 발생한 것이라는 점을 입증할 수 있느냐 하는 점입니다.

도로상의 관리에 대한 하자여부에 관하여 판례는, "영조물인 도로의 설치·관리상의 하자는 도로의 위치 등 장소적인 조건, 도로의 구조, 교통량, 사고시에 있어서의 교통사정 등 도로의 이용 상황과 본래의 이용 목적 등 제반 사정과 물적 결함의 위치, 형상 등을 종합적으로 고려하여 사회통념에 따라 구체적으로 판단하여야 하는 바, 도로설치 후 집중호우 등 자연력이 작용하여 본래 목적인 통행상의 안전에 결함이 발생한 경우에는 그 결함이 제3자의 행위에 의하여 발생한 경우와 마찬가지로, 도로에 그와 같은 결함이 있다는 것만으로 성급하게 도로의 보존상 하자를 인정하여서는 안 되고, 당해 도로의 구조, 장소적 환경과 이용 상황 등 여러 가지 사정을 종합하여 그와 같은 결함을 제거하여 원상으로 복구할 수 있는데도 이를 방치한 것인지 여부를 개별적·구체적으로 심리하여 하자의 유무를 판단하여야 한다"라고 매우 복잡하게 판시하고 있습니다(대법원 97다 49800 판결).

한편, "집중호우로 국도변 산비탈이 무너져 내려 차량의 통행을 방해함으로써 일어난 교통사고에 대하여 국가의 도로에 대한 설치 또는 관리상의 하자책임이 있다"라고 판결한 사례가 있습니다(대법원 93다 11678 판결).

따라서 위 사안은 국가에 그 손해배상 책임이 있다고 할 것입니다. 참고로 도로, 하천, 기타 영조물의 설치·관리상의 하자를 이유로 하여 국가 또는 지방자치단체를 상대로 손해배상을 청구한 사안에 대하여 다음과 같이 판결한 예가 있습니다.

① 겨울철 산간지역에 위치한 도로에 강설로 생긴 빙판을 그대로 방치하고 도로 상황에 대한 경고나 위험표지판을 설치하지 아니하였다는 사정만으로는 도로 관리상의 하자가 있다고 볼 수 없다(대법원 99다 54998 판결)고 판결한 사례

② 집중호우로 제방도로가 유실되면서 그 곳을 걸어가던 보행자가 강물에 휩쓸려 익사한 경우, 사고 당일의 집중호우가 50년 만의 최대강우량에 해당한다는 사실만으로 불가항력에 기인한 것으로 볼 수 없으므로 제방도로의 설치·관리상 하자가 있다(대법원 99다 53247 판결)고 인정한 사례

③ 교통사고로 인도에 설치된 전신주가 넘어지면서 화재가 발생한 사안에 대하여 한국전력공사에게는 공작물의 설치·보존의 하자가 있다고 할 수 없다(대법원 96다 52311)고 판결한 사례

④ 고속도로 1차선상에 크기 36cm×27cm×1cm, 무게 5kg의 철판이 떨어져 있었고, 위 철판이 앞서 가던 차량의 바퀴에 튕겨 뒤에 오던 차량의 조수석에 탑승한 피해자를 충격함으로써 사고가 발생한 사안에 대하여 사고 당시의 주위상황, 사고의 발생 경위, 도로상의 결함 정도와 그 방지를 위한 조치 등에 비추어 도로의 보존·관리상의 잘못을 인정할 수 없다(대법원 99다 12796 판결)고 판결한 사례

⑤ 편도 2차선 도로의 1차선상에 교통사고의 원인이 될 수 있는 크기의 돌멩이가 방치되어 있는 경우 도로의 점유·관리자가 그에 대한 관리가능성이 없다는 입증을 하지 못하는 한 이는 도로의 관리·보존상의 하자에 해당한다(대법원 97다 32536 판결)고 인정한 사례

미성년자의 교통사고와 부모의 책임

Q | A는 17세의 고등학교 2학년생입니다.

A는 원동기장치자전거 운전면허도 없이 이웃집에서 120cc 오토바이를 빌려 운전하다가 피해자를 충격하여 전치 10주간의 상해를 입게 하는 교통사고를 야기하였습니다.

그런데 사고 오토바이는 보험에 가입되어 있지 아니하고 오토바이 소유자인 이웃집 아저씨도 피해자의 치료비 등을 배상할 만한 자력이 없습니다.

이러한 경우, 피해자는 미성년자인 A의 부모를 상대로 치료비 등 손해배상을 청구할 수 있나요?

A | 위 질문은 책임능력 있는 미성년자의 불법행위에 대한 보호·감독자의 손해배상 책임에 관한 문제입니다.

만일 A가 7~8세 정도에 불과한 미성년자라면 불법행위에 대한 책임을 판단할 능력, 즉 책임능력이 없는 경우이므로 그러한 경우에는 감독의무 위반여부를 따질 필요도 없이 A의 부모에게 손해배상 책임이 있다고 할 수 있습니다. 그러나 위 사건과 같이 미성년자가 책임능력이 있는 경우에는 그 보호자의 보호·감독의무 위반여부를 살펴보아야 할 것입니다.

이처럼 책임능력 있는 미성년자의 불법행위로 인하여 손해가 발생한 경우 그 손해가 미성년자의 감독의무자의 의무위반과 상당 인과관계가 있는 경우에는 감독의무자도 일반불법행위자로서 손해배상 책임을 지게 되는데, 이에 대해 대법원은 "사고 당시 18세 남짓한 미성년자가 운전면허가 없음에도 가끔 숙부 소유의 화물차를 운전한 경우, 부모로서는 미성년의 아들이 무면허운전을 하지 못하도록 보호·감독하여야 할 주의의무가 있음에도 이를 게을리 하여 화물차를 운전하도록 방치한 과실이 있고, 이러한 부모의 보호·감독상의 과실이 사고발생의 원인이 되었으므로 부모들이 피해자가 입은 손해를 배상할 책임이 있다"라고 판시한 바 있고(대법원 96다 15374 판결), 또한 "만 16세 남짓한 고등학교 1학년 학생이 무면허로 오토바이를 운전하다 사고를 낸 경우, 사고 당시의 연령과 수학정도 등에 비추어 불법행위에 대한 책임을 변식(辨識)할 능력은 있었으나, 경제적인 면에서 전적으로 그의 부모에게 의존하며 그들의 보호·감독을 받고 있었으므로 부모로서는 면허 없이 오토바이를 운전하지 못하도록 하는 등 보호·감독을 철저히 해야 할 주의의무가 있는데도 이를 게을리 한 잘못이 있다 할 수 있고 따라서 그 부모에게도 교통사고에 대한 손해배상 책임이 있다"라고 판시한 바 있습니다(대법원 99다 19957 판결).

따라서 위 판례의 취지에 비추어 볼 때 위 사건에 있어서도 A의 부모에게 손해배상 책임이 있다고 보여집니다. 다만 A의 부모를 상대로 손해배상을 청구함에 있어서는 A의 부모가 A에 대한 감독의무를 위반하였다는 사실을 적극적으로 주장·입증하여야 한다는 점을 유의하여야 할 것입니다.

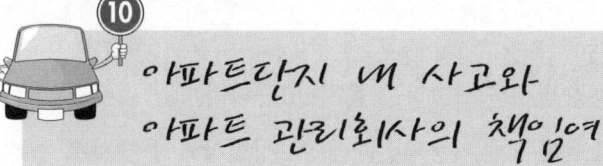

아파트단지 내 사고와 아파트 관리회사의 책임여부

Q | 저는 아파트단지 내 주차장에서 비탈길에 사이드 브레이크를 채우지 않고 기어를 중립으로 둔 채 돌멩이만 괴어 주차된 승용차가 가로막고 있기에 돌멩이를 치운 다음, 그 차량을 밀다가 차량과 함께 비탈길로 굴러 중상을 입었습니다.

이 경우 그 승용차 운전자와 아파트 관리회사를 상대로 손해배상을 청구할 수 있을까요?

A | 먼저, 승용차 운전자의 손해배상 책임여부는 위와 같은 사례의 경우를 자동차의 '운행'으로 볼 수 있는가 하는 문제로 귀결된다고 할 것입니다.

위와 같이 차량소유자가 아파트단지 내의 경사진 비탈길에 사이드 브레이크를 채우지 않고 기어를 중립으로 둔 채 돌멩이만 괴어 주차해 둔 차량을 다른 주민이 자기 차량의 통행을 위해 밀다가 차량과 함께 비탈길로 굴러 부상을 당한 경우, 위 주차행위는 비록 아파트단지 내이기는 하지만 다른 주차 차량의 입출고를 위해 앞뒤로 아무나 밀수 있도록 자동차를 주차한 것인 만큼 자동차를 당해 장치의 고유한 용법에 따라 사용하는 행위가 아직 종료하지 않은 상태로서 자동차의 운행과 관련성이 있고, 한편 차량의 운전자가 경사진 비탈길 부근에 차량을 주차하면서 제동장치를 철저하게 하지 않을 경우 차량이 비탈길을 굴러 사고가 날 수도 있음을 예견할 수 있었다 할 것이므로 그 사고는 승용차의 운행중 발생한 사고라고 볼 수 있습니다.

따라서 승용차의 소유자에게 자동차손해배상보장법상의 운행자로서의 책임이 있다고 할 것입니다(대법원 97다 5183 판결).

또한 위와 같은 경우, 아파트위수탁관리계약의 목적이나 당사자의 의사해석에 비추어 볼 때 차량의 주·정차 행위가 어디까지나 입주민들의 개인적인 소관 사항이라 하더라도 주차장 및 아파트단지 내의 도로는 아파트의 공용부분 혹은 부대시설에 속하는 만큼 그 유지·보수 및 안전관리는 수탁업무의 한 내용에 포함되어 아파트 관리회사 고유의 일이므로 아파트 관리회사로서는 사고장소와 같이 주차 차량이 비탈길을 굴러 내려갈 위험이 방치되어 있는 동안에는 우선 비탈길 주위에 차량의 주차나 입주민의 접근 등을 상당히 제한하고 입주자 대표회의에 즉시 이를 보고하여 안전차단막을 설치하는 등의 안전조치를 취하도록 건의하거나 급속을 요할 때는 먼저 그와 같은 필요한 조치를 취한 다음 사후에 승인을 받는 등 입주민을 대신하여 안전사고의 예방을 위해 필요한 제반 조치를 다하여야 할 주의의무가 있다고 할 것입니다.

따라서 이러한 조치를 취하지 아니한 아파트 관리회사에도 손해배상 책임이 인정된다고 할 것입니다(서울지방법원 97나 7560 판결, 대법원 97다 5183 판결).

보행자 통행방법위반과 불법행위의 성립 여부

Q | A는 편도 2차선 도로에서 지하통로가 설치되어 있음에도 도로변에 설치된 무단횡단 방지용 가드레일을 넘어 도로를 횡단하다가 자동차에 받혀 중상을 입었습니다.

이 경우 A의 행위는 단순한 과실상계에 해당하는 과실인가요 아니면 불법행위 성립요건으로서의 과실인가요?

A | 도로교통법에 의하면 보행자는 보도와 차도가 구분된 도로에서는 차도를 횡단하는 때, 도로공사 등으로 보도의 통행이 금지된 때, 그 밖의 부득이한 경우를 제외하고는 언제나 보도를 통행하여야 하고(제8조 제1항), 보도와 차도가 구분되지 않은 도로에서는 도로의 좌측 또는 길 가장자리 구역을 통행하여야 하며(같은 조 제2항), 횡단보도가 설치된 도로에서는 횡단보도를 통행하여야 하고(제10조 제2항), 횡단보도가 설치되어 있지 않은 도로에서는 가장 짧은 거리로 횡단하여야 하며(같은 조 제3항), 횡단보도를 횡단하거나 신호기 또는 경찰공무원 등의 신호 또는 지시에 따라 도로를 횡단하는 경우를 제외하고는 모든 차의 앞이나 뒤로 횡단하여서는 안 되며(같은 조 제4항), 안전표지 등에 의하여 횡단이 금지되어 있는 도로의 부분에서는 그 도로를 횡단하여서는 안 된다(같은 조 제5항)고 규정하고 있으며, 이를 위반한 경우에는 금 20만 원 이하의 벌금이나 구류 또는 과료에 처한다(제114조 제1호)고 규정하고 있습니다.

따라서 보행자의 통행방법에 관한 이러한 규정의 위반은 법규상의 주의의무위반으로서 타인에 대한 의무위반을 내용으로 하는 것이고, 보행자가 이에 위반하여 사고가 일어나게 했다면 보행자의 그러한 잘못은 불법행위의 성립요건으로서의 과실에 해당하는 것으로 보아야 할 것입니다(대법원 93다 36721 판결).

판례는 위와 같은 사례에 대하여, 피해자의 과실비율을 50%로 인정하여 과실상계를 하였고 나아가 피해자에 대하여 불법행위 책임을 인정한 바 있습니다(대법원 93다 36721 판결).

화물 운송중의 교통사고와 운송의뢰인의 책임여부

Q | 저는 A회사의 화물을 운송하는 화물트럭에 받히어 중상을 입는 교통사고를 당했습니다. 그런데 그 트럭은 종합보험에 가입하지도 않았고 또 트럭 소유자와 운전자는 별다른 재산도 없는 상태입니다. 이러한 경우 저는 화물운송 의뢰인인 A회사를 상대로 손해배상을 받을 수는 없나요?

A | 일반적으로는 화물 운송인과 A회사 간의 화물운송계약의 내용은 단순히 화물운송을 의뢰하는 것이고, 또 화물트럭은 전적으로 운송인의 책임하에 운행되고 있는 경우일 것이므로 화물운송 의뢰인인 A회사가 위 사고에 대하여 '자기를 위하여 자동차를 운행하는 자'에 해당된다고 할 수는 없을 것입니다.

그러나 화물트럭 소유자와 운송의뢰인의 관계에 따라서는 화물운송의뢰인이 '자기를 위하여 자동차를 운행하는 자'에 해당한다고 볼수 있는 특수한 경우도 있을 수 있습니다.

예컨대, 운송의뢰인과 운송인(화물트럭 소유자) 간의 제품운송용역계약의 내용에 따라 화물차가 운송의뢰인의 용도에 맞게 개조되고, 적재함 외부에 운송의뢰인의 명칭이 도색되어 있으며, 운송의뢰인의 배차지시에 따라 전적으로 운송의뢰인의 제품만을 운반하고 있고 사고 당시 화물차를 운전한 운전자는 운송의뢰인의 배차지시에 따라 운송의뢰인의 공장으로 오던 중이었다면, 이러한 경우에 있어서 운송의뢰인은 사고 당시 화물차의 운행을 지배하는 책임주체로서의 지위에 있었으므로 운송의뢰인과 운송인은 공동으로 그 화물차에 대한 운행지배 및 운행이익을 누리고 있다고 볼 수 있습니다(대법원 97다 7431 판결). 그러므로 이러한 경우에는 운송의뢰인을 상대로 손해배상을 청구할 수 있을 것입니다.

따라서 화물운송 의뢰인에게 손해배상 책임이 있느냐 하는 점은 사건마다 운송의뢰인과 운송인 간의 관계를 구체적으로 확인하여 운송의뢰인이 '자기를 위하여 자동차를 운행하는 자'에 해당한다고 볼 수 있느냐 하는 점을 따져보아야 하는 문제라 할 것입니다.

교통사고에 대한 지입회사의 책임

⑬

Q | 저는 승용차 운전중 중앙선을 침범한 화물트럭에 충격 당하여 중상을 입는 교통사고를 당하였습니다.

그런데 경찰조사과정에서 확인하여 보니 위 트럭은 지입차주 A회사에 지입한 지입차량으로서 보험 혜택을 받을 수 없는 상태이고, 지입차주와 트럭 운전자도 별다른 재산이 없는 실정입니다. 이 경우 지입회사를 상대로 손해배상을 청구할 수는 없나요?

A | 자동차손해배상보장법 제3조는 "자기를 위하여 자동차를 운행하는 자는 그 운행으로 말미암아 다른 사람을 사망하게 하거나 부상하게 한 때에는 그 손해를 배상할 책임을 진다"고 규정하고 있습니다.

따라서 위 사례에 있어서 지입회사가 손해배상 책임이 있느냐 하는 문제는, 결국 지입회사가 '자기를 위하여 자동차를 운행하는 자'에 해당한다고 볼 수 있느냐 하는 문제로 귀결된다고 할 것입니다.

이에 대하여 대법원은 "자동차손해배상보장법 제3조에서 자동차사고에 대한 손해배상 책임을 지는 자로 규정하고 있는 '자기를 위하여 자동차를 운행하는 자'란 사회통념상 당해 자동차에 대한 운행을 지배하여 그 이익을 향수하는 책임주체로의 지위에 있다고 할 수 있는 자를 말하고, 이 경우 운행의 지배는 현실적인 지배에 한하지 아니하고 간접지배 내지는 지배가능성이 있다고 볼 수 있는 경우도 포함한다"라고 판시한 바 있고(대법원 2002다 47181 판결), 지입회사의 책임에 대하여는 "지입차량의 차주 또는 그가 고용한 운전자의 과실로 타인에게 손해를 가한 경우에는 지입회사는 명의대여자로서 제3자에 대하여 지입차량이 자기의 사업에 속하는 것을 표시하였을 뿐 아니라, 객관적으로 지입차주를 지휘·감독하는 사용자의 지위에 있다 할 것이므로 이러한 불법행위에 대하여는 그 사용자책임을 부담한다"라고 명백하게 판결한 바 있습니다(대법원 2000다 20069 판결).

따라서 위 사례에 있어서도 지입회사는 피해자의 인적·물적 손해에 대하여 사고 운전자의 사용자로서 손해를 배상할 책임이 있다고 할 것이므로 피해자는 지입회사를 상대로 손해배상청구를 할 수 있을 것입니다.

교습용 자동차의 사고와
피교습자의 책임여부

Q | 저는 자동차운전면허를 취득하기 위하여 운전면허 필기시험에 합격한 후 기능시험에 응시하고자 자동차운전학원에서 연습주행중 피해자를 충격하여 상해를 입게 하는 사고를 야기하였습니다.

이처럼 자동차운전학원에서 연습주행중 사고를 낸 경우에 있어서도 운전을 배우려는 피교습자에게 손해배상 책임이 있나요?

A | 자동차손해배상보장법 제3조의 규정에 의하면 "자기를 위하여 자동차를 운행하는 자는 그 운행으로 말미암아 다른 사람을 사망하게 하거나 부상하게 한 때에는 그 손해를 배상할 책임을 진다"라고 규정하고 있으므로 운전연습중인 피교습자가 '자기를 위하여 자동차를 운행하는 자'에 해당한다면 손해배상 책임을 부담하여야 할 것입니다.

이에 대하여 판례는 "자동차운전학원에서 연습중인 피교습자에게 학원소유의 교습용 자동차를 이용하여 운전연습을 하게 하는 경우, 학원과 피교습자 사이에는 교습용 자동차에 관하여 임대차 또는 사용대차의 관계가 성립된다고 할 것이고, 이와 같이 임대차 또는 사용대차의 관계에 의하여 자동차를 빌린 차주(借主)는 자동차를 사용할 권리가 있는 자로서 자기를 위하여 자동차를 운행하는 자에 해당하므로 피교습자가 교습용 자동차를 이용하여 운전연습을 하던 중 주행연습 코스의 연결차로에서 횡단하는 피해자를 발견하고 순간적으로 당황하여 제동조치 등의 안전조치 등을 취하지 못하여 사고를 야기하였다

면 피교습자에게 과실이 있다"라고 판결한 사례가 있습니다(대법원
2000다 12532 판결).

따라서 위의 사건에서도 피교습자는 자동차손해배상보장법
제3조 소정의 운행자로서 피해자에게 손해를 배상할 책임이 있다고
할 것입니다.

정비공장에서 시운전 중 사고를 낸 경우의 손해배상 책임자

Q | 저는 제 차의 엔진에 이상이 있어 정비공장에 수리를 의뢰하면서 정비공에게 자동차 키를 넘겨주고 귀가했습니다. 그런데 그 정비공이 엔진의 이상유무를 확인하기 위하여 시운전을 하다가 피해자를 충격하여 상해를 입히는 사고를 야기하였습니다.

이러한 경우에도 저는 자동차 소유자로서 위 사고에 대한 손해배상 책임을 부담해야 하나요?

A | 법률상 '자기를 위하여 자동차를 운행하는 자'는 그 운행으로 말미암아 다른 사람을 사망하게 하거나 부상하게 한 때에는 그 손해를 배상할 책임을 지게 되며(자동차손해배상보장법 제3조), 여기서 자동차사고에 대한 손해배상 책임을 지는 자로 규정하고 있는 '자기를 위하여 자동차를 운행하는 자'란 사회통념상 당해 자동차에 대한 운행을 지배하여 그 이익을 향수하는 책임 주체로서의 지위에 있다고 할 수 있는 자를 말하고, 이 경우 운행의 지배는 현실적인 지배에 한하지 아니하고 사회통념상 간접지배 내지는 지배가능성이 있다고 볼 수 있는 경우도 포함하는 것입니다(대법원 98다 36382, 2002다 47181 판결).

따라서 위 사례와 같은 사건에 있어서도 사고 당시 자동차 소유자에게 그 자동차에 대한 운행지배권이 있다고 볼 것인가 하는 것이 문제되는데, 자동차 정비공이 수리를 의뢰 받은 차량을 운전하던 중 사고를 낸 경우에 있어서 자동차 소유자에게 손해배상 책임이 있느냐 하는 점에 대하여는 다음과 같은 두 가지 대표적인 판례가 있습니다.

먼저, 자동차 소유자의 책임을 부정한 사안으로서, "자동차의 수리를 의뢰하는 것은 자동차 수리업자에게 자동차의 수리와 관계되는 일체의 작업을 맡기는 것으로서, 여기에는 수리나 시운전에 필요한 범위 안에서의 운전행위도 포함되는 것이고, 자동차의 소유자는 수리를 의뢰하여 자동차를 수리업자에게 인도한 이상 수리 완료 후 다시 인도 받을 때까지는 자동차에 대하여 관리지배권을 가지지 아니한다고 할 것이며, 수리하는 동안에도 자동차의 소유자가 사고 당시 자동차의 운행에 대한 운행지배와 운행이익을 완전히 상실하지 아니하였다고 볼 특별한 사정이 없는 한 그 자동차의 운행지배권은 수리업자에게만 있다"라고 판결한 사례가 있습니다(대법원 99다 50224 판결).

반면에 자동차 소유자의 책임을 인정한 사례를 살펴보면, "자동차 소유자의 피용자가 수리업자에게 자동차의 수리를 맡기고서도 자리를 뜨지 않고 부품교체작업을 보조·간섭하였을 뿐만 아니라, 위 교체작업의 마지막 단계에서는 수리업자의 부탁으로 시동까지 걸어 준 경우, 자동차 소유자는 수리작업 동안 수리업자와 공동으로 자동차에 대한 운행지배를 하고 있다"라고 판결하였습니다(대법원 98다 56645 판결).

그런데 위 사건에 있어서는 자동차 소유자는 정비공에게 자동차 키를 넘겨주고 귀가했으므로 자신의 차에 대한 운행지배권과 운행이익을 완전히 상실한 상태라고 볼 것입니다. 그러므로 위 사고에 대한 손해배상 책임도 부담하지 않는다고 할 것입니다.

동료 공무원의 교통사고와 국가배상 청구여부

Q | 저는 동료 공무원이 운전하는 개인 승용차에 동승하여 공무를 수행하고 돌아오던 중, 동료 공무원의 과실로 가로수를 충격하는 바람에 중상을 입는 교통사고를 당하였습니다.

이러한 경우 저는 동료 공무원이 가입한 보험회사나 국가를 상대로 손해배상을 청구할 수 있나요?

A | 공무원이 자신의 소유인 승용차를 운전하여 공무를 수행하고 돌아오던 중 동승한 다른 공무원에게 상해를 입게 하는 교통사고를 발생시킨 경우 이것은 외형상 객관적으로 직무와 밀접한 관련이 있는 행위이고, 가해행위를 한 공무원과 동일한 목적을 위한 업무를 수행한 공무원이라 할지라도 그가 가해행위에 관여하지 않은 이상 국가배상법 제2조 제1항 소정의 '타인'에 해당하므로 국가배상법에 의한 손해배상 책임이 인정된다고 하겠습니다(대법원 97다 36873 판결).

그리고 자동차손해배상보장법의 입법취지에 비추어 볼 때, 자동차손해배상보장법은 자동차의 운행이 사적인 용무를 위한 것이든 국가 등의 공무를 위한 것이든 구별하지 않고 민법이나 국가배상법에 우선하여 적용된다고 보아야 하고, 따라서 일반적으로 공무원의 공무집행상의 위법행위로 인한 공무원 개인책임의 내용과 범위는 민법과 국가배상법의 규정과 해석에 따라 정하여질 것이지만, 자동차의 운행으로 말미암아 다른 사람을 사망하게 하거나 부상하게 함으로써 발생한 손해에 대한 공무원의 손해배상 책임의 내용과 범위는 이와는 달리 자동차손해배상보장법이 정하는 바에 따라야 할 것이므로 공무원이 직무상 자동차를 운전하다가 사고를 일으켜 다른 사람에게 손해를 입힌 경우에는 그 사고가 자동차를 운전한 공무원의 경과실에 의한 것인지 중과실 또는 고의에 의한 것인지를 가리지 않고, 그 공무원이 자동차손해배상보장법 제3조 소정의 자기를 위하여 자동차를 운행하는 자에 해당하는 한 자동차손해배상보장법상의 손해배상 책임을 부담하여야 할 것입니다(대법원 94다 28876 판결).

따라서 위 사안의 경우 피해자는 국가를 상대로 국가배상법에 의한 손해배상을 청구할 수도 있고, 위 승용차가 가입한 보험회사를 상대로 자동차손해배상보장법에 의한 손해배상을 청구할 수도 있다고 하겠습니다.

중앙선이 설치된 도로에서의 주의의무

Q | 저는 지난 겨울 눈이 내리던 날 승용차를 운전하던중, 맞은편에서 눈길에 미끄러지면서 중앙선을 침범한 승용차에 충격되어 부상을 입는 교통사고를 당한 일이 있습니다.

그런데 상대 차량이 가입한 보험회사에서는 결빙된 도로에서는 상대 차량이 중앙선을 침범하여 들어올 것을 미리 예견하고 이를 피하여야 할 주의의무가 있다고 하면서 피해자인 저에게도 과실이 있다고 합니다. 보험회사의 이러한 주장이 타당한가요?

A | 일반적으로 중앙선이 설치된 도로를 자기 차로를 따라 운행하는 자동차 운전자로서는 마주 오는 자동차도 자기 차로를 지켜 운행하리라고 믿는 것이 보통이므로 상대방 자동차의 비정상적인 운행을 예견할 수 있는 특별한 사정이 없다면, 상대방 자동차가 중앙선을 침범해 들어올 경우까지 예상하여 미리 2차로나 도로 우측 가장자리로 붙여 운전하여야 할 주의의무는 없다고 할 것입니다(대법원 2000다 67464 판결).

그러나 반대 차로에서 결빙된 도로를 과속으로 달려오는 차량을 발견하였다면, 그 차량은 약간의 부주의만으로도 결빙된 도로에서 쉽게 미끄러져 중앙선을 침범하는 등 비정상적인 운행을 할 수 있으리라는 것이 어느 정도 예견되는 경우이므로 이러한 특별한 사정이 있는 경우라면, 상대 차량이 중앙선을 침범해 들어올 경우까지 예상하여 운전하여야 할 주의의무가 있다고 할 것입니다(대법원 2000다 67464, 99다 40548 판결).

따라서 위 사안의 경우에 있어서도, 위와 같은 특별한 사정이 있는 경우에 해당하는가 하는 점을 사고 당시의 구체적인 상황에 따라 따져 보아야 피해자에게 요구되는 주의의무의 정도를 판단할 수 있을 것입니다.

합의 이후 추가 손해배상을 청구할 수 있는 경우

Q | 저의 부친은 교통사고로 입원치료를 받던 중, 가해자측에서 합의를 요구하고 또 의사도 앞으로 3~4개월만 안정하면 완치될 것이라고 하므로 치료비와 손해배상금을 받고 앞으로는 민·형사상 이의를 제기하지 않는다는 합의서를 작성하여 주었습니다. 그런데 합의 이후 병세가 더욱 악화되면서 정신적 장애까지 나타나 간병인을 두어야 할 정도로 그 후유증이 심각한 상태입니다. 이러한 경우 가해자나 보험회사를 상대로 추가 손해배상을 청구할 수는 없나요?

A | 위 사안의 경우에 작성된 합의서는 일응 부제소(不提訴)의 합의, 즉 앞으로 소송을 제기하지 않겠다는 종국적인 합의로 보여집니다.

따라서 이와 같은 합의를 한 경우에는 원칙적으로 추가 손해배상을 청구할 수 없다고 할 것입니다. 다만 예외적으로 합의 당시 예상할 수 없었던 중한 결과가 나타난 경우에는, 그와 같은 경우까지 예상하여 아무런 이의를 제기하지 않기로 합의한 것이라고 볼 수 없다는 논리로 추가 손해배상을 인정한 판례가 있습니다.

참고로 추가 손해배상 청구를 인정한 예외적인 판례를 살펴보면 다음과 같습니다.

① 교통사고 발생 당일 합의한 이후, 노동능력이 39%나 상실되는 후유장애 사실이 밝혀진 사안에 대하여 "교통사고로 인하여 생긴 손

해에 관하여 합의 당일은 사고 직후라 부상의 전모가 의학상으로 뚜렷이 제대로 나타났다고 보기 어려워 그 합의에서 예상한 부상은 중한 것이 아니라는 것이 당사자간의 의사였다고 할 것이므로 그 후 예상하지 못한 중한 결과가 일어난 경우에는 손해배상 청구를 할 수 있다"고 판결한 사례(대법원 76다 2737 판결)

② 질문의 경우와 같이 "교통사고로 상해를 입은 피해자가 그 병상이 호전되고 안정가료를 취하면 임상병상이 없어질 것이라는 의사의 말만 믿고 치료비와 손해배상금을 받고 이후의 치료비 및 손해에 대하여는 일체의 권리를 포기하며 장래 장애가 발생하더라도 민·형사상의 소송이나 이의를 제기하지 아니하기로 합의가 이루어졌다고 하더라도 그 뒤 병세가 더 악화되면서 피해자의 정신에 현저한 장애를 남겨 언제나 타인의 간호를 필요로 하는 상태에까지 이르게 되고, 그 노동능력의 95%가 상실될 것으로 예상되는 등 격심한 후유장애가 있게 되었다면 피해자가 그러한 경우까지도 예상하여 아무런 이의를 하지 않기로 합의한 것이라고 쉽게 단정할 수는 없다"고 하여 추가 손해배상을 인정한 사례(대법원 86다카 1994 판결)

③ "교통사고 피해자가 합의금을 수령하면서 민·형사상의 소송이나 그 밖의 어떠한 이의도 제기하지 아니한다는 내용의 부동문자로 인쇄된 합의서에 날인한 경우 그 피해 정도, 피해자의 학력, 피해자와 가해자의 관계, 합의에 이른 경위, 가해자가 다른 피해자와 합의한 내용 및 합의 후 단기간 내에 소송을 제기한 점 등 제반 사정에 비추어 위 합의서의 문구는 단순한 예문에 불과할 뿐 이를 손해전부에 대한 배상청구권의 포기나 부제소의 합의로는 볼 수 없다"라고 판결

한 사례(대법원 1999. 3. 23. 선고 98다 64301 판결)

그러나 위와 같은 판례는 어디까지나 예외적인 특별한 경우이므로 교통사고 피해자는 합의서 작성시에 세심한 주의를 기울일 필요가 있다고 하겠습니다.

특히 추가 청구가 인정되는 경우에도 종전 합의의 효력이 완전 배제되는 것이 아니라는 사실을 유의하여야 합니다. 즉 "불법행위로 인한 손해배상에 관하여 가해자와 피해자 사이에 피해자가 일정한 금액을 수령하고 그 나머지 청구를 포기하거나 향후 가해자를 상대로 민·형사상의 소송이나 이의를 제기하지 않기로 하는 권리포기약정 또는 이른바 부제소합의가 이루어진 경우, 당사자 의사의 합리적 해석을 통하여 위 합의의 효력을 일부 제한함으로써 피해자가 그 합의 이후 발생한 후발적 손해에 대하여 추가배상을 청구할 수 있다고 하더라도, 위 합의 당시 인식하거나 예견할 수 있었던 범위 안의 손해에 관하여는 여전히 위 합의의 효력이 미친다 할 것이므로, 피해자가 추가로 지급을 구할 수 있는 손해의 범위는 합의 후 현재 나타난 최종적 내지 고정적 후유증상 등을 기초로 피해자가 입은 '소극적 손해', '적극적 손해' 및 '위자료' 등을 포함한 전체 손해 중에서 합의의 효력이 여전히 미치는 손해, 즉 합의 당시 인식하고 있었거나 예견할 수 있었던 손해부분을 그 성질에 따라 해당 손해 항목별로 공제하는 방식에 의하여 정하여진다"는 점을 유의하여야 할 것입니다(대법원 99다 7046 판결).

가해운전자와 합의한 후에도 차주에게 손해배상청구를 할 수 있는지 여부

Q | 저는 횡단보도상에서 트럭에 충격되어 6개월간 입원치료를 받고 현재 2급 장애 판정을 받은 상태입니다. 사고 직후 구속된 트럭 운전자의 부모가 찾아와 눈물로 사정하여 금 1천만 원만 받고 합의를 해주었습니다.

그러나 위 합의금만으로는 치료비조차 부족한 상태이고, 사고 트럭은 종합보험에도 가입하지 않은 차량이기 때문에 차주에게 손해배상을 요구하였는데, 그 차주는 이미 운전자와 합의하였으므로 다 끝난 일이라고 말하고 있습니다. 이 경우 정말로 차주에게 손해배상을 청구할 수 없나요?

A | 위 사안의 경우, 트럭 운전자와 차주는 연대하여 피해자에게 손해를 배상할 책임이 있습니다. 즉 운전자는 불법행위자로, 차주는 사용자 또는 '자기를 위하여 자동차를 운행하는 자'로서 피해자에 대하여 손해배상 책임을 지게 되는데, 이러한 연대책임을 법률용어로는 '부진정연대채무'라고 합니다.

따라서 피해자는 트럭 운전자와 차주 모두를 상대로 손해배상을 청구할 수도 있고, 또 그 중의 한 사람만을 상대로 손해배상을 청구할 수도 있습니다.

또한 부진정연대채무에 있어서 채권자가 어느 채무자에 대하여 그의 부담부분이거나 또는 이를 초과하는 전 채권액을 포기하는 의사표시를 하였다고 해도 다른 채무자들에게는 상대적 효력밖에 없는 것이므로 피해자가 부진정연대채무자 중 1인에 대하여 손해배상에 관한 권리를 포기하거나 채무를 면제하는 의사표시를 하였다 하더라도 다른 채무자에 대하여 그 효력이 미친다고 볼 수는 없는 것입니다(대법원 80다 1796, 94다 50896 판결). 즉 부진정연대채무자 중 1인과 합의를 했더라도 그 합의의 효력이 다른 채무자에게까지 미치는 것은 아닙니다.

따라서 위 사안의 경우에도 피해자는 트럭 운전자와는 합의를 했다 하더라도 부진정연대채무자인 트럭의 소유자를 상대로 추가 손해배상 청구를 할 수 있다고 할 것입니다.

고속도로 교통사고와 손해배상

Q | 저는 야간에 경인고속도로를 운행하던 중 무단횡단하는 피해자를 충격하여 사망케 하였습니다.

고속도로에서 무단횡단자를 충격하여 사고가 난 경우에는 아무런 책임도 지지 않는다고 하는데 사실인지요?

A | 고속도로 등 자동차전용도로에서 무단횡단자를 충격하여 피해자를 사망케 한 경우에 있어서 운전자에 대한 손해배상 책임 문제는 결국 운전자에게 업무상 주의의무를 태만히 한 과실이 있느냐 하는 문제와 직결되는 것입니다.

즉 무단횡단자를 충격한 사고에 있어서 사고 장소가 고속도로라고 하여 무조건 운전자에게 손해배상 책임이 없는 것이 아니라 구체적으로 사건마다 운전자의 과실유무를 따져보아야 할 것입니다.

다만 법률상 보행자 또는 자동차(이륜자동차는 긴급자동차에 한한다) 외의 차마는 고속도로 또는 자동차전용도로를 통행하거나 횡단하여서는 안 된다라고 규정되어 있으므로(도로교통법 제58조), 자동차전용도로를 운행하는 자동차의 운전자로서는 특별한 사정이 없는 한 무단횡단하는 보행자가 나타날 경우를 미리 예상하여 급정차할 수 있도록 대비하면서 운전할 주의의무는 없다 할 것이고, 따라서 도로를 무단횡단하거나 도로에 앉아 있는 피해자를 충격하여 사고를 발생시킨 경우에 있어서 그 피해자를 발견하는 즉시 제동조치를 취하였다면 피해자와 충돌하지 않고 정차할 수 있었다거나, 또는 다른 곳으로 피할 수 있었는데도 자동차의 조향장치·제동장치 그 밖의 장치를 정확히 조작하지 않고 운전하였기 때문에 사고가 발생하였다는 등의 특별한 사정이 인정되지 않는 한, 자동차 운전자에게 업무상 주의의무를 태만히 한 과실이 있다고는 볼 수는 없을 것입니다(대법원 2000다 42762 판결).

따라서 위 사건에 있어서도 운전자에게 손해배상 책임을 묻기는 어려울 것으로 보여집니다.

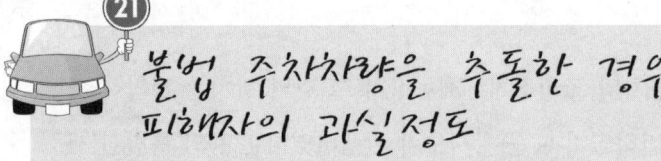

불법 주차차량을 추돌한 경우
피해자의 과실정도

Q | A는 심야에 승용차를 운전하던 중, 편도 2차선 도로의 주차금지 구역에 불법 주차되어 있는 대형버스의 뒷부분을 추돌하여 중상을 입은 적이 있습니다. 위 사고에서 불법주차 버스 운전자와 피해자의 과실 정도는 어떻게 되나요?

A | 도로교통법 제30조는 모든 차의 도로에서의 정차나 주차의 방법과 시간의 제한 또는 노상주차장에서의 정차나 주차의 금지 등에 관하여 필요한 사항은 대통령령으로 정한다고 규정하고, 도로교통법시행령 제10조 제2항은 주차를 하고자 하는 때에는 다른 교통에 장해가 되지 않도록 해야 한다고 규정하고 있습니다.

따라서 위 사례의 경우도 불법주차 버스의 운전자는 사고에 대한 손해배상 책임을 져야 할 것인 바, 판례는 주차금지된 편도 2차선 도로의 2차 선상에 주차해 놓은 버스로 인해 승용차가 버스를 추돌한 사고에 대하여 버스 운전자의 과실비율을 60%, 피해자인 승용차 운전자의 과실비율을 40%로 인정한 바 있습니다(대법원 91다 5341 판결). 또 야간에 어두운 산간에 있는 편도 1차선 도로에 위험표지판이나 미등 등을 설치하지 않은 채 주차시켜 놓은 트랙터를 오토바이가 추돌한 사고에 대해 트랙터 운전자의 과실비율을 85%, 오토바이 운전자의 과실비율을 15%로 인정한 사례도 있습니다(대법원 97다 10574 판결).

운전자와 동승자인 피해자가 친족인 경우 과실상계여부

Q | 저는 삼촌이 경영하는 회사에 근무하면서 같은 회사에 근무하는 사촌동생이 운전하는 트럭으로 업무를 보던 중 사촌동생의 과실로 교통사고를 당하여 상해를 입은 일이 있습니다. 보험회사에서는 사고 운전자와 피해자인 제가 사촌간이라는 이유로 운전자의 과실을 저의 과실로 참작하여 과실상계를 한다고 하는데, 보험회사의 주장은 옳은 것인가요?

A | '과실상계'라 함은 불법행위로 인한 손해의 발생 또는 확대에 피해자의 부주의가 경합된 경우 이를 참작하여 가해자의 책임을 제한하고 배상액을 감경하는 제도를 말합니다.

이와 같은 과실상계는 손해의 공평한 분담을 위한 조정적 기능을 담당하게 하는 제도로서 여기서 '피해자의 과실'은 불법행위의 성립요건으로서의 엄격한 의미의 과실이 아니라 단순한 부주의로 손해의 발생 또는 확대에 기여하였을 정도의 것이면 충분한 것입니다.

따라서 불법행위로 인한 손해배상의 범위를 정함에 있어 피해자의 과실을 참작하는 이유는 불법행위로 인하여 발생한 손해를 가해자와 피해자 사이에 공평하게 분담시키고자 함에 있으므로 그 피해자의 과실에는 피해자 본인의 과실뿐 아니라 그와 신분상 내지 생활관계상 일체를 이루는 관계에 있는 자의 과실도 피해자측의 과실로서 참작되어야 하는 것입니다(대법원 96다 26183 판결).

그러나 단순히 동료 또는 친구 등의 관계가 있다는 사정만으로는 그 중 1인의 과실을 피해자측의 과실로 참작할 수는 없고, 그 인정 여부는 양자의 신분관계나 친밀도 등의 인적 관계와 운행경위, 운행목적 등을 종합하여 판단하여야 할 것입니다.

판례는, 피해자가 교회의 담임목사로서 그 교회의 집사가 교회의 업무를 위하여 사고 차량을 운전하고 있었고 피해자는 교회의 업무에 속하는 기도회를 마치고 신도들과 함께 교회로 돌아가던 중에 사고를 당한 사안에서는 운전자의 과실을 피해자측의 과실로 참작했습니다 (대법원 96다 426 판결).

그러나 다방 종업원이 차 배달을 목적으로 다방 주인이 운전하는 차량에 동승하였다가 사고를 당한 사안에서는 신분상 또는 생활관계상 밀접한 관계에 있다고 볼 수 없다는 이유로 운전자의 과실을 피해자측의 과실로 인정하지 않았습니다(대법원 98다 23232 판결).

또한 자동차의 소유자가 자기 차를 타인으로 하여금 운전하게 하였다가 운전자의 과실이 개재되어 사고가 발생한 결과 소유자가 피해를 입은 경우 운전자의 과실을 참작하였으며(대법원 98다 3016 판결), 조카가 운전하는 삼촌 소유의 차량에 피해자들인 그 삼촌과 숙모가 동승하여 가다가 일어난 사고에서 조카의 과실(대법원 86다카 1759 판결), 아버지가 운전하는 차량에 미성년자인 아들이 동승하여 가다가 일어난 사고에 대하여 아버지의 과실(대법원 87다카 2933 판결), 출가한 누나가 남동생이 운전하는 차량에 동승했다가 교통사고를 당한 경우 남동생의 과실(대법원 96다 27384 판결) 등을 피해자측의 과실로 인정한 판례가 있습니다.

그러나 위 사례와 같은 경우에 대하여는, 가족 회사에서 직장동료로 근무하고 있던 사촌 형제간이지만 각 성년으로서 각자의 직업을 가진 독립된 경제주체라는 점 등에서 서로 간에 신분상 내지 생활관계상 일체를 이루는 관계에 있지는 않다고 보아, 운전자인 사촌형의 과실로 동승 피해자인 사촌동생의 손해배상액을 산정함에 있어 피해자측 과실로 참작할 수 없다고 판결하였습니다(대법원 96다 26183 판결).

호의동승자에 대한 손해배상액 감경여부

Q | 저는 시외버스를 기다리다 지나가는 승용차 운전자의 호의로 그 자동차에 동승하여 귀가하던 중, 커브지점에서 운전자의 과실로 승용차가 도로를 이탈하여 논으로 전복되는 바람에 대퇴부골절 등의 부상을 당하였습니다.

그런데 보험회사에서는 호의동승이라는 이유로 손해배상액 중에서 50%를 감액하겠다고 하는데 그처럼 배상액을 감액한다는 것이 맞는지요?

A | 위 사안은 '호의동승' 하였다가 교통사고가 발생하여 그 동승자가 피해를 입은 경우 손해배상액을 감경할 수 있느냐 하는 문제인데 원칙적으로는 호의동승이라는 사유만으로는 배상액 감경사유로 삼을 수 없습니다.

차량의 운행자가 아무런 대가를 받지 아니하고 동승자의 편의와 이익을 위하여 동승을 허락하고 동승자도 그 자신의 편의와 이익을 위하여 그 제공을 받은 경우 그 운행목적, 동승자와 운행자의 인적관계, 그가 차에 동승한 경위, 특히 동승을 요구한 목적과 적극성 등 여러 사정에 비추어 가해자에게 일반교통사고와 동일한 책임을 지우는 것이 신의성실의 원칙이나 형평의 원칙으로 보아 매우 불합리하다고 인정될 때에는 그 배상액을 경감할 수 있으나, 일반적인 경우에는 사고차량에 단순히 호의로 동승하였다는 사실만 가지고 바로 이를 배상액 경감사유로 삼을 수 있는 것은 아닙니다. 또한 비록 차량에 무상으로 동승하였다고 하더라도 그와 같은 사실만으로 운전자에게 안전운행을 촉구하여야 할 주의의무가 있다고는 할 수 없는 것입니다(대법원 98다 53141 판결).

따라서 위 사안의 경우, 보험회사에서 호의동승 사실만으로 배상액의 감경을 주장하는 것은 부당하다고 할 것입니다.

그러나 운행의 목적, 동승자와 운행자의 인적관계, 동승한 경위, 특히 동승을 요구한 목적과 적극성 등 여러 가지 사정에 비추어 운전자에게 일반의 교통사고와 같은 책임을 지우는 것이 신의칙이나 형평의 원칙에 비추어 매우 불합리한 것으로 인정되는 경우에는 그 배상액을 감경할 사유로 삼을 수도 있으므로 구체적인 사건에 따라서는 배상액 감경이 인정되는 '호의동승'도 있을 수 있다는 점을 유의하여야 할 것입니다.

참고로 호의동승에 있어서 배상액 감경을 인정한 판례로 다음과 같은 것이 있습니다.

① 사고차량의 동승자들이 모두 그 차량의 소유자 겸 운행자와 같은 회사 소속 직원들로서 상(喪)을 당한 같은 회사 소속직원을 문상하러 가기 위하여 위 차량에 호의로 동승하였다가 사고를 당하였다면 위 동승자들에 대한 관계에서 운행자의 책임을 상당한 정도 감액 조정하는 것이 신의칙이나 형평의 원칙에 합당하다고 한 사례 (대법원 91다 40993 판결)

② 사고차량 운전자와 동승자는 결혼을 약속한 사이로서 사고 전날 밤 운전자의 거처에서 함께 잠을 자고 다음날 새벽 출근하기 위하여 운전자의 화물자동차에 동승하였다가 운전자의 과실로 전신주를 들이받아 동승자가 사망한 사안에 대하여 위 차량의 운행목적, 동승자와 운전자의 인적관계, 동승경위 등 여러 가지 사정을 종합하여 보면 위 화물자동차의 소유자(또는 보험회사)에게 일반의 교통사고와 같은 책임을 지우는 것은 신의칙이나 형평의 원칙에 비추어 매우 불합리하므로 피해자의 과실을 15%로 보아 운전자의 책임을 85%로 정함이 상당하다고 판단한 사례(대법원 97다 35344 판결)

③ 비번인 회사택시 운전자가 동거녀의 언니를 집에 데려다 주기 위하여 회사로부터 비번인 택시를 가사사유로 출고 받아 운전하여 가던 중 충돌사고로 언니를 사망케 한 경우에 있어 그 운행목적 및 운전자와 피해자와의 관계 등에 비추어 피해자는 단순한 호의동승자가 아니므로 신의칙이나 형평의 원칙상 그 배상액을 감경함이 상당하다고 판단한 사례(대법원 91다 28177 판결)

차량 운행과 사고발생 간의 상당 인과관계

Q | A는 승용차를 운전하던 중, 오토바이를 운전하는 청소년들과 시비를 벌이게 되었는데, 당시 나이 어린 청소년들이 입에 담지 못할 욕을 하고 도망가므로 A도 화가 나서 승용차로 오토바이를 추격했습니다. 그런데 그 청소년들이 과속으로 도망가다가 커브지점에서 넘어져 부상을 당했습니다. 이러한 경우에도 A에게 오토바이 사고로 인한 손해를 배상할 책임이 있는 것인가요?

A | 자동차손해배상보장법 제3조에서 "자기를 위하여 자동차를 운행하는 자는 그 운행으로 말미암아 다른 사람을 사망하게 하거나 부상하게 한 때에는 그 손해를 배상할 책임을 진다"라고 규정하고 있으며, 여기서 운행이라 함은 사람 또는 물건의 운송 여부에 관계없이 자동차를 당해 장치의 용법에 따라 사용하는 것으로 이는 자동차의 용도에 따라 그 구조상 설비되어 있는 각종의 장치를 각종의 장치 목적에 따라 사용하는 것을 말하고, 위 법조에서 '운행으로 말미암아' 라 함은 운행과 사고 사이에 상당 인과관계를 인정할 수 있는지의 여부에 따라 결정되어야 할 것입니다.

따라서 위 오토바이 전복사고에 있어서도, 승용차로 그 청소년들을 추격한 행위와 오토바이 전복사고 사이에 상당 인과관계가 인정될 수 있느냐 하는 것이 문제되는 것입니다.

판례는 위 사례의 경우와 같이 욕설을 하고 달아나는 피해자들의 오토바이를 정지시켜 피해자들을 혼내주려는 의도에서 승용차를 운전하여 "서라!"고 계속 소리치면서 피해자들이 운전하는 오토바이를 쫓아가자 피해자들이 도망가면서 당황한 나머지 오토바이 운전을 제대로 하지 못하여 오토바이가 넘어져 사고가 발생한 사안에 대하여, 차량의 추격 운행과 오토바이가 넘어짐으로써 발생한 사고와는 상당인과관계가 있다고 할 것이고 따라서 위 사고는 차량의 운행으로 말미암아 발생된 사고로 보아야 할 것이라고 판결한 바 있습니다(대법원 97다 24276 판결).

따라서 A에게도 오토바이 전복사고로 인하여 발생한 손해를 배상할 책임이 있다고 할 것입니다.

다만 사고 발생 경위에 비추어 볼 때 피해자인 오토바이 운전자의 과실 정도도 상당히 중하다고 보여지는 바 그에 상응한 과실상계가 이루어져야 할 것이므로 그만큼 A의 책임은 가벼워질 것입니다.

연쇄추돌사고의 경우 선행 차량의 과실유무

Q | A는 편도 1차선인 지방도로를 운행중 경운기를 발견하고 비상등을 켠 상태로 서행하고 있었습니다. 그런데 뒤에서 따라오던 차량이 A의 차를 추돌하여 A의 차량도 앞으로 밀리면서 경운기를 추돌하는 교통사고가 발생했습니다.

이러한 경우에도 A가 경운기 운전자의 피해에 대하여 손해배상 책임이 있는지요?

A | 도로교통법 제17조 제1항은 "모든 차는 같은 방향으로 가고 있는 앞차의 뒤를 따르는 때에는 앞차가 갑자기 정지하게 되는 경우에 그 앞차와의 충돌을 피할 만한 필요한 거리를 확보하여야 한다"고 규정하고 있습니다.

이러한 안전거리확보 의무규정은 앞차가 제동기의 제동력에 의하여 정지한 경우뿐만 아니라 제동기 이외의 작용에 의하여 갑자기 정지한 경우도 포함한다고 할 것이나, 선행 차량에 대한 후행 차량의 추돌이 그 후행 차량을 뒤따르던 차량의 추돌 등 외부의 물리력으로 인한 때에는 그와 같은 물리력의 발생에 있어 후행 차량 운전자의 과실이 있다거나 그와 같은 물리력이 없었더라도 추돌사고가 발생하였을 것이라는 등의 특별한 사정이 없는 한 후행 차량 운전자가 안전거리를 확보하지 아니하는 등의 과실로 인하여 앞차를 추돌한 것이라고 볼 수는 없다고 할 것입니다(대법원 2000다 4722 판결).

따라서 위 사례의 경우에 있어서 A가 후행 차량에게 추돌 당하게 된 데에 과실이 있다거나 그 같은 추돌이 없었더라도 이 사건 사고를 피할 수 없었다는 등의 특별한 사정이 없는 한 이 사건 사고는 A의 차량을 추돌한 후행 차량의 전적인 과실에 의하여 발생한 것으로 보아야 할 것이고, 전방에서 서행하는 경운기를 발견하고 그 경운기와 일정한 거리를 유지한 채 서행하며 이를 경고하기 위하여 비상등까지 켜고 운전한 A에게 사고의 원인이 된 어떤 과실이 있다고 보기는 어렵다고 할 것입니다.

그러므로 A에게는 민사상 손해배상 책임도 없다고 할 것입니다.

자동차 운전자의 후행 오토바이에 대한 주의의무

Q | A는 승용차를 운전하던 중 신호대기를 하였다가 출발하는데, 뒤에서 진행하여 오던 오토바이가 우측으로 승용차를 추월하려다가 전방에 물웅덩이가 있는 것을 보고 A의 승용차 앞으로 달려드는 바람에 오토바이를 충격하여 그 운전자에게 상해를 입혔습니다. 이러한 경우에도 A에게 과실이 있는 것인가요?

A | 교통사고의 발생에 있어서 피해자나 제3자에 의한 교통법규위반 등의 이상행동이 개재되었을 때에 당시의 여러 가지 사정에 비추어 그와 같은 이상행동은 없을 것이라고 믿는 것이 상당한 경우에 가해자측에 사고의 원인이 된 교통법규위반이 존재하지 않는 한 가해 차량의 운행공용자 내지 운전자의 책임이 부정된다고 할 것이고(대법원 87다카 1130 판결), 도로를 운행하는 자동차의 운전자로서는 특별한 사정이 없는 한 다른 차량도 정상적으로 그 차선을 유지하면서 진행하리라고 믿는 것이 보통이라고 할 것입니다.

예를 들면, 4차선 도로의 1차선을 운행하는 자동차의 운전자에게 우측 도로에서 오토바이가 나와 우회전하지 않고 갑자기 4차선 도로를 바로 가로질러 1차선으로 돌진하리라는 것까지 예상하여 운전할 주의의무는 없다고 할 것입니다(대법원 97다 35894, 2000다 12068 판결).

따라서 위 사례와 같이 신호대기를 위하여 정지하여 있는 자동차의 운전자는 특별한 사정이 없는 한 뒤에서 오토바이가 진행하여 오는 것을 보았다고 하더라도 그 오토바이도 신호대기를 위하여 정지할 것이라고 믿으면 되지 정지하지 않고 앞쪽의 신호대기중인 자동차를 피하여 오른쪽으로 진로를 변경하여 갓길을 따라오던 속도 그대로 진행하다가 자동차 전방으로 갑자기 진로를 변경할 것까지 예상하여 진행신호가 들어온 경우에도 출발을 하지 않고 정지하여 오토바이의 동태를 살핀다든가 하는 등의 안전조치를 취할 주의의무는 없다고 할 것입니다(대법원 2003다 3607 판결). 결국 위 사례의 경우 승용차 운전자에게는 과실을 인정할 수 없다고 할 것입니다.

중앙선이 설치된 도로에서 교행하는
자동차 운전자의 주의의무

Q | A는 중앙선이 설치된 도로를 운행하던 중 반대차선에서 좌회전을
하려고 방향지시등을 켜고 정차해 있는 차량을 발견하였습니다.
그러나 그 차가 먼저 좌회전할 것이라고는 생각하지 못하고 그대
로 진행하던 중 중앙선을 넘어 좌회전하는 그 차와 충돌하는 사고
를 야기하였습니다.
이 경우 경찰에서는 A에게도 과실이 있다고 하는데 사실인가요?

A | 중앙선이 설치되어 있는 도로를 운행하는 자동차 운전자가 반대방향
에서 진행하여 오는 자동차와 서로 교행하는 경우 상대방 자동차가 정
상적인 방법에 따라 그 차선을 지켜 운행하리라는 믿음을 가지는 것이
일반적이고, 특별한 사정이 없는 한 그 자동차가 중앙선을 넘어 자기
차선 안으로 들어올 것까지도 예견하고 운전하여야 할 주의의무는 없
다고 할 것입니다.

그리고 위 사례의 경우와 같이 반대방향에서 주행하여 오던 자동차
가 좌회전하기 위하여 회전신호를 조작하면서 정차하고 있었다면 일
반적으로 직진 자동차의 진행이 끝나고 나서 회전하겠다는 뜻이 담긴
것이라고 할 것이므로 직진 자동차의 운전자로서는 정지한 자동차에
의하여 그 진로가 침범되지 않을 것이라는 믿음을 가지고 주행할 수
있고 이를 비정상적 대처라 할 수 없을 것입니다(대법원 88다카 9203 판결).

따라서 위 사례에 있어 정상주행중인 A에게는 상대 운전자가 갑자기 좌회전하여 자신의 차선으로 들어오리라는 돌발사태까지 예견하고 그로 인한 사고를 피할 수 있는 적절한 조치를 취하여야 할 주의의무가 있다고는 볼 수 없을 것입니다.

그러므로 위 사례의 경우 A에게는 그 과실을 인정할 수 없을 것입니다.

교차로 통행방법과 과실여부

Q | A는 교차로에서 좌회전을 하려고 했습니다. 그런데 제가 진행하는 방향에는 신호등이 없었지만 직진하는 차선에는 신호등이 있어서 그 신호등이 정지신호일 때를 이용하여 좌회전하던 중, 위 신호를 위반하여 직진하던 차량과 충돌하였습니다.

이 경우 A에게는 어느 정도의 과실이 인정되나요?

A | 신호등에 의하여 교통정리가 행하여지는 교차로를 진행신호에 따라 진행하는 차량의 운전자는 특별한 사정이 없는 한 다른 차량들도 교통법규를 준수하고 충돌을 피하기 위하여 적절한 조치를 취할 것으로 믿고 운전하면 되고, 다른 차량이 신호를 위반하여 자신의 진로를 가로질러 진행하여 올 경우까지 예상하여 그에 따른 사고 발생을 미리 방지할 특별한 조치까지 강구할 주의의무는 없다고 할 것입니다(대법원 99다 30428 판결).

그리고 이러한 신뢰의 원칙은 교차로에서 자신의 진행방향에 대한 별도의 진행신호가 없다고 하여도, 다른 차량들의 진행방향이 정지신호일 경우를 이용하여 교통법규에 위배되지 않게 진행하는 경우도 마찬가지로 적용된다고 할 것입니다.

따라서 위 사례에 있어서도, 신호를 위반하여 직진한 차량에 100%의 과실이 있으며 A에게는 과실이 없다고 할 것입니다(대법원 2001다 56980 판결).

정체된 차량 사이로 횡단한 피해자의 과실 정도

Q | A는 신호대기차 정차하여 있는 차량들 사이로 도로를 무단횡단 하다가 자동차에 충격되어 부상을 입었습니다.

이 경우 피해자인 A의 과실 정도는 얼마나 되나요?

A | 보행자는 횡단보도를 횡단하거나 신호기 또는 경찰공무원 등의 신호 또는 지시에 따라 도로를 횡단하는 경우를 제외하고는 모든 차의 앞이나 뒤로 횡단하여서는 안 됩니다(도로교통법 제10조 제4항).

그럼에도 불구하고, 위 사례와 같이 신호대기를 위하여 늘어선 차량들 사이로 무단횡단을 하다가 사고를 당하는 경우에는 차량 운전자가 보행자의 출현을 예상하기도 힘들뿐만 아니라 정체된 차량에 가린 보행자를 미리 발견할 수도 없어 사고를 회피할 수 없는 경우가 많으므로 통상적인 무단횡단의 경우보다 훨씬 중한 과실상계가 이루어져야 할 것입니다.

판례는, 사고지점 전방 13m 지점에 신호등이 있는 횡단보도가 설치되어 있음에도 신호대기를 위하여 일시 정지한 차량들 사이로 무단횡단 하다가 자동차에 충격된 사안에 대하여 피해자의 과실을 70%로 인정한 사례가 있습니다(춘천지방법원 강릉지원 2002나 1212 판결).

횡단보도와 가까운 곳으로 횡단한 보행자의 과실 정도

Q | A는 신호등이 없는 횡단보도를 횡단하던 중, 횡단보도선을 5m 정도 벗어난 지점에서 자동차에 충격되었습니다.
이 경우 피해자인 A의 과실 정도는 얼마나 될까요?

A | 도로를 횡단함에 있어 신호등 없는 횡단보도와 가까운 곳으로 횡단하는 행위는 횡단보도 보행과 무단횡단의 중간 형태라 할 것입니다.

실무상으로는 차도와 인도의 구분여부, 횡단보도선과 사고지점의 거리, 사고시점이 야간인 여부 등 여러 가지 사정에 따라 피해자의 과실을 20~35% 정도로 보고 있습니다.

판례는, 야간에 편도 1차로의 삼거리에서 피해자가 횡단보도로부터 10m 정도 떨어진 지점으로 횡단하던 중, 시속 60km로 진행하던 자동차에 충격된 사고에 대하여 피해자의 과실을 30%로 인정한 경우가 있습니다(서울지방법원 2001나 16193 판결).

5m

도로 보행중의 사고와 피해자의 과실 정도

Q | 저는 차도와 보도의 구분이 없는 도로에서 우측 도로 가장자리로 보행중, 뒤에서 달려오는 승용차에 충격되어 상해를 입는 교통사고를 당한 일이 있습니다.

그런데 보험회사에서는 제가 좌측통행을 하지 않았다는 이유로 10% 정도의 과실상계를 해야 한다고 하는데, 이러한 보험회사의 주장이 맞는 말인가요?

A | 도로교통법 규정상 보도와 차도가 구분되지 아니한 도로에서는 도로의 좌측 또는 길 가장자리구역을 통행하여야 합니다(도로교통법 제8조 제2항).

따라서 차량의 진행방향과 같이 도로의 우측으로 걸어가다가 사고를 당한 경우에는 피해자에게도 과실이 있으며(대법원 67다 696 판결), 실무상 그 과실비율은 5~10%로 보고 있습니다.

참고로, 실무상 보행자가 도로 안쪽으로 보행하였다면 보행자의 기본 과실을 15%로 보되, 무단횡단과 별 차이가 없는 경우에는 무단횡단의 경우에 준하여 처리하고 있고, 차도와 보도의 구분이 있는 도로에서 인도보행의 경우는 보행자의 기본 과실은 전혀 없는 것으로 보고 있으나, 도로 외 건물이나 주차장 또는 공사현장 진입로, 아파트단지 진입로, 차도에서 골목길로 접어드는 지점에서는 보행자의 과실을 10% 정도로 보고 있습니다(법원행정처 刊 재판실무편람 V.).

횡단보도를 건너던 도중 신호등이 빨간색으로 바뀐 경우 피해자의 과실 정도

Q | B가 횡단보도 신호등이 녹색인 상태에서 왕복 8차로의 횡단보도를 건너던 중, 중앙선 부근에서 보행자 신호등이 적색으로 바뀌었습니다. 그런데 트럭이 신호가 바뀌기 직전에 성급하게 과속으로 진행하다가 B를 충격하여 사망하였습니다.

이 경우 피해자인 B의 과실 정도는 얼마나 되는지요?

A | 보행자 신호등이 녹색 또는 녹색점멸 상태에서 사고가 발생하였다면 보행자에게는 과실이 전혀 없다고 할 것입니다.

그러나 교차로 부근에 설치된 보행 신호등이 켜지자마자 주위를 살피지 않고 다른 보행자에 앞서 튀어나감으로써 차량 신호가 변경되기 직전 또는 그 순간에 교차로에 진입하였다가 교차로를 미처 다 통과하지 못하고 서둘러 직진, 좌회전 또는 우회전하여 오는 차량을 알아차리지 못하고 충격된 경우에는 당시의 교통상황에 따라 보행자에게도 5% 정도의 기본 과실이 있는 것으로 볼 수 있을 것입니다(법원행정처 刊 재판실무편람 V.).

그러나 보행 신호등이 녹색점멸 상태에서 뒤늦게 횡단하다가 미처 다 건너지 못한 상태에서 적색으로 바뀌어 차량진행신호에 따라 진행하는 차량에 충격된 경우에는 피해자의 과실도 상당 정도 경합되었다고 볼 것입니다(대법원 2001다 35112 판결).

판례는, 야간에 왕복 9차로의 횡단보도에서 피해자가 녹색신호등에

횡단을 시작하였으나 중앙선에 이르기 전에 보행 신호등이 적색으로 변경되었고, 사고 트럭은 교차로의 차량 신호등이 적색등화에서 녹색 등화로 바뀌기 직전에 성급하게 교차로에 진입, 교차로를 과속으로 직진 통과한 후 횡단보도에 이르러 위 피해자를 충격한 사안에 대하여 피해자의 과실을 35%로 인정한 경우가 있고(부산고등법원 95나 12545 판결), 야간에 편도 3차로에서 피해자가 횡단보도의 중앙선 부근을 지날 무렵 보행자 신호가 적색으로 변경된 사안에 대하여 피해자의 과실을 30%로 인정한 경우(대구고등법원 2001나 5457 판결), 주간에 보행자 신호가 횡단도중 적색으로 변경된 사안에 대하여 피해자의 과실을 20%로 인정한 사례가 있습니다(서울고등법원 2002나 44535 판결).

승객의 승·하차시 안전사고와 피해자의 과실 정도

Q | 저의 할머니는 마을버스에서 내리시기 위하여 출구쪽으로 걸어나오시다가 버스가 급정차하는 바람에 부상을 입으셨습니다. 이 경우 피해자의 과실 정도는 얼마나 되나요?

A | 실무상 승객이 미리 출입구 또는 출구에 서서 차량에 탑승 또는 하차하던 중 미처 승·하차를 마치지 않은 상태에서 차량이 출발하여 승객이 중심을 잃고 넘어져 다친 경우에는 원칙적으로 승객의 과실은 없는 것으로 보되, 다만 버스 승객이 지지대 등을 잡지 않았던 경우에는 승객의 기본 과실을 10% 정도로 보고 있습니다.

버스 승객이 출입문에서 채 빠져 나오기 전에 버스 운전기사가 출입문을 닫아버려 옷자락이 차체와 출입문 사이에 끼게 된 상태에서 버스를 그대로 출발시켜 승객이 넘어져 다친 사고인 경우에는 원칙적으로 승객의 과실은 없는 것으로 보나, 승용차나 택시의 승객이 자신의 치맛자락이 차체 밖으로 완전히 빠져 나오지 않은 것을 확인하지 않고 문을 닫는 바람에 발생한 사고인 경우에는 승객의 기본 과실을 20% 정도로 보고 있습니다.

또한 버스에 승차한 후 내부 통로로 걸어가거나 하차하기 위하여 출구로 걸어가다가 급출발 또는 급제동으로 넘어져 다친 경우에는 승객의 기본 과실을 10~15%로 보고 있고, 다른 버스 승객이 다 하차한 이후 뒷문이 닫히는 순간 좌석에 앉아 있던 승객이 뒤늦게 뛰어 내리다 다친 경우에는 승객의 기본 과실을 30~40%로 보고, 정류장에 진입하는 버스를 보고 승차 대기자들이 서로 먼저 타려고 차도에 내려서다 정류장에 진입하는 버스에 충격된 경우에는 승차 대기자의 기본 과실을 15% 정도로 보고 있습니다(법원행정처 刊 재판실무편람 V.).

판례는 피해자가 이웃 주민들과 전세버스를 타고 여행도중 주행중인 차내의 통로에서 춤을 추며 노래를 부르다가 위 전세버스가 급제동하는 바람에 넘어져 상해를 입게 된 사안에 대하여 피해자의 과실을 40%로 인정한 사례가 있습니다(전주지방법원 2002나 4637 판결).

후진중인 차에 충격된 피해자의 과실 정도

Q | B는 도로변에 서 있다가 화물을 싣기 위하여 후진중인 트럭에 충격되어 부상을 당하였습니다. 이 경우 피해자인 B의 과실 정도는 얼마나 되나요?

A | 후진중인 차량에 의하여 사고를 당한 경우에는 그 사고 장소가 어디인가에 따라 피해자의 기본과실이 달라질 수 있습니다.

실무상으로, 골목길 또는 아파트단지에서 보행자가 걸어가다가 사고가 난 경우 또는 어린이가 놀다가 사고가 난 경우에는 보행자의 기본 과실을 10~20%로 보되, 다만 주차 또는 정차된 차량 앞이나 사이에서 갑자기 튀어나오다가 사고가 난 경우에는 위 기본 과실에 10~20%를 가산하고 있고, 공사장이나 창고 앞 등에서 화물차가 물건의 적재 또는 하차를 위하여 후진하던 중 뒤에 있던 보행자를 충격한 경우 보행자가 다른 일을 하고 있었던 경우에는 보행자의 기본 과실을 20%로 보고, 그 화물차의 후진을 유도하고 있었던 경우라면 보행자의 기본 과실을 30% 정도로 보고 있습니다(법원행정처 刊 재판실무편람).

판례는, 차선 표시가 없는 7m 도로의 오른쪽에서 1톤 화물트럭이 그곳에 적재된 사과상자를 싣기 위하여 시속 5km로 후진하다가 사과상자 더미 부근에 서 있던 피해자를 적재함 뒷부분으로 충격한 경우에 대하여 피해자 과실을 20%로 인정한 사례가 있고(대법원 91다 39368 판결), 새벽 1시쯤 골목길을 중앙 부근으로 걸어가다 주차를 하기 위해 후진하는 승용차에 충격된 사안에 대하여 피해자 과실을 10%로 인정한 경우가 있으며(부산고등법원 2001나 10663 판결), 주간에 3년 7개월 된 유아가 보도와 차도의 구별 없는 주택가 이면도로에서 혼자 놀다가 후진하는 트럭에 충격되어 사망한 사안에 대하여 피해자측 과실을 20%로 인정한 사례가 있습니다(서울고등법원 2000나 7563 판결).

피해자가 도로에 누워 있었던 경우 피해자의 과실 정도

Q | B는 음주 만취되어 도로상에 쓰러져 잠을 자다가 자동차에 역과되어 사망하였습니다. 이 경우 피해자인 B의 과실 정도는 얼마나 되나요?

A | 위 사례와 같이 도로에 누워 있다가 주행중인 차에 충격된 경우, 실무상 그 사고가 주간인 경우에는 피해자의 기본 과실을 30~40%, 야간인 경우에는 피해자의 기본 과실을 60~70%로 보되, 차량의 통행이 빈번한 편도 2차로 이상의 간선도로이거나 시야장애가 있는 산간 무인지대, 커브길 등에서 발생한 야간사고의 경우에는 피해자의 기본 과실을 70~80% 정도로 보고 있습니다(법원행정처 刊 재판실무편람 V.).

　판례는, 피해자가 비 내리는 야간에 술에 만취하여 편도 1차로상에 쓰러져 있다가 차량에 역과되어 사망한 경우, 망인의 과실은 차량의 과실보다는 크다고 보아야 할 것이므로 망인의 과실비율을 40%로 인정한 원심의 조치는 형평의 원칙에 비추어 현저히 불합리하다고 파기한 경우가 있고(대법원 2000다 60227 판결), 야간에 커브길이 막 끝나는 지점과 가까운 곳으로서 차량 운전자에게 시야장애가 있을 수 있는 차량의 통행이 빈번한 편도 1차선 차도상에서 피해자가 술에 취한 채 쓰러져 있다가 충격된 사고에 대하여 피해자 과실을 80%로 본 사례가 있습니다(대법원 94다 43016 판결).

자전거 또는 오토바이로 횡단보도를 횡단하다가 일어난 사고의 과실 정도

Q | 저는 횡단보도 신호가 깜빡일 무렵 오토바이를 타고 도로를 횡단하다가 신호가 바뀐 후 직진하던 승용차에 충격되는 사고를 당하였습니다. 이 경우 피해자인 저의 과실 정도는 얼마나 될까요?

A | 실무상 횡단보도를 자전거 또는 오토바이를 끌고 횡단한 경우에는 통상의 보행자로 간주하나, 자전거 또는 오토바이를 탄 채 횡단한 경우에는 피해자 과실을 보행자의 경우보다 10~20%를 가산하고 있습니다.

따라서 위 사례와 같은 경우 판례는, 횡단보도를 따라 오토바이를 타고 횡단한 피해자의 과실은 승용차 운전자의 과실보다 월등히 높다고 보아야 할 것이고, 피해자가 횡단을 시작한 시점이 보행자 신호가 정지신호로 바뀐 순간이라면 그 정도는 더하다고 보아야 할 것이라는 이유에서 피해자 과실비율을 50%로 본 원심을 파기한 바 있습니다(대법원 2001다 35112 판결).

또한 이른 아침 피해자가 자전거를 타고 횡단보도를 건너는 도중에 보행신호등이 녹색에서 적색으로 바뀌었고, 자동차는 제한시속(70km)을 초과하여 진행하던 중 횡단보도를 거의 다 건너온 자전거를 충격한 사안에 대하여 피해자 과실을 30%로 인정한 사례가 있습니다(춘천지방법원 99나 9237 판결).

전문직 양성 대학에 재학중인 피해자의 일실수입 산정방법

Q | 제 아들은 교육대학교 4학년생으로 졸업을 1개월 앞두고 교통사고로 사망하였습니다. 만일 교통사고만 아니었다면 제 아들은 초등학교 교사로 임용되었을 것입니다. 이러한 경우 손해배상을 청구함에 있어 초등학교 교사로 취업할 것을 전제로 일실수입을 산정하면 안 되나요?

A | 전문직 양성의 대학에 재학중인 피해자가 상해를 입은 경우에는 그 일실이익을 산정함에 있어서 그 피해자가 대학을 졸업한 후 그 전문직을 선택하지 아니할 특별사정이 없는 한 그 전문직 취업자의 일반통계에 의한 수입의 평균수치를 기초사실로 하여 산정해야 할 것입니다(대법원 2000다 9437 판결).

이와 관련하여 판례는 피해자가 교육대학 4학년에 재학중일 때에 교통사고를 당하였으나, 사고 이후 대학을 졸업하고 초등학교 교사로 임용되어 근무하다가 위 교통사고로 인한 후유증으로 인하여 1년 6개월 만에 퇴직한 사안에 대하여 하급심에서는 위 교통사고가 교사임용 전에 발생된 사건이라는 이유에서 피해자의 학력과 연령 등을 근거로 '대학졸업자, 여자, 20~24세'의 통계소득을 기준으로 일실수입을 산정하였으나, 대법원에서는 "피해자가 교통사고 당시 교육대학교 4학년에 재학중이었고, 그 후 대학을 졸업한 다음 초등학교의 교사로 임용되어 근무하다가 교통사고로 인한 후유증으로 퇴직한 경우, 피해자

145

의 일실수입은 초등학교 교사로 취업할 것을 전제로 한 일반통계에 의한 수입의 평균수치 등을 기초로 산정해야 한다"는 이유로 하급심 판결을 파기하고 돌려보낸 일이 있습니다(대법원 2000다 9437 판결).

따라서 위 사안의 경우에도 초등학교 교사로 취업할 것을 전제로 일실수입을 산정하여 손해배상을 청구할 수 있을 것입니다.

38

교통사고 이후 피해자가 자살한 경우

Q | 여고 1학년인 A는 교통사고로 1년 동안 병원 치료를 받았으나 목발을 짚고 다녀야 하는 불구자가 되자, 이를 비관한 나머지 농약을 마시고 자살하였습니다.

이러한 경우 보험회사를 상대로 교통사고로 인한 손해배상을 청구함에 있어 A의 일실수입은 A가 자살한 시점까지만 산정하는 것이 옳은가요, 아니면 A의 평균여명이 끝날 때까지로 계산하여 산정하는 것이 옳은가요?

A | 교통사고로 상해를 입은 피해자가 자살한 경우는 교통사고와 사망(자살)과의 사이에 상당 인과관계가 있는 경우와 그러한 인과관계가 존재하지 않는 두 가지 경우로 나누어 볼 수 있는데, 전자의 경우에는 자살한 피해자의 평균여명이 끝날 때까지의 일실수입을 손해배상의 산정기초로 하게 되며, 후자의 경우에는 피해자가 사망한 때까지만 이를 산정하면 될 것입니다(대법원 79다 156, 90다카 12790 판결).

그런데 위 사안의 경우, 피해자는 사고 당시 감수성이 예민한 고등학교 1학년 여학생으로서 사고 후 12개월 동안 병원에서 치료를 받았으나 목발을 짚고 걸어다녀야 하는 불구상태가 되었는데, 이로 인하여 사람들과의 접촉을 피하고 심한 우울증에 시달리다가 자신의 상태를 비관, 자살한 사안이므로 위 교통사고와 피해자의 사망 사이에는 상당 인과관계가 있다고 할 것입니다(대법원 99다 19957 판결).

따라서 위 사안의 경우, A는 비록 사망하였지만 일실수입을 산정함에 있어 A의 평균여명이 끝날 때까지로 계산하여야 할 것입니다.

그러나 자살로 인한 사망에 대하여는 피해자 본인의 과실도 상당정도 인정될 것이라는 점을 유의하여야 할 것입니다. 판례는 정신분열증환자가 정신병원에서 입원중 자살한 사건에 대하여 자살한 망인에 대하여도 과실을 인정한 사례가 있습니다(대법원 93다 21552 판결).

교통사고 피해자가 또 다시 교통사고를 당하여 사망한 경우 손해배상의 범위

Q | 저의 형은 작년에 교통사고를 당하여 2급 장해의 부상을 당하였는데, 지난달에 또다시 교통사고를 당하여 사망하였습니다.
이 경우 1차 사고운전자에 대하여 어떻게 손해배상을 청구하여야 하나요?

A | 교통사고로 상해를 입은 피해자가 다른 교통사고로 인하여 사망한 경우에는 두 가지 경우로 나누어 볼 수 있습니다.

즉 그 두 사고 사이에 1차 사고가 없었더라면 2차 사고도 발생하지 않았을 것이라고 인정되는 것과 같은 조건적 관계가 존재하는 경우에는 1차 사고의 가해자는 2차 사고로 피해자가 사망한 사실에 관계없이 피해자의 가동연한까지의 일실수입을 배상하여야 하며 1, 2차 사고 사이에 위와 같은 조건적 관계(상당 인과관계)가 존재하지 않는 경우에는 1차 사고의 가해자는 2차 사고로 피해자가 사망한 때까지 손해만을 배상하면 됩니다(대법원 94다 51895, 97다 47507 판결)

따라서 위 사안의 경우에는 1차 교통사고와 2차 교통사고 사이에 위와 같은 상당 인과관계가 존재한다고 볼 수는 없으므로 1차 교통사고의 가해자에 대하여는 피해자가 2차 사고로 사망한 때까지의 일실수입만을 청구할 수 있을 뿐이라 하겠습니다.

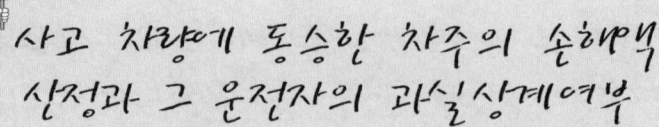

사고 차량에 동승한 차주의 손해액 산정과 그 운전자의 과실상계여부

Q | 저는 개인사업자로서 제가 고용한 직원이 운전하는 제 승용차를 타고 가다가 쌍방과실로 다른 차량과 충돌하여 부상을 당하게 되었습니다. 이 경우 상대방 차량을 상대로 손해배상을 청구함에 있어 저의 직원의 과실을 상계해야 하나요?

A | 자동차의 소유자 또는 자동차를 사용할 권리가 있는 자로서 자기를 위하여 자동차를 운행하는 자, 즉 자동차의 '보유자'는 자동차의 운행으로 인한 이익을 향수할 뿐 아니라 자동차의 운행을 지배하는 지위에 있는 자로서 운전자의 선임에 관하여는 물론 그 지휘·감독에 관해서까지 상당한 주의를 하여야 할 의무가 있으므로 자동차의 운행으로 말미암아 발생하는 결과에 대하여 책임이 있고, 따라서 자동차의 보유자가 다른 사람으로 하여금 자동차를 운전하게 하고 그 자동차에 함께 탔다가 제3자의 과실로 인하여 교통사고가 발생한 결과 손해를 입은 경우에, 그 자동차의 운전자에게도 과실이 있었다면 그 손해를 배상할 의무가 있는 제3자가 자동차의 보유자에게 배상하여야 할 재산상 손해의 액과 위자료의 액을 정함에 있어서 그 자동차 운전자의 과실을 참작하는 것이 타당하다고 할 것입니다(대법원 94다 2121, 93다 25127 판결)

따라서 위 경우도 자동차 소유자의 손해액을 산정함에 있어서는 그 운전자의 과실도 자동차 소유자의 과실로서 참작해야 할 것입니다.

정차한 버스에서 하차하던 중 상해를 입은 경우

Q | 저의 할머니께서는 버스정류장에서 버스가 정차한 후에 하차하시던 중 중심을 잃고 넘어지면서 땅바닥에 머리가 충격되어 사망하였습니다. 이러한 경우 버스회사가 가입한 공제조합으로부터 손해배상을 받을 수는 없는지요?

A | 이 사건은 위 사고가 버스의 '운행으로 인하여' 발생된 사고라고 볼 수 있느냐 하는 문제입니다. 만일 버스 운행으로 인한 사고라면 자동차손해배상보장법에 의하여 버스회사가 손해배상 책임을 지게 되고, 따라서 버스회사가 가입한 공제조합으로부터 손해배상을 받을 수 있지만 위 사고가 '운행으로 인한' 사고가 아니라면 버스회사에 대하여 책임을 물을 수 없게 될 것입니다.

자동차손해배상보장법 제2조 제2호는 "운행이라 함은 사람 또는 물건의 운송여부에 관계없이 자동차를 그 용법에 따라 사용 또는 관리하는 것을 말한다"라고 규정하고 있습니다.

여기서 자동차를 당해 장치의 용법에 따라 사용한다는 것은 자동차의 용도에 따라 그 구조상 설비되어 있는 각종 장치를 각각의 장치목적에 따라 사용하는 것을 말하는 것으로서 자동차가 반드시 주행상태에 있지 않더라도 주행의 전후 단계로서 주·정차 상태에서 문을 열고 닫는 등 각종 부수적인 장치를 사용하는 것도 포함되지만, 자동차를 운행하는 자는 운행중에 일어난 모든 사고에 대하여 책임을 지는 것이 아니라 그 중에서 '운행으로 말미암아' 일어난 사고에 대하여만 책임을 지는 것입니다.

따라서 위 사례의 경우는 자동차 운행중의 사고이기는 하나 '운행으로 말미암아' 일어난 사고라고 볼 수는 없으므로 결국 자동차 손해배상보장법에 의하여 택시회사나 공제조합을 상대로 손해배상을 받을 수는 없다고 보여집니다.

참고로 '운행으로 말미암아' 일어난 사고라고 볼 수 있느냐 하는 점이 문제된 판례를 살펴보면 다음과 같습니다.

① 승객이 버스에서 하차하다가 몸의 중심을 잃고 넘어져 부상한 경우, '운행으로 말미암아' 일어난 사고라고는 볼 수 없다고 판결한 사례(대법원 98다 30834 판결)

② 인부가 통나무를 화물차량에 내려놓는 충격으로 지면과 적재함 후미 사이에 걸쳐 설치된 발판이 떨어지는 바람에 발판을 딛고 적재함으로 올라가던 다른 인부가 땅에 떨어져 상해를 입은 사건에 대하여 자동차의 운행으로 말미암아 일어난 사고가 아니다라고 판결한 사례(대법원 92다 8101 판결)

③ 화물 하차작업 중 화물 고정용 밧줄에 오토바이가 걸려 넘어져 사고가 발생한 경우, 화물 고정용 밧줄은 적재함 위에 짐을 실을 때에 사용되는 것이기는 하나 물건을 운송할 때 일반적 · 계속적으로 사용되는 장치가 아니고, 또 적재함과 일체가 되어 설비된 고유장치라고도 할 수 없다라는 이유로 운행으로 말미암아 일어난 사고가 아니다라고 판결한 사례(대법원 95다 19232 판결)

계약직 직원의 일실소득 산정방법

Q | 저는 A회사에 1년간 계약직으로 근무하던 중, 교통사고로 2급 장해 판정을 받는 부상을 당하였습니다. 저는 계약직이기 때문에 계약기간이 만료된 후에 다시 A회사에 근무한다는 보장은 없는데, 이러한 경우 가해 차량이 가입한 보험회사를 상대로 손해배상을 청구함에 있어 사고 당시 A회사에서 지급 받던 월급을 기준으로 일실수입을 산정할 수 있을까요?

A | 불법행위로 인한 손해배상 사건에서 피해자의 일실수입은 사고 당시 피해자의 실제소득을 기준으로 하여 산정할 수도 있고 통계소득을 포함한 추정소득에 의하여 평가할 수도 있는 것이며, 이와 같은 일실수입의 산정은 불확정한 미래 사실의 예측이므로 당해 사건에 현출된 구체적 사정을 기초로 하여 합리적이고 객관성 있는 기대수입을 산정할 수 있으면 충분하고, 반드시 어느 한쪽을 정당한 산정 방법이라고 할 수는 없는 것입니다.

그러나 피해자가 사고 당시 직장에 근무하면서 일정한 수입을 얻고 있는 경우에 있어서, 피해자에 대한 사고 당시의 실제수입을 확정할 수 있는 객관적인 자료가 현출되어 있어 그에 터잡아 합리적이고 객관성 있는 기대수입을 산정할 수 있다면 사고 당시의 실제수입을 기초로 일실수입을 산정하여야 할 것입니다(대법원 95다 35623 판결).

또한 불법행위로 인하여 노동능력을 상실한 피해자의 일실수익 손해는 원칙적으로 노동능력 상실 당시의 수익을 기준으로 산정할 것이

지만, 장차 그 수익이 증가될 것이 상당한 정도로 확실하게 예측할 수 있는 객관적인 자료가 있을 때에는 그 증가될 수익도 고려하여야 할 것이고, 이와 같은 손해는 불법행위로 인한 통상의 손해에 해당하므로 사고 이후 계속 근무하면서 소득이 늘어남이 확실할 때는 그 증가가 예상되는 수익도 일실수입에 포함해서 산정할 수 있다고 하겠습니다(대법원 95다 31539 판결).

그런데 피해자가 사고 당시 근무하고 있던 직장이 기간을 정한 타인과의 계약에 터잡은 것이어서 그 계약기간이 만료된 후에는 그 직장에 계속 근무할 수 없는 사정이 있다 하더라도, 피해자가 그 이후에는 일용노동에 종사하여 벌 수 있는 수익밖에 올릴 수 없다고 단정할 수는 없는 것이고, 특별한 사정이 없는 한 그 가동연한까지 종전 직장에서와 같은 정도의 수익이 있는 유사한 직종에 계속 종사할 수 있는 것으로 봄이 타당할 것입니다(대법원 93다61703 판결).

따라서 위 사안의 경우에도, 사고 당시 A회사에서 지급 받던 월급을 기준으로 일실수입을 산정하여 손해배상을 청구할 수 있다고 하겠습니다.

손해배상액 산정에 있어 과실상계와 손익상계의 순서

Q | 저는 회사업무 수행중 교통사고를 당하여 보험회사를 상대로 손해배상을 청구하였는데, 보험회사에서는 제가 근로복지공단으로부터 산재보험급여로 받은 금 100만 원을 공제하고, 또 피해자 과실 30%를 상계하여야 한다고 주장하고 있습니다. 이러한 보험회사의 주장이 타당한 것인가요?

A | '과실상계' 란 손해배상액을 산정함에 있어 피해자의 과실 정도를 참작하여 배상액의 일정비율을 공제하는 제도를 말하며, '손익상계' 란 교통사고로 손해를 입은 것과 이익을 얻은 것이 있는 경우에는 그 이익은 손해배상액에서 공제하는 제도를 말합니다.

예컨대, 무단횡단으로 인한 교통사고에 대하여 피해자가 무단횡단한 과실을 50%로 보고 전체 손해액에서 50%를 공제하는 것은 '과실상계' 이고, 교통사고 피해자가 가해운전자로부터 형사합의금 명목으로 금 500만 원을 받은 경우, 그 교통사고로 인한 전체 손해액에서 위 금 500만 원을 공제하는 것은 '손익상계' 에 해당하는 것입니다.

그런데 위 사안에 있어서, 피해자가 이미 지급 받은 산업재해보상 보험법상의 보험급여는 교통사고라는 동일한 원인으로 이득을 받은 것이므로 위 손익상계의 법리에 따라 전체 손해배상액에서 공제되어야 마땅할 것입니다.

그리고 위와 같은 경우에는 동일한 사건에서 '과실상계'와 '손익상계'가 모두 이루어지게 되는데 이러한 경우에는 과실상계를 먼저하고, 그 다음에 손익상계를 해야만 합니다(대법원 95다 24340 판결)

공상군경의 사망과 유족연금의 공제여부

Q | 제 남편은 '국가유공자등예우및지원에관한법률'에 따른 국가유공
자로서 연금을 지급 받고 있다가 교통사고로 사망하였습니다.
그 후 저는 남편의 사망으로 위 법률에 따라 유족연금을 받게 되
었는데, 보험회사에서는 교통사고로 인한 손해배상액에서 제가 받
게 된 유족연금액을 공제하겠다고 주장하고 있습니다.
이러한 보험회사의 주장이 타당한 것인가요?

A | 국가유공자등예우및지원에관한법률 제12조 제1항 제2호, 같은 법 시
행령 제20조 제1항에 의하여 연금을 지급 받던 공상군경이 사망한 경
우에는 그 사망의 원인에 관계없이 유족연금이 지급됩니다.

또 위와 같은 경우 그 유족은 망인이 지급 받던 연금상당의 손해배
상청구권도 상속받게 되는데, 그렇게 되면 그 유족은 동일한 원인으
로 동일 목적의 급부를 이중으로 취득하게 되는 결과가 된다고 할 것
입니다.

따라서 그 상속인의 손해액을 산정함에 있어서는 상속받은 망인의
연금액에서 유족연금액을 공제하는 것이 형평의 이념에 합당한 것이
라 할 것입니다(대법원 93다 29372 판결).

이처럼 유족이 지급 받을 손해액을 산정함에 있어 공상군경의 연금
액에서 유족연금액을 공제하는 것이 동일한 목적과 내용의 급부가 이
중으로 지급되는 것을 막는데 그 취지가 있는 이상, 사망한 사람의 연
금액에서 공제하여야 하는 유족연금액의 범위는 사망한 사람의 기대

여명기간이 끝날 때까지 그 유족이 받을 금액에 한정되고, 그 뒤 유족이 불법행위로 인한 사망과 관계없이 받을 수 있는 유족연금액은 이에 포함되지 아니한다고 할 것입니다(대법원 2002다 5019 판결).

따라서 위 사안의 경우에도, 교통사고로 사망한 남편의 기대여명기간이 끝난 뒤 유족의 여명기간까지의 유족연금액은 공제되지 아니할 것이며, 남편의 기대여명기간까지만 공제하여야 할 것입니다.

개인사업자의 일실수입 산정기준

Q | 제 남편은 횡단보도에서 신호위반 차량에 충격되어 현장에서 사망하였습니다.

남편은 10년간 카센터를 운영하면서 월 300만 원 정도의 수입을 올리고 있었는데, 보험회사에서는 일실수입을 산정함에 있어 위와 같은 남편의 소득을 인정하지 않으려 합니다. 법원에 소송을 제기하면 위와 같은 일실소득을 인정받을 수 있을까요?

A | 개인기업을 운영하는 사업자에 대한 일실소득은 원칙적으로 실제 얻고 있던 수익을 기준으로 하여 그 기업수익 속에 들어 있는 기업주의 개인적 공헌도에 의한 수익부분의 비율에 따라 산정해야 합니다. 그러나 그에 관한 객관적인 자료가 없는 경우에는 그 사업체의 규모와 경영 형태, 종업원의 수 및 경영실적 등을 참작하여 피해자와 같은 정도의 학력, 경력 및 경영능력 등을 가진 사람을 고용하는 경우의 보수 상당액, 즉 대체고용비를 합리적이고 개연성 있는 방법으로 산출하여 이를 기초로 장래수입상실 손해액을 산정할 수도 있을 것입니다(대법원 95다 1439 판결)

따라서 위 사안의 경우에 있어서, 피해자가 생전에 월 300만 원 정도의 수입을 올리고 있었다고 하여 그 금액이 그대로 일실소득으로 산정될 수는 없는 것이고 위 판례에서 설시하고 있는 바와 같은 여러 가지 사정을 종합 · 참작하여 결정될 문제라 할 것입니다.

참고로 개인사업의 일실수입을 산정한 법원의 판례를 살펴보면 다음과 같습니다.

① 피해자가 건축사 자격은 없으나 건축제도기능사 자격을 갖추고 10년 이상 건축설계와 관련된 업무를 담당하였고 설계사무소를 운영하기도 하였던 사안에서, "그 경력에 비추어 피해자의 가동능력이 일용 제도사의 정부노임단가 상당이라고 평가할 수는 없고, 건축사의 자격이 없더라도 임금구조기본통계조사보고서상 10년 이상 경력을 가진 남자 건축기술자나 그 관련 기술공의 월급액 상당이라고 봄이 합당하다"고 판시한 사례(대법원 95다 1439 판결)

② 피해자가 10명의 종업원을 고용하여 전기용품 제조업체를 경영하면서 직접 영업 및 기술지도 등을 담당하고 있었고, 생산한 제품은 주로 그가 종전에 약 14년간 근무하였던 회사를 통하여 납품하여 오는 등 그 기업체의 경영이 피해자의 영업활동과 개인적인 경영수완 및 신용 등에 의존하여 왔었던 사안에 대하여, "피해자의 직종이 직종별임금실태조사보고서상의 단순히 전기기계기구제조업에 종사하는 근로자의 직종과 같다고 볼 수는 없을 것이며, 피해자가 경영하던 기업체의 규모와 경영형태, 종업원의 수 및 경영실적 등에 비추어 피해자와 같은 정도의 학력, 경험 및 경영능력 등을 가진 사람을 고용하는 경우에 지급하여야 할 보수에 상당하는 액을 합리적이고 개연성이 있는 방법으로 산출하였어야 할 것이다"라고 판시한 사례(대법원 93다 56657 판결)

③ 사업체의 매상고, 필요경비, 자본적 설비 등을 인정할 객관적인 자료가 현출되어 있는 경우에는 이를 기초로 먼저 그 사업체의 수입금을 확정하고 그 중에서 사업주 개인의 기여도 내지 노무가치를 측정하여

이를 기초로 하는 것이 합리적이라고 할 것이지만 그러한 자료가 현출되어 있지 아니한 경우에는 그 사업체의 규모와 경영형태, 종업원의 수 및 경영실적 등을 참작하여 피해자와 같은 정도의 학력, 경력 및 경영능력 등을 가진 사람을 고용하는 경우의 보수상당액, 즉 '대체고용비'에 의하여 일실수입을 산정할 수도 있고, 개인사업주인 피해자의 수입이 주로 사업주 개인의 노무에 의존하고 있어 기업에서의 자본적 수익이 미미한 경우에는 직종별임금실태조사보고서에 의하여 피해자와 같은 경력을 가지고 같은 직종에 종사하는 근로자의 추정통계소득을 기준으로 일실수입을 산정할 수도 있다고 판시한 사례(대법원 92다 27751 판결)

3장

교통사고와 **자동차보험**

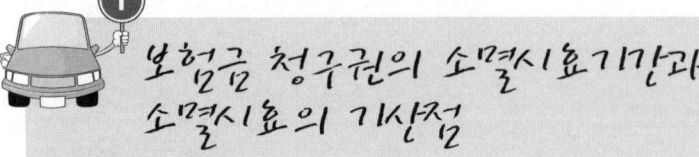

보험금 청구권의 소멸시효기간과 소멸시효의 기산점

Q | 저의 부모님은 3년 전에 설악산 여행 중, 당시 아버님이 승용차를 운전하시다가 운전부주의로 추락하여 두분 모두 돌아가셨습니다. 그런데 보험회사에서는 보험금 청구의 소멸시효기간이 경과하였다는 이유로 보험금 청구를 거절하고 있는데 맞는 말인지요?

A | 피해자가 보험회사에 대하여 가지는 자동차손해배상책임보험금에 대한 직접 청구권의 법적 성질은 자동차손해배상보장법의 손해배상청구권이므로 자동차손해배상보장법 제33조에 따라 이를 2년간 행사하지 아니하면 소멸시효가 완성됩니다.

다만 보험사고가 발생한 것인지의 여부가 객관적으로 분명하지 아니하여 보험금청구권자가 과실 없이 보험사고의 발생을 알 수 없었던 사정이 있는 경우에는 보험사고의 발생을 알았거나 알 수 있었을 때부터 보험금청구권의 소멸시효가 진행하게 됩니다.

그러나 그와 같은 특별한 사정이 없는 한 보험금청구권의 소멸시효는 원칙적으로 보험사고가 발생한 때부터 진행한다는 점을 유의하여야 할 것입니다(대법원 97다 36521 판결).

따라서 위 경우와 같은 사례에 있어서는, 가해자인 운전자가 아버지이고 피해자가 어머니인 점에 비추어 볼 때 그 아들들은 사고발생시에 사고로 인한 손해 및 가해자를 알았다고 볼 것이므로 사고 발생시부터 2년의 기간이 경과함으로서 보험회사의 보험금지급채무는 시효소멸 하였다고 볼 수밖에 없을 것입니다.

피해자가 운전보조자인 경우 보험적용여부

Q | 저는 굴삭기 보조기사로 굴삭기 정비업무에 종사하고 있습니다. 그런데 어느 날 굴삭기의 버킷 고정핀이 빠져 있는 것을 발견하고 이를 수리하고 있었는데, 굴삭기 운전기사가 저를 발견하지 못하고 후진하는 바람에 수지골절상 등의 상해를 입었습니다. 보험회사에서는 제가 운전보조자라는 이유로 보험금 지급을 거절하고 있는데, 이러한 보험회사의 주장이 옳은가요?

A | 자동차손해배상보장법 제3조는 "자기를 위하여 자동차를 운행하는 자는 그 운행으로 인하여 '다른 사람'을 치사상케 한 때에는 그 손해를 배상할 책임을 진다"라고 규정하고 있으므로, 위 사례의 경우에는 운전보조자가 위 규정에 의한 '다른 사람'에 해당한다고 볼 수 있느냐 하는 것이 문제된다고 할 것입니다.

자동차손해배상보장법 제3조에서 말하는 '다른 사람'이란 '자기를 위하여 자동차를 운행하는 자 및 당해 자동차의 운전자를 제외한 그 이외의 자'를 지칭하므로, 당해 자동차를 현실로 운전하거나 그 운전의 보조에 종사한 자는 같은 법 제3조 소정의 타인에 해당하지 아니한다고 할 것입니다.

다만 당해 자동차의 운전자나 운전보조자라도 사고 당시에 현실적으로 자동차의 운전에 관여하지 않고 있었다면 그러한 자는 법 제3조 소정의 타인으로서 보호된다고 할 것입니다.

따라서 위 사례의 경우에 있어서, 피해자는 비록 운전보조자이기는 하나 사건당시 굴삭기의 수리업무에 종사하고 있었던 것에 불과하고 굴삭기를 운전하거나 그 운전을 보조하는 업무에 종사하고 있었던 것은 아니므로 굴삭기의 보조기사라는 이유만으로 자동차손해배상보장법 제3조 소정의 타인이 아니라고 할 수는 없다고 할 것입니다.

따라서 위 사례의 경우, 피해자는 보험회사를 상대로 보험금의 지급을 청구할 수 있을 것입니다.

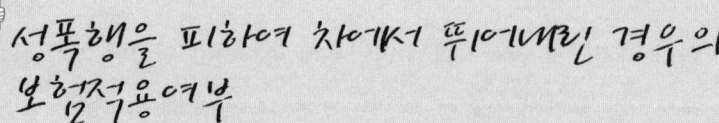

성폭행을 피하여 차에서 뛰어내린 경우의 보험적용여부

Q | A는 전에 사귀던 개인택시 운전기사가 택시 안에서 강제로 성관계를 요구하며 폭행·감금하다가 A의 정차요구에도 불구하고 계속 주행하므로 달리는 차 문을 열고 뛰어내려 부상을 당하게 되었습니다. 보험회사에서는 피해자의 고의적 행위로 부상을 입은 것이므로 보험금을 지급할 수 없다고 하는데, 이러한 보험회사의 주장은 옳은가요?

A | 자동차손해배상보장법 제3조 단서 제2호는 "승객이 사망하거나 부상한 경우에 있어서 그 사망 또는 부상이 그 승객의 고의나 자살행위로 인한 때에는 그 손해를 배상할 책임이 없다"고 규정하고 있으므로, 위 사례의 경우 '피해자가 달리는 차 문을 열고 뛰어내린 행위'를 위 법률상의 '승객의 고의행위'에 해당한다고 볼 것이냐 하는 것이 문제될 수 있습니다.

　　그러나 자동차손해배상보장법의 목적이 자동차의 운행으로 사람이 사망하거나 부상한 경우에 있어서의 손해배상을 보장하는 제도를 확립함으로써 피해자를 보호하고 자동차 운송의 건전한 발전을 촉진함에 있음에 비추어 보면, 같은 법 제3조 단서 소정의 '승객의 고의 또는 자살행위'는 승객의 자유로운 의사 결정에 터잡아 의식적으로 행한 행위에 한정된다고 할 것입니다.

  판례는, 운전자가 그 동안 정을 통해오던 피해자의 변심을 알고 찾아가 차에 태운 후 강제적인 성폭행, 감금 등을 하면서 피해자의 정차 요구에도 계속 이를 거절하자 피해자가 달리는 차에서 무작정 뛰어내려 사고를 당한 경우, 이는 급박한 범죄적 불법행위를 벗어나기 위한 행위로서 그의 자유로운 의사 결정에 따라 의식적으로 행한 자살행위라고 단정하기는 어렵고 오히려 운전자의 범죄행위로 유발된 자동차 사고일 뿐이므로, 이를 '승객의 고의 또는 자살행위'에 해당한다고 볼 수 없다(대법원 95다 22115 판결)고 판결한 바 있습니다.

  따라서 위 사례의 경우 A는 보험회사를 상대로 손해배상을 청구할 수 있습니다.

4

개인적 용무로 회사택시를 운전하다가 일으킨 사고와 보험적용여부

Q | 서울에서 회사택시를 운전하는 B는 근무시간에 아내를 태우고 처 갓집이 있는 안산을 다녀오던 중, 옆자리에 승차한 아내가 사망하는 교통사고를 일으켰습니다. 이러한 경우에도 택시회사는 운행자로서 손해배상 책임을 져야 하나요?

A | 자동차손해배상보장법 제3조는 "자기를 위하여 자동차를 운행하는 자는 그 운행으로 인하여 '다른 사람'을 사망 또는 부상하게 한 때에는 그 손해를 배상할 책임을 진다"라고 규정하고 있는 바, 위 사례에 있어서는 우선 피해자인 B의 아내가 손해배상보장법상의 '다른 사람'에 해당한다고 볼 수 있느냐 하는 것이 문제됩니다.

이에 대하여 판례는, 위 망인이나 망인의 자녀들이 택시회사 소속 운전자를 통하여 영업용으로 운행되는 위 택시에 대하여 어떠한 사용권을 가지고 있다거나, 사고 당시 운전보조행위를 하였다는 등의 특별한 사정이 없는 한, 위 망인 등이 단순히 운전자의 가족으로서 그가 운전하는 택시에 무상 동승하였다는 사정만으로는 자동차손해배상보장법 소정의 '다른 사람'이 아니라고 할 수는 없다고 판결하고 있습니다(대법원 96다 40844 판결).

또한 택시회사의 운행이익과 운행지배 상실여부에 관하여 사납금제도 등의 근무 형태에 비추어 볼 때, 그 운전자가 근무일에 정상적으로 회사로부터 택시를 배차 받아 운행을 개시하였고 그 운행에 따라

170

회사에 대하여 사납금 납부의무를 부담하는 이상, 그 운전사가 근무시간 중에 개인적인 용무로 2~3시간 가족들을 택시에 동승시켰고 그 운행구간이 회사의 자동차운수사업 면허구역을 벗어나 있었다 하더라도 그러한 사정만으로는 당해 택시회사가 사고 당시 그 택시에 대한 운행이익과 운행지배를 완전히 상실하였다고 할 수는 없다는 이유로, 그 동승 가족에 대하여 택시회사는 자동차손해배상보장법 제3조 소정의 '자기를 위하여 자동차를 운행하는 자'로서 배상책임을 부담한다고 판결하였습니다(대법원 92다 41733, 96다 40844 판결).

따라서 위 사례에 있어서 피해자의 상속인들은 위 택시가 가입한 보험회사를 상대로 손해배상을 청구할 수 있을 것입니다.

Q | 저는 전기공사업체에서 트럭 운전기사로 일하고 있습니다.

지난 겨울 전기공사를 마치고 돌아오던 중, 이제 막 운전면허를 취득한 전기기사 B가 운전연습 삼아 트럭을 운전해 보겠다고 하여 그에게 운전을 허락한 일이 있는데, 운전 미숙으로 교각을 들이받아 저는 전치 10주간의 경추부골절상을 입었습니다. 그런데 보험회사에서는 제가 그 트럭의 원래 운전자라는 이유로 보험금의 지급을 거절하고 있습니다. 이러한 보험회사의 주장은 타당한가요?

A | 위 사례는, 자동차 소유자의 운전수로 고용된 피해자가 자동차 소유자의 다른 피용자에게 운전을 맡긴 채 동승하다가 사고를 당한 경우, 그 피해자가 자동차손해배상보장법 제3조 소정의 '타인'에 해당한다고 볼 것이냐 하는 문제로서, 만일 그가 자동차손해배상보장 제3조 소정의 '타인'에 해당하지 않는다면 보험혜택을 받을 수는 없을 것입니다.

이에 관한 하급심 판례를 살펴보면, 위 피해자는 자동차 소유자로부터 운전을 위임받아 스스로 자동차를 운전하면서 그 소유자에 대하여 그 자동차의 운행으로 인한 사고의 발생을 미연에 방지하여야 할 선량한 관리자의 주의의무를 부담하는 지위에 있으므로, 그와 같은 주의의무를 위배하여 그 자동차를 한 번도 운전한 적이 없고 운전면허를 취득한 지 1개월 남짓밖에 되지 아니하여 운전기술이 미숙한 자동차 소유자의 다른 피용자에게 함부로 그 자동차를 운전하도록 하고

자기는 옆자리에 탔다면, 피해자로서는 비록 자동차 사고 당시 그 차를 직접 운전하지는 아니하였다 하더라도 적어도 자동차 소유자에 대하여는 자동차손해배상보장법 제3조가 정하는 '타인' 임을 주장하여 손해배상을 구할 수 없다고 판결한 사례가 있습니다(서울지방법원 95가단 86933 판결).

따라서 위 사례에 있어서도 자동차 소유자는 보험회사를 상대로 손해배상을 청구할 수는 없을 것입니다.

'운전'과 '운행'의 차이

Q | 무면허자인 B는 지난 겨울 한강변에 주차해 놓은 C소유의 자동차 안에서 시동을 걸어 스팀장치를 작동시키다가 핸드 브레이크가 풀리면서 한강으로 미끄러져 추락하여 조수석에 동승하였던 여동생과 함께 사망하였습니다.

보험회사에서는 B가 무면허운전자라는 이유로 보험금 지급을 거절하고 있는데, 이러한 보험회사의 주장은 타당한 것인가요?

A | 도로교통법 제2조 제19호는 '운전'이라 함은 도로에서 차를 그 본래의 사용 방법에 따라 사용하는 것을 말한다고 규정하고, 같은 조 제14호는 '자동차'라 함은 철길 또는 가설된 선에 의하지 않고 원동기를 사용하여 운전되는 차를 말한다고 규정하고 있으므로 자동차의 운전, 즉 자동차를 그 본래의 사용 방법에 따라 사용하는 것에 해당하기 위해서는 자동차의 원동기를 사용할 것을 요합니다. 따라서 내리막길에 주차되어 있는 자동차의 핸드 브레이크를 풀어 타력주행(惰力走行)을 하는 행위는 '운전'에 해당하지 않는다고 할 것입니다. 다만 통상의 운전중에 내리막길에 이르러 원동기를 일시적으로 정지하여 타력으로 주행시키는 것은 그렇지 아니할 것입니다.

한편 자동차손해배상보장법 제2조 제2호는 "운행이라 함은 사람 또는 물건의 운송여부에 관계없이 자동차를 당해 장치의 용법에 따라 사용하는 것"이라고 정의하였는 바, 여기에서 자동차를 당해 장치의 용법에 따라 사용한다는 것은 자동차의 용도에 따라 그 구조상 설비되어 있는 각종의 장치를 각각의 장치 목적에 따라 사용하는 것을 말하는 것으로서, 자동차가 반드시 주행 상태에 있지 않더라도 주행의 전후 단계로서 주·정차 상태에서 문을 열고 닫는 등 각종 부수적인 장치를 사용하는 것도 포함하므로 자동차손해배상보장법상의 '운행'은 도로교통법상의 '운전' 보다 넓은 개념이지 동일한 개념이 아니라고 할 것입니다(대법원 98다 30834 판결)

따라서 자동차의 본래적 기능 및 도로교통법의 입법 취지에 비추어 볼 때, 주차중의 자동차를 새로 발진시키려고 하는 경우에 자동차를 그 본래의 사용 방법에 따라 사용하였다고 하기 위하여는 단지 엔진을 시동시켰다는 것만으로는 부족하고 이른바 발진조작의 완료를 요한다고 할 것인데, 위 사례의 경우에는 발진조작을 완료하였다고는 볼 수 없으므로 도로교통법상의 운전에는 해당하지 않는다고 할 것입니다. 따라서 보험회사의 무면허운전면책주장은 타당한 주장이라고 할 수 없을 것입니다(유사 판례 : 대법원 98다 30834 판결).

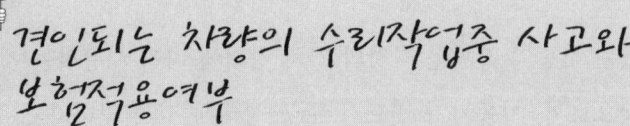

견인되는 차량의 수리작업중 사고와 보험적용여부

Q | 트랙터로 트레일러를 견인하는데 트레일러의 적재함에 부착된 쇠파이프의 용접부분이 떨어져 덜거덕거려 정비업소 마당에 트랙터를 주차시키고 위 쇠파이프를 제거하던 중 피해자가 그 쇠파이프에 맞아 골절상을 입는 사고가 발생하였습니다. 이러한 경우 보험회사로부터 보험혜택을 받을 수 있는지요?

A | 위 사례는, 결국 트랙터로 견인되는 트레일러의 적재함에 부착되어 있는 쇠파이프를 제거하는 수리작업 과정에서 발생한 사고가 자동차손해배상보장법 제3조 소정의 '운행'으로 인한 사고라고 볼 수 있느냐 하는 문제로 귀결될 것입니다.

자동차손해배상보장법 제2조 제2호에 자동차의 '운행'이라 함은 사람 또는 물건의 운송 여부에 관계없이 자동차를 당해 장치의 용법에 따라 사용하는 것을 말한다고 규정하고 있고, 여기서 당해 장치란 운전자나 동승자 및 화물과는 구별되는 당해 자동차에 계속적으로 고정되어 있는 장치로서 자동차의 구조상 설비되어 있는 당해 자동차 고유의 장치를 말하므로, 위와 같은 각종 장치의 전부 또는 일부를 각각의 사용목적에 따라 사용하는 경우에는 운행중에 있다고 볼 수 있을 것입니다.

그러나 위 사례의 경우는, 트레일러의 당해 장치인 위 철구조물을 그 사용목적에 따라 사용하다가 사고가 발생한 것이 아니라 오히려

위 철구조물을 철거하는 수리작업 과정에서 발생한 것에 불과하므로 운행중 일어난 사고라고 할 수는 없다 할 것입니다.

따라서 보험회사를 상대로 손해배상을 청구할 수는 없다고 할 것입니다(대법원 96다 7359, 95다 19232 판결).

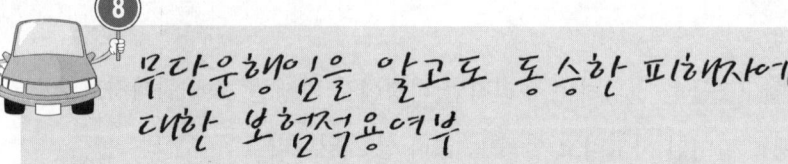

무단운행임을 알고도 동승한 피해자에 대한 보험적용여부

Q | A는 공사현장의 차량관리자이고 B는 측량기사입니다. A와 B는 작업이 끝난 후 야간에 술을 마시고 놀다가 B가 바람이나 쐴 겸 드라이브를 하자고 제안하여 A가 운전하는 차를 타고 가다가 운전자 A의 과실로 B가 사망하게 되었습니다.

이러한 경우 위 차량의 소유자가 가입한 보험회사는 B의 사망에 대하여 손해배상 책임을 부담하는지요?

A | 위 사례는, 차량 소유자 모르게 무단운행되는 차량임을 알고 동승한 피해자의 피해에 대하여 자동차 소유자가 자동차손해배상보장법 소정의 자동차 소유자로서의 책임을 부담하느냐 하는 문제입니다.

그러나 위 사례의 경우는 운전자가 피해자의 요청에 의하여 사고 차량을 무단운행하는 것임을 피해자가 알고서 동승한 것이 명백한 바, 이러한 차량운행은 피해자에 대한 관계에 있어서 자동차 보유자의 운행지배와 운행이익의 범위를 벗어난 것이라고 할 것입니다.

따라서 이러한 경우에는 자동차 소유자에게 자동차손해배상보장법 소정의 자동차 소유자로서의 책임을 물을 수 없으며, 또 피해자에 대한 관계에 있어서 외관상 자동차 소유자의 사무집행과 관련된 운행이라고 볼 수도 없으므로 민법상 사용자책임도 물을 수 없다고 할 것입니다(대법원 99다카 26536 판결).

공동운행자의 사고와 보험적용여부

Q | A와 B는 공동으로 경영하는 사업에 사용하고자 공동으로 트럭을 구입하여 그 사업목적으로 B가 위 트럭을 운전하던 중 B의 과실로 A가 사망했습니다. 이 경우 A의 상속인은 보험회사를 상대로 손해배상을 청구할 수 있는지요?

A | 위 사례는, 이른바 '공동운행자'를 자동차손해배상보장법 제3조에 규정된 '다른 사람'에 해당한다고 볼 수 있느냐 하는 문제입니다. 만일 '다른 사람'에 해당하지 아니한다면 보험회사를 상대로 손해배상을 청구할 수는 없을 것입니다.

위 사례에 있어서 A와 B는 '진정한 공동운행자'에 해당하고, 한편 위 사업을 수행할 목적으로 B가 운전하는 위 트럭에 A가 동승하여 가다가 B의 과실로 A가 사망하였다면 위 사고는 A의 운행지배가 미치고 있는 동안 발생하였다고 보아야 하며, 또한 A가 가지는 운행지배와 운행이익의 정도가 B와 동등하다면, A는 자동차손해배상보장법 제3조에 규정된 '다른 사람'에 해당하지 않는다고 보아야 할 것입니다(대법원 92다 930 판결).

따라서 위 사례에 있어서 A의 상속인들로서는 B에 대하여 B자신의 불법행위를 이유로 손해배상을 청구할 수는 있을지언정 자동차손해배상보장법에 근거하여 보험회사를 상대로 손해배상을 청구할 수는 없다고 할 것입니다.

⑩ 지게차로 적재한 화물이 떨어져 사고가 발생한 경우 보험적용여부

Q | 저는 지게차를 운전하여 화물을 들어올려 트럭적재함에 적재하는 작업을 하고 있었습니다. 그런데 제가 화물을 실으러 간 사이에 트럭적재함에 적재한 화물이 균형을 잃고 떨어지면서 그때 마침 트럭 부근을 지나던 피해자를 충격하는 사고가 발생하였습니다.

이 경우 피해자는 지게차가 가입한 보험회사를 상대로 손해배상을 청구할 수 있는지요?

A | 지게차가 가입한 보험회사는 지게차의 '운행으로 인하여' 발생한 교통사고에 대해서만 자동차손해배상보장법에 의한 손해배상 책임을 지는 것이므로, 위 사건의 피해자가 보험회사로부터 손해배상을 받기 위해서는 위와 같이 트럭의 적재함에서 화물이 떨어져 발생한 사고가 '지게차의 운행으로 말미암아' 발생된 사고라고 인정할 수 있어야만 합니다.

그런데 지게차로 트럭적재함에 화물을 적재한 후 다시 화물을 싣고 오는 사이에 적재된 화물이 떨어지면서 사람을 치상케 한 사고가 지게차의 운행으로 말미암아 일어난 사고인지에 대하여 판례는 "지게차라고 하는 것은 화물을 운반하거나 적재 또는 하역작업을 하는 특수기능을 하는 건설기계이므로, 지게차가 지게발을 이용하여 화물을 화물차에 적재하는 것은 지게차의 고유장치를 그 목적에 따라 사용하는 것으로서 '운행'에 해당하고, 그 적재된 화물이 떨어진 사고가 지게차의 운행으로 말미암은 사고인지의 여부는 그 적재행위와 화물의 추락

사이에 상당 인과관계를 인정할 수 있는지의 여부에 따라서 결정될 문제라고 할 것인 바, 사고가 지게차 운전자가 다른 화물을 적재하기 위하여 계속 작업을 하던 중에 일어난 것이어서 시간적 · 장소적으로 서로 근접되어 있을 뿐만 아니라 화물에 다른 외부의 힘이 작용하여 떨어졌다고는 보이지 않는 경우에는 그 사고는 지게차의 운행으로 인하여 발생하였다고 봄이 상당하고, 화물이 적재과정에서 바로 떨어지지 않았다고 하여 이를 달리 볼 것은 아니다"라고 판결한 바 있습니다 (대법원 95다 26995 판결).

따라서 위 사건에 있어서도 피해자는 지게차가 가입한 보험회사를 상대로 손해배상을 청구할 수 있다고 할 것입니다.

무면허운전자가 일으킨 사고와 보험적용여부

Q | 저는 인도로 돌진해온 승용차에 충격되어 중상을 입는 교통사고를 당하여 2개월째 입원중입니다.

그런데 경찰조사 결과에 의하면 승용차 운전자는 무면허인데 사고 당시 친구 A의 집에 놀러갔다가 A와 함께 A의 아버지 소유 승용차를 몰래 몰고 나온 것이라고 합니다. 위와 같은 사고에 대하여 보험회사에서는 무면허운전사고라는 이유로 보험처리를 할 수 없다고 하는데 어떻게 해야 하나요?

A | 일반적으로 무면허운전사고에 대하여는 보험혜택을 받을 수 없는 것으로 알려져 있고 자동차보험의 약관에는 피보험자의 명시적·묵시적 승인하에서 피보험자동차의 운전자가 무면허운전을 하였을 때 생긴 사고로 인한 손해에 대하여는 보상하지 않는다는 취지의 무면허운전 면책약관이 규정되어 있습니다.

그러나 이러한 무면허운전면책약관은 무면허운전이 보험계약자나 피보험자의 지배 또는 관리 가능한 상황에서 이루어진 경우에 한하여 적용되는 것으로서, 이 경우에 있어서 묵시적 승인은 명시적 승인의 경우와 동일하게 면책약관이 적용되므로 무면허운전에 대한 승인의도가 명시적으로 표현되는 경우와 동일시 할 수 있는 정도로 그 승인 의도를 추단할 만한 사정이 있는 경우에 한정되어야 하고, 무면허운전이 보험계약자나 피보험자의 묵시적 승인하에 이루어졌는지 여부는 보험계약자나 피보험자와 무면허운전자의 관계, 평소 차량의 운전 및 관리

상황, 당해 무면허운전이 가능하게 된 경위와 그 운행목적, 평소 무면허운전자의 운전에 관하여 보험계약자나 피보험자가 취해 온 태도 등의 여러 사정을 함께 참작하여 인정하여야 하며, 보험계약자나 피보험자가 과실로 운전자가 무면허임을 알지 못하였다거나 무면허운전이 가능하게 된 데에 과실이 있었다거나 하는 점은 무면허운전면책약관의 적용에서 고려할 사항이 아니라 할 것입니다(대법원 2000다 2542 판결). 즉 무면허운전사고라 하더라도 그 운전이 보험계약자나 피보험자의 지배 또는 관리가 불가능한 상황하에서 이루어진 것이라면 보험적용을 받을 수 있는 것입니다.

따라서 위 사건에 있어서 위 판례의 취지에 비추어 볼 때 자동차 보험의 무면허운전면책약관이 적용되지 않는다고 할 것이므로 피해자는 보험회사에 손해의 배상을 청구할 수 있다고 보아야 할 것입니다.

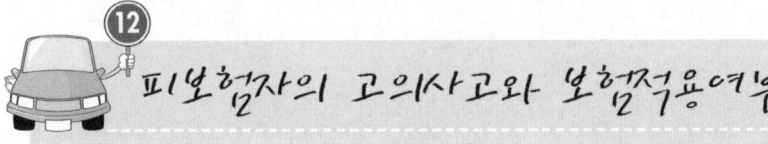

Q | 교차로에서 신호 대기중인 제 승용차를 추돌한 가해 차량이 그대로 도주하려 해서 저는 당황한 나머지 그 차 유리창의 와이퍼를 붙잡고 보닛 위에 매달리게 되었습니다. 그런데도 가해 차량이 계속 난폭하게 달리는 바람에 저는 도로에 떨어져 전치 6주간의 골절상을 입게 되었습니다.

그런데 가해 차량은 종합보험에 가입되어 있기는 하나, 보험회사에서는 이 사건 사고가 보험계약자인 가해자의 '고의'에 의한 사고라는 이유로 보험금 지급을 거절하고 있습니다. 이러한 경우 저는 정말로 보험혜택을 받을 수 없는 것인가요?

A | 일반적으로 보험사고가 보험계약자 또는 피보험자나 보험수익자의 고의 또는 중대한 과실로 인하여 생긴 때에는 보험자는 보험금액을 지급할 책임이 없으며(상법 제659조), 자동차보험의 약관에도 '보험계약자 또는 피보험자의 고의로 인한 손해'에 대하여는 보상하지 아니한다고 규정하고 있습니다.

이와 같은 자동차보험약관상 면책사유인 '피보험자의 고의에 의한 사고'에서의 '고의'라 함은 자신의 행위에 의하여 일정한 결과가 발생할 것이라는 것을 알면서 이를 행하는 심리상태를 말하고, 여기에는 확정적 고의는 물론 미필적 고의도 포함된다고 할 것이며, 고의와 같은 내심의 의사는 이를 인정할 직접적인 증거가 없는 경우에는 사물의 성질상 고의와 상당한 관련성이 있는 간접사실을 증명하는 방법에 의하여 입증할 수밖에 없고, 무엇이 상당한 관련성이 있는 간접사실에 해당할 것인가는 사실관계의 연결상태를 논리와 경험칙에 의하여 합리적으로 판단하여야 할 것인데, 이 사건의 경우와 같이 출발하려는 승용차 보닛 위에 사람이 매달려 있는 상태에서 승용차를 지그재그로 운행하여 도로에 떨어뜨려 상해를 입게 한 경우, 운전자에게 상해발생에 대한 미필적 고의가 있다고 볼 수밖에 없을 것입니다(대법원 2000다 67020 판결).

따라서 위 사례에 있어서의 사고는 피보험자인 가해 차량 운전자의 '고의'에 의한 사고라 할 것이므로 그 차가 가입한 보험회사를 상대로 손해배상을 청구할 수는 없을 것으로 보여집니다. 그러나 위 운전자에게 자력이 있다면 그를 상대로 불법행위를 원인으로 한 손해배상을 청구할 수는 있을 것입니다.

택시에 설치된 폭발물로 인한 사고와 보험적용여부

Q | 저는 영업용 택시를 타고 가던 중, 성명 불상자가 택시 뒷좌석에 설치해 놓은 폭발물이 터지는 바람에 부상을 입었습니다. 이러한 경우에도 보험회사를 상대로 손해배상을 청구할 수 있는지요?

A | 자동차종합보험약관 제9조 제1항 제1호는 "회사는 피보험자가 피보험자동차의 사고로 남을 죽게 하거나 다치게 하여 법률상 손해배상 책임을 짐으로써 입은 손해를 보상한다"고 규정하고 있고, 같은 항 제2호는 위 보상의 범위를 자동차손해배상책임보험으로 지급되는 범위를 넘는 손해로 규정하고 있는 바, 위 약관에 의하여 보험자가 보상할 피보험자의 '법률상 손해배상책임'의 범위는 자동차손해배상책임보험과는 달리 자동차손해배상보장법상의 자동차 보유자의 손해배상 책임에 한정되는 것이 아니라 민법상의 일반 불법행위책임, 사용자책임 등을 포함한다고 할 것입니다(대법원 95다 22740 판결).

그런데 위 사례의 경우는 택시 기사가 택시를 주차시키면서 열쇠를 차안에 꽂아두거나 잠금장치를 하지 아니하는 등 피보험자동차의 관리소홀로 성명 불상자로 하여금 택시에 폭발물을 설치할 수 있도록 방치한 과실로 말미암아 폭발물이 폭발하여 승객이 부상을 입은 경우이므로 보험회사는 피보험자(택시회사)가 피해자(승객)에 대하여 부담하는 사무집행상의 과실로 인하여 발생된 손해에 대하여 직접 배상할 책임이 없다고 할 것입니다(대법원 95다 22740 판결).

화물자동차의 하역작업중 발생된 사고에 대한 보험적용여부

Q | 저의 아버지께서는 주차중인 화물자동차 옆을 지나치다 인부들이 화물자동차 적재함에서 하역시키는 철근에 맞아 사망하였습니다. 그런데 그 철근을 떨어뜨린 인부나 사고 차량의 차주는 별다른 재산이 없는 것 같습니다. 그래서 위 화물자동차가 가입하고 있는 보험회사를 상대로 손해배상을 청구하려고 하는데 가능한지요?

A | 보험회사를 상대로 손해배상을 청구하려면, 위 사고가 자동차손해배상보장법이 적용되는 사고여야 하며, 자동차손해배상보장법이 적용되려면 위 사고가 '자동차 운행으로 인하여' 발생된 교통사고여야 합니다.

즉 보험회사는 피보험자인 위 화물자동차의 '운행으로 인하여 발생한 교통사고'에 대하여 자동차손해배상보장법에 의한 손해배상 책임을 짐으로써 피해자가 입은 손해를 배상하기로 하는 보험계약을 체결한 것이므로, 여기서 위 사고가 차량의 운행으로 인한 사고로 볼 수 있는가 하는 점은 매우 중요한 문제가 될 수밖에 없을 것입니다.

그런데 자동차손해배상보장법 제3조는 "자기를 위하여 자동차를 운행하는 자는 '그 운행으로 말미암아' 다른 사람을 사망하게 하거나 부상하게 한 때에는 그 손해를 배상할 책임을 진다"라고 규정하고 있고, 같은 법 제2조 제2호에서 "운행이라 함은 사람 또는 물건의 운송여부에 관계없이 자동차를 당해 장치의 용법에 따라 사용하는 것을 말한다"라고 규정하고 있습니다.

여기서 위 사례를 살펴보면, 이 사건 사고는 도로상에 주차중인 화물자동차 적재함에서 인부들이 철근을 하역시키던 중 인부들의 과실로 화물자동차 부근을 지나가던 피해자가 하역시키는 철근에 충격 당한 사고이므로 이 사건 사고는 가해 인부가 주위를 잘 살피지 아니하고 철근다발을 밀어 떨어뜨린 행위로 인하여 일어난 것이고, 차량의 적재함이나 기타 차량의 고유장치의 사용으로 인하여 일어난 것이 아니므로 '차량의 운행'으로 말미암아 일어난 사고로 볼 수는 없다고 할 것입니다.

따라서 보험회사를 상대로 손해배상을 청구할 수는 없다고 할 것입니다(유사 판례 : 대법원 96다 24675 판결).

다만 가해 인부나 그 인부의 사용자를 상대로 민법상의 일반불법행위책임이나 사용자책임(민법 제750조 또는 제756조)에 의한 손해배상을 청구할 수는 있을 것입니다.

보험회사의 과실상계 주장에 대하여

Q | 저는 횡단보도를 건너던 중 승용차에 충격 당하여 오른쪽 다리가 골절되는 부상을 입고 입원중입니다.

보험회사에서는 횡단보도사고임에도 불구하고 피해자인 저의 과실이 20% 정도나 경합되었다고 주장하는데, 보험회사의 그러한 주장이 타당한 것인가요?

A | 과실상계란, 손해배상액을 산정함에 있어 피해자의 과실 정도를 참작하여 배상액의 일정비율을 공제하는 제도입니다.

민법상 과실상계제도는 손해배상채권자(피해자)가 사고 발생에 있어 신의칙상 요구되는 주의를 다하지 아니한 경우, 공평의 원칙에 따라 손해배상액을 산정함에 있어서 그와 같은 부주의를 참작하게 하려는 것이므로 사회통념상 혹은 신의성실의 원칙상 단순한 부주의라도 그로 말미암아 손해가 발생하거나 확대된 원인을 이루었다면 채권자에게 과실이 있는 것으로 보아 과실상계를 할 수 있다는 것이 법원의 태도입니다(대법원 98다 35389 판결).

따라서 횡단보도에서의 사고라 할지라도 피해자에게 어느 정도의 과실이 인정되는 경우는 얼마든지 있을 수 있으므로 위 사건의 경우에도 신호등의 설치 유무, 사고지점의 도로상황, 사고경위 등 제반사정을 종합하여 피해자의 과실 여부를 따져보아야 할 것입니다.

그런데 이러한 과실상계사유에 관한 사실인정이나 그 비율을 정하는 것은 그것이 형평의 원칙에 비추어 현저히 불합리하다고 인정되지 아니하는 한 사실심의 전권에 속하는 것인 바(대법원 98다 38623 판결), 결국 피해자의 과실비율은 구체적 사안에 따라 법원에서 결정될 문제라 할 것입니다.

계모가 교통사고를 낸 경우 가족운전자한정운전자보험의 적용여부

Q | 가족운전자한정운전자보험에 가입되어 있는 자동차를 피보험자의 계모가 운전하다가 사고를 냈을 경우, 보험의 적용을 받을 수 있는지요?

A | '가족운전자한정운전자보험(속칭 '오너보험')'이란, 기명피보험자와 그 가족이 자동차를 운전하다가 사고를 냈을 경우에만 보상하는 보험을 말하는데, 이러한 운전자한정보험들은 일반종합보험에 비하여 보험료가 저렴하기 때문에 많이 이용되고 있습니다.

여기서, 보험약관상 보험혜택을 받는 '가족'이란, 기명피보험자의 ① 법률상 배우자 또는 사실혼관계에 있는 배우자, ② 부모와 양부모, ③ 배우자의 부모 또는 양부모로서 기명피보험자 또는 그 배우자와 동거중인 자, ④ 법률혼 관계에서 출생한 자녀·사실혼관계에서 출생한 자녀·양자 또는 양녀, ⑤ 며느리, ⑥ 기명피보험자 또는 그 배우자와 동거중인 사위를 말합니다.

그런데 우리 민법상 계모는 인척에 불과할 뿐 모(母)가 아니므로 위의 경우처럼 피보험자의 계모가 가족운전자한정운전자보험에 가입된 자동차를 운전하다가 교통사고를 냈을 경우에는 그 보험적용여부가 문제될 수밖에 없는 것입니다.

이러한 사안에 대하여 대법원 판례는 "자동차종합보험의 가족운전자한정운전자특별약관에 운전자를 기명피보험자와 그 가족으로 한정한 취지는 일반의 자동차종합보험 보통약관과는 달리 보험금의 지급대상이 되는 보험사고를 피보험자동차의 이용관계에 있어 동질적이라고 할 수 있는 피보험자의 가족구성원이 자동차를 운전중에 일으킨 사고로 제한하는 대신 보험료를 낮추어 주려는 점에 있는데, 계모는 법률상으로는 모(母)로 되어 있지 아니하나, 피보험자의 계모가 부(父)의 배우자로 실질적으로 가족의 구성원으로 가족공동체를 이루어 생계를 같이 하고 피보험자의 어머니의 역할을 하면서 피보험자동차를 이용하고 있다면, 위 특별약관조항을 둔 취지에 비추어 볼 때 이러한 경우의 계모는 자동차종합보험의 가족운전자한정운전특별약관상의 모에 포함된다"라고 판시한 바 있습니다(대법원 96다 53857 판결).

따라서 위 사안의 경우에도, 계모가 실질적인 가족의 구성원으로 가족공동체를 이루어 생계를 같이 하면서 피보험자동차를 이용하는 경우라면 보험의 혜택을 받을 수 있을 것입니다.

자기신체사고자동차보험에 있어 음주운전면책약관의 적용여부

Q | A는 음주운전 중 교통사고로 인하여 대퇴부가 골절되는 중상을 입었습니다. 이 경우 보험회사에서는 A가 음주운전을 하였다는 이유로 자손사고보험금을 지급할 수 없다고 하는데, 이러한 보험회사의 주장은 타당한 것인가요?

A | 보통 음주운전사고의 경우에는 자동차종합보험 보통약관상의 면책규정으로 인하여 보험적용을 받을 수 없는 것으로 알려져 있으나 자기신체사고자동차보험(자손사고보험)의 경우는 그렇지 아니합니다.

상법 규정에 의하면 일반적으로 보험사고가 보험계약자 또는 피보험자나 보험수익자의 고의 또는 중대한 과실로 인하여 생긴 때에는 보험자는 보험금액을 지급할 책임이 없으나(상법 제659조 제1항), 사망이나 상해를 보험사고로 한 보험계약에는 사고가 피보험자나 보험수익자의 중대한 과실로 인하여 생긴 경우에도 보험자는 보험금액을 지급할 책임을 면하지 못한다고 규정하고 있습니다(상법 제732조의2, 제739조).

그에 따라 판례도 "자기신체사고자동차보험(자손사고보험)은 피보험자의 생명 또는 신체에 관하여 보험사고가 생길 경우에 보험자가 보험계약이 정하는 보험금을 지급할 책임을 지는 것으로서 그 성질은 인보험(人保險)의 일종이라고 할 것이므로, 그와 같은 인보험에 있어서의 음주운전 면책약관은 그것이 보험사고가 전체적으로 보아 고의로 평가되는 행위로 인한 경우뿐만 아니라 과실(중과실 포함)로 평가

되는 행위로 인한 경우까지 포함하는 취지라면 과실로 평가되는 행위로 인한 사고에 관한한 무효라고 보아야 한다"라고 판결하고 있습니다(대법원 98다 35730 판결).

따라서 위 사안의 경우, 비록 음주운전사고라 할지라도 자기신체사고자동차보험금은 이를 지급 받을 권리가 있다고 할 것입니다.

자동차 안에서 잠자는 도중 질식사한 경우 자동차보험 적용여부

Q | A는 겨울철에 자동차 히터를 켜 놓고, 차 안에서 잠을 자다가 질식사하고 말았습니다. A는 자기신체사고에 대한 보험계약을 체결한 상태였는데, 이 경우 A의 유족은 보험회사를 상대로 위 사고로 인한 보험금을 청구할 수 있나요?

A | 자동차보험약관은 보험회사의 책임에 관하여 "피보험자가 피보험자동차를 소유, 사용, 관리하는 동안에 생긴 피보험자동차의 사고로 인하여 상해를 입었을 때에 이 약관이 정하는 바에 따라 보험금을 지급한다"라고 규정하고 있습니다.

그런데 여기서 "피보험자가 피보험자동차를 소유, 사용, 관리하는 동안에 생긴 피보험자동차의 사고로 인하여 상해를 입었을 때"라고 함은 피보험자가 피보험자동차를 그 용법에 따라 소유, 사용, 관리하던 중 그 자동차에 기인하여 피보험자가 상해를 입거나 이로 인하여 사망한 경우를 의미하고, 자동차에 타고 있다가 사망하였다고 하더라도 그 사고가 자동차의 운송수단으로서의 본질이나 위험과는 전혀 무관하게 사용되었을 경우까지 여기에 해당한다고 보기는 어렵다 할 것입니다(대법원 2000다 46375 판결).

따라서 위 사안과 같은 경우는, 승용차를 운행하기 위하여 시동과 히터를 켜 놓고 대기하고 있었던 것이 아니라 잠을 자기 위한 공간으로 이용하면서 다만 방한목적(防寒目的)으로 시동과 히터를 켜 놓은 상태에서 잠을 자다 질식사한 경우이므로, 자동차 운행중의 사고에 해당한다고 볼 수 없고(대법원 99다 41824 판결), 따라서 보험회사에 대하여 보험금을 청구할 수는 없다고 할 것입니다.

참고로 판례에 나타난 유사한 사례를 살펴보면 다음과 같습니다.

① 자동차 안에서 시동을 켜 놓고 잠을 자다가 담뱃불로 인하여 발화된 것으로 추정되는 화재로 사망한 경우, "자동차의 운송수단으로서의 본질이나 위험과 관련되어 망인이 자동차의 고유장치의 일부를 그 사용목적에 따라 사용, 관리하던 중 그 자동차에 기인하여 발생한 사고에 해당한다고 보기 어려워 보험약관에서 정한 보험사고에 해당하지 않는다"라고 판결한 사례(대법원 2000다 46375 판결)

② 자동차를 잔디밭에 주차하여 놓고 잠을 자다가 자동차가 호수로 미끄러지면서 피보험자가 익사한 경우에 대하여 피보험자가 운행중의 자동차에 탑승하고 있을 때의 사고라고 볼 수 없어 위 보험약관에서 말하는 보험사고에 해당하지 않는다"라고 판결한 사례(대법원 93다 55180 판결)

③ 심야에 LPG승용차를 운행하던 중, 눈이 내려 도로가 결빙되어 있어 도로상태가 좋아질 때까지 휴식을 취할 목적으로 도로변에 승용차를 주차한 후 시동을 켠 채 승용차 안에서 잠을 자다가 차내에 누출된 LPG가스의 폭발로 화재가 발생하여 운전자가 사망한 경우, 자동차의 운행중의 사고에 해당한다라고 판결한 사례(대법원 2000다 89 판결)

가해자와 피해자 사이의 서면 합의의 보험회사에 대한 효력

Q | 저는 승용차를 운전하던 중 과실로 교통사고를 내게 되어 피해자와 피해액 전체에 대하여 합의서를 작성한 후, 이를 보험회사에 보내 보험금 지급을 요구했습니다. 이 경우 보험회사는 피해자에게 위 합의금액을 지급해야 하나요?

A | 위 사안은, 피보험자와 피해자가 합의로 손해배상액을 결정한 경우에 있어서 보험회사가 지급하여야 할 보험금의 범위에 관한 문제입니다.

자동차종합보험 보통약관에는 피보험자는 판결의 확정, 재판상의 화해, 중재 또는 서면에 의한 합의로 손해액이 확정되었을 때 손해배상을 청구할 수 있다고 규정하고 있고, 이러한 경우 지급한도는 보험약관의 보험금지급기준에 의하여 산출한 금액을 보상하되, 다만 소송이 제기되었을 경우에는 확정판결에 의하여 피보험자가 손해배상 청구권자에게 배상하여야 할 금액을 보상하도록 규정하고 있습니다.

따라서 확정판결에 의하지 아니하고 피보험자와 피해자 사이에 서면에 의한 합의로 배상액이 결정된 경우에는 보험회사는 그 보험약관에서 정한 보험금지급기준에 의하여 산출된 금액의 한도 내에서 보험금을 지급할 의무가 있다고 할 것입니다(대법원 93다 11807 판결).

위 사안에 있어서도, 보험회사는 피보험자인 가해자와 피해자간의 합의금액에 구속되지 아니하고 보험약관상의 보험금 지급기준에 의하여 산출된 금액의 한도 내에서만 보험금을 지급하게 될 것입니다.

그러나 만일 가해자와 피해자가 합의한 금액이 보험회사에서 그 지급기준에 의하여 산출한 금액보다 적은 경우에는 보험회사로서는 위 합의한 금액만을 지급하려 할 것입니다.

수리비가 차량 가격을 초과할 경우

Q | 저는 승용차를 운전하던 중, 중앙선을 침범한 트럭에 충격되어 수리비 금 120만 원을 요하는 물적 피해를 당한 일이 있습니다.

위 사고에 대하여 보험회사에서는 저의 승용차가 출고된 지 오래되어 교환가격이 50만 원 정도밖에 안 되므로 금 50만 원만 지급하겠다고 하는데 보험회사의 주장이 타당한 것인가요?

A | 위 사안은 교통사고로 인하여 수리비 견적이 그 차량의 시가, 즉 교환가격을 초과하는 경우에 손해배상액을 어떻게 정할 것이냐 하는 문제입니다.

일반적으로 교통사고로 인하여 차량이 파손되었을 때 그 수리에 소요되는 비용이 차량의 교환가격을 현저하게 넘는 경우에는 경제적인 면에서 수리불능이라고 보아 사고 당시의 교환가격으로부터 고철대금을 뺀 나머지만을 손해배상으로 청구할 수 있다고 함이 공평의 관념에 합치된다고 할 것입니다.

다만 교환가격보다 높은 수리비를 지출하고도 차량을 수리하는 것이 사회통념에 비추어 시인될 수 있을 만한 특별한 사정이 있는 경우라면 그 수리비 전액을 손해배상액으로 인정할 수 있을 것입니다(대법원 98다 7735, 91다 15249 판결).

예컨대, 교환가격보다 높은 수리비를 지출하고도 차량을 수리하는 것이 타당하여 수리비 전액을 손해배상액으로 인정할 수 있는 특별한 사정이 있는 경우로서는 "영업용 택시는 그 특성상 시중에서 매매가 이루어지지 않고 있고 액화석유가스를 연료로 사용하므로 휘발유를 사용하는 일반의 중고차량으로 대치할 수 없으며, '자동차운수사업인·면허사무처리요령'의 규정상 대차가능 차량은 원칙적으로 차령 6월 이내의 자동차이어야 한다는 점 등에 비추어 볼 때, 영업용 택시의 수리비가 교환가격을 초과한다 하더라도 신차를 구입하지 않는 이상 그 수리비를 지불하고 택시를 수리하여 운행할 수밖에 없는 특별한 사정이 인정되므로 그 수리비 전액을 배상해야 한다"라고 판단한 판례가 있습니다(대법원 98다 7735 판결).

따라서 위와 같은 판례들에 비추어 보면, 위 사안의 경우는 차량의 교환가격의 범위 안에서만 손해배상을 받을 수 있을 뿐, 수리견적 전액을 배상 받을 수는 없다고 보여집니다.

해외여행보험 가입자의 손해배상액

Q | 저는 여행사 가이드의 인솔하에 동남아 단체관광 중, 바나나보트를 타다가 다른 여행객의 과실로 큰 부상을 입었습니다. 그래서 귀국하여 여행사를 상대로 손해배상을 청구하려 하는데, 여행사에서는 제가 별도로 가입하였던 해외여행자 보험회사로부터 수술비·치료비·후유장애비 등의 명목으로 보험금을 지급 받았다는 이유로 손해배상액에서 보험금으로 지급 받은 액수를 공제하여야 한다고 주장하고 있습니다. 이러한 여행사의 주장이 타당성이 있는 것인가요?

A | 여행업자가 내국인의 국외여행시에 그 인솔을 위하여 두는 관광진흥법 소정의 국외여행 인솔자(속칭 '가이드')는 여행업자의 여행자에 대한 안전배려의무의 이행보조자로서 당해 여행의 구체적인 상황에 따라 여행자의 안전을 확보하기 위하여 적절한 조치를 강구할 주의의무를 부담하는 것인 바, 기획여행에 참여한 여행자가 여행지에서 놀이시설을 이용하다가 다른 여행자의 과실에 의한 행위로 인하여 상해를 입은 경우에는, 국외여행 인솔자에게 과실이 있으므로 여행업자와 위 국외여행 인솔자는 피해자에 대하여 손해배상 책임을 지게 됩니다.

그런데 상해보험인 '해외여행자보험'에 의한 급부금은 이미 납입한 보험료의 대가적 성질을 가지는 것으로서 그 부상에 관하여 제3자가 불법행위 또는 채무불이행에 터잡은 손해배상의무를 부담하는 경우에도 보험계약의 당사자 사이에 다른 약정이 없는 한, 상법 제729조에 의하여 보험자대위가 금지됨은 물론, 그 배상액의 산정에 있어서 손익상계로서 공제하여야 할 이익에 해당하지 아니하며, 보험자대위가 인정되는 경우에도 피보험자가 보험자로부터 손해의 일부를 전보받았다고 하여 그 나머지 손해에 대한 가해자의 피보험자에 대한 손해배상 책임까지 소멸되는 것은 아닙니다(대법원 98다 25061 판결).

따라서 위 사안의 경우에도, 피해자가 '여행자보험회사'로부터 지급 받은 보험금과는 별도로 여행사와 여행사 가이드를 상대로 손해배상을 청구할 수 있고, 이 경우 여행사의 주장과 같이 보험금으로 지급 받은 액수를 공제 당하지도 않는다고 할 것입니다.

자기차량 손해에 있어 음주·무면허 면책약관의 효력

Q | 저는 술을 마신 상태로 운전을 하던 중 과실로 가로수를 들이받는 사고를 일으켜 차량 수리비 견적이 금 500만 원이나 나왔습니다. 저는 자기차량손해보험에 가입하였는데, 이러한 경우 위 손해보험금을 지급 받을 수 있는지요?

A | 음주운전면책약관의 효력은 '자기신체사고자동차보험'의 경우와 '자기차량손해보험'의 경우에 있어서 그 평가나 효력을 다르게 하고 있습니다.

즉 "자기차량손해보험은 물건보험으로서 손해보험에 속하기는 하나 보험금이 최종적으로 귀속될 자가 보험계약자 또는 피보험자 자신들이므로 대인·대물배상 보험에 있어서와 같이 제3자(피해자)의 보호를 소홀히 할 염려가 없을 뿐만 아니라, 보험계약자나 피보험자의 지배관리가 미치지 못하는 자동차 운전자의 음주운전 여부에 따라 보호를 받지 못한다고 하더라도 자기차량 손해보험의 보상금 상한이 제한되어 있어 보험계약자나 피보험자가 이를 인용할 여지도 있는 점 등에 비추어 보면, 보험계약자나 피보험자가 입은 자기차량 손해가 자동차종합보험의 음주면책약관 조항과 같이 보험계약자 등이 음주운전을 하였을 때에 생긴 손해에 해당하는 경우에는 그 면책조항의 문언 그대로 아무런 제한 없이 면책되는 것으로 해석하여야 하고, 이러한 법리는 자동차종합보험의 무면허면책약관 조항의 경우에도 마

찬가지로 적용된다"라고 할 것입니다(대법원 2000다 32130 판결).

결국, 음주운전면책약관은 자기신체사고자동차보험의 경우에는 효력이 없으나 자기차량손해보험에 있어서는 유효하다고 할 것입니다.

따라서 위 사안의 경우에는 보험회사로부터 자기차량 파손에 대한 보험금은 이를 지급 받을 수 없을 것입니다.

손해배상액보다 치료비가 더 많은 경우

Q | 제 아들은 야간에 자동차전용도로를 무단횡단하다가 자동차에 충격되어 현재 입원중입니다.

보험회사에서는 피해자의 과실이 중하다고 하면서 이미 지급한 치료비마저 반환하라고 요구하고 있는데, 어떻게 해야 하나요?

A | 야간에 차량의 통행이 빈번한 자동차전용도로를 무단횡단하다가 사고를 당한 경우에는 피해자의 과실이 운전자의 과실보다 크다고 할 것입니다(대법원 92다 32821 판결).

그리고 교통사고의 피해자가 가해자가 가입한 자동차보험회사로부터 치료비를 지급 받은 경우 그 치료비 중 피해자의 과실비율에 상당하는 부분은 가해자의 손해배상액에서 공제되어야 하는 것이므로(대법원 98다 64301 판결), 위 사안의 경우에는 보험회사에 치료비를 반납하여야 하는 경우도 있을 수 있을 것입니다.

그러나 보험회사의 자동차종합보험약관에서는 "대인배상의 경우 피해자의 과실에 따라 과실상계한 후의 금액이 치료관계비 해당 액에 미달하는 경우에는 치료관계비 해당액(입원환자 식대 포함)을 보상함"이라고 규정하고 있습니다.

따라서 위 사안의 경우에는 보험회사와 합의를 시도하여 위 약관에 따라 치료비 전액에 대하여 배상 받는 방법을 찾아보는 것이 현명한 방법이 될 것입니다.

하지만 보험회사에서 피해자의 일방적 과실에 의한 사고라고 주장하면서 보험책임을 부인할 경우에는 소송과정에서 가해자와 피해자의 과실 유무 및 정도를 밝혀 보는 길밖에 없을 것입니다.

참고로, "보험회사가 보험금지급채무의 부존재확인을 구하는 본소청구를 제기하고 교통사고피해자가 보험금의 지급을 구하는 반소청구를 제기한 경우, 피보험자가 피해자에게 배상하여야 할 손해액을 산정함에 있어서는 피해자측의 과실을 참작하여 산정한 보험금이 치료관계비 해당 금액에 미달하는 경우에는 그 치료관계비 해당 금액을 보험금으로 지급하도록 되어 있는 자동차보험보통약관의 보험금 지급기준을 적용할 수 없다"는 판례(대법원 2002다 39487 판결)가 있으므로 손해배상액을 초과하는 치료비에 대하여는 소송에 의해서도 지급 받기는 어려울 것입니다.

손해배상액 산정방법

Q | 제 남편은 지난달 교통사고로 사망하였습니다. 저는 3년 전에 남편을 피보험자로 하는 생명보험에 가입하였던 일이 있습니다.

주위에서는 생명보험사로부터 받는 보험금액은 교통사고로 인한 손해배상금액에서 공제된다고 하는데 그 말이 사실인가요?

A | 위 내용은 법률상 손익상계(損益相計)에 관한 문제입니다.

불법행위로 인한 손해배상은 그 불법행위로 인하여 입게 된 실제 손해의 전보(塡補)를 목적으로 하는 것인 만큼 피해자로 하여금 실손해 이상의 이익을 취득하게 하는 것은 손해배상의 본능에 반하는 것이므로 손해를 입은 것과 동일한 원인으로 인하여 이익을 얻을 때에는 그 이익은 공제되어야 하는데, 법률상 이러한 법리를 '손익상계'라고 합니다(대법원 76다 2168 판결).

이와 같은 법리에 따라 교통사고로 인한 손해배상을 청구하는 경우에 있어서도 그 사고로 인하여 피해자측이 이득을 얻었을 경우에는 그 이득을 공제하여야 마땅하므로, 여기서 위 사안과 같은 생명보험금도 교통사고로 인한 이득으로 보아 손해배상액에서 공제하여야 하는 것인가 하는 것이 문제될 수 있습니다.

그러나 생명보험금은 이미 불입한 보험료의 대가로서 지급되는 것으로서 교통사고의 원인과 관계없이 지급되는 것이므로 불법행위(교통사고)로 인한 손해배상액에서 공제될 성질의 것이 아니라는 견해가 일반적인 견해입니다.

따라서 위 사안에 있어서도 교통사고로 인한 손해배상금과는
별도로 생명보험금을 수령할 수 있습니다.

착오로 면책대상 보험금을 지급한 경우 부당이득 반환여부

Q | 저는 제 승용차를 가지고 룸살롱에서 손님들을 귀가시키는 영업을 하던 중 승객에게 중상을 입히는 교통사고를 일으켰습니다. 사고 이후 보험회사에서 피해 승객에게 치료비 등 보험금을 지급함으로써 위 사고로 인한 법률문제는 일단 종결이 되었습니다. 그런데 보험회사에서는 이제 와서 자가용으로 영업행위를 하다가 발생된 사고에 대하여는 보험적용을 할 수 없다고 하면서 저에게 이미 지급한 보험금 상당액을 반환하라고 하는데, 보험회사의 그와 같은 요구는 타당한 것인가요?

A | 개인용 자동차종합보험계약의 보통약관에 의하면, 요금이나 대가를 목적으로 계속적·반복적으로 피보험자동차를 사용하거나 대여한 때에 생긴 사고로 인한 손해에 대하여는 보험자가 면책되도록 규정되어 있습니다.

따라서 위 사안의 경우에도 보험회사에게는 보험금지급의무가 없게 되는데, 만일 보험회사가 위와 같은 면책규정에 해당하여 보험금지급의무가 없다는 사실을 알지 못하고 피해자에게 보험금을 지급한 경우에는, 보험회사는 이를 지급 받은 피해자를 상대로 그 반환을 청구할 수 있을 것입니다.

이처럼 이미 지급된 보험금에 대한 부당이득 반환의무자는 이를 지급 받은 피해자이고, 그 피해자는 불법행위자인 위 자가용 승용차 운전자에 대하여 위 사고로 인한 손해배상채권을 여전히 갖고 있는 것이므로 불법행위자로서는 보험회사가 위와 같이 피해자에게 착오로 보험금을 지급함으로 인하여 그 어떤 이득도 보지 않은 것이 됩니다.

따라서 보험회사가 착오로 면책대상 보험금을 지급한 경우 그 부당이득반환의무자는 보험금을 지급 받은 피해자이며, 불법행위자인 질문자에 대하여는 부당이득의 반환을 청구할 수 없다고 하겠습니다.

'2종 보통운전면허'로 12인승 승합차를 운전하다가 일으킨 교통사고

Q | 저는 미술학원 소유의 12인승 승합자동차에 충격되어 전치 6주간의 상해를 입은 적이 있습니다. 사고 당시 위 자동차는 종합보험에 가입되어 있다고 하여 안심하였는데, 보험회사에서는 사고 운전자가 2종 보통운전면허 소지자에 불과하다는 이유로 손해배상 책임이 없다고 주장하고 있습니다. 이 경우 저는 어떻게 해야 하나요?

A | 법률상 2종 보통운전면허 소지자가 운전할 수 있는 승합자동차는 승차정원 10인 이하인 경우입니다(도로교통법시행규칙 제26조). 따라서 2종 보통운전면허 소지자가 12인승 승합자동차를 운전한 경우에는 무면허운전에 해당됩니다(대법원 96다 19079 판결). 또한, 자동차종합보험보통약관에 '무면허운전을 하였을 때 생긴 손해'에 관하여는 면책된다고 규정한 경우에는 비록 자동차종합보험에 가입되어 있는 차량에 의한 사고라 할지라도 무면허운전사고로 인한 손해이므로 보험금을 지급 받을 수는 없게 됩니다(대법원 97다 19298 판결).

다만 자동차종합보험에 의한 보험혜택은 받을 수 없더라도 사고 운전자에 대하여는 민법 제750조의 불법행위로 인한 손해배상청구가 가능할 것입니다. 또한 자동차 소유자는 자동차손해배상보장법상의 운행의 지배이익을 가지는 자로서, 또는 민법 제756조의 사용자로서의 손해배상 책임은 면할 수 없을 것이므로 자동차 소유자를 상대로 한 손해배상청구는 가능할 것입니다.

렌터카로 인한 교통사고와 손해배상 책임자

Q | 저는 제주도 여행중 승용차에 충격되어 상해를 입는 교통사고를 당하였는데, 경찰조사시에 알고 보니 사고 승용차는 렌터카이고, 사고 운전자는 위 승용차를 빌린 사람의 아들로서 운전면허도 없다고 합니다.

이러한 경우 렌터카 회사나 렌터카가 가입한 보험회사를 상대로 손해배상을 청구할 수는 없나요?

A | 자동차손해배상보장법에 의하여 손해배상 책임을 인정하려면 '자기를 위하여 자동차를 운행하는 자'여야 하므로 손수 자동차 대여의 경우에 있어서는 대여업자의 자동차에 대한 운행지배관계가 문제되고 있습니다.

그런데 자동차대여업체의 손수자동차대여약관에는 임차인이 자동차운전면허증 소지자라야 하고 사용기간과 목적지를 밝혀서 임대료를 선불시키고 임대인은 자동차대여 전에 정비를 해두고 인도해야 하며 임차인은 사용기간중 불량연료를 사용하지 말아야 함은 물론 계약기간을 엄수해야 하고 자동차를 양도하거나 질권, 저당권을 설정할 수 없을 뿐 아니라 유상으로 운송에 사용하거나 전대할 수 없고 제3자에게 운전시킬 수도 없게끔 규정되어 있으므로 대여업자는 임차인에 대한 인적관리와 임대목적 차량에 대한 물적관리를 하고 있다고 할 것이고 따라서 대여업자와 임차인 간에는 임대목적 차량에 대하여 대여업자의 운행지배관계가 직접적이고 현재적으로 존재한다고 보아야 할 것입니다(대법원 91다 3932 판결).

　그리고 위 사안의 경우와 같이 렌터카 임차인이 제3자인 운전무면허자(아들)에게 운전시켜 제3자에게 운전시킬 수 없다는 약정을 위반하였다 하여도 그 사람에 대한 임차인의 사용대차 때문에 자동차 보유자인 대여업자와 임차인 간에 존재하는 운행차량에 대한 대여업자의 직접적이고 현재적인 운행지배관계가 단절된다고는 볼 수 없고 다만 대여업자는 제3자를 통하여 자동차의 운행에 대하여 간접적이고 잠재적으로 그 지배작용을 미치고 있다고 보아야 할 것입니다(대법원 91다 3932 판결).

　따라서 위 사례의 경우, 렌터카 회사나 보험회사는 자동차손해배상보장법상의 손해배상 책임을 면할 수는 없다고 할 것입니다.

자동차매매와 보험계약의 승계여부

Q | 저는 A로부터 승용차를 매입한 후 자동차등록명의는 이전하였으나, 종합보험의 계약자는 아직 A로 되어 있는 상태입니다. 이러한 경우에도 교통사고가 발생되면 보험혜택을 받을 수 있나요?

A | 자동차종합보험보통약관에서는 "피보험자가 보험기간 중 자동차를 양도한 때에는 보험계약으로 인하여 생긴 보험계약자 및 피보험자의 권리와 의무는 양수인에게 승계되지 아니하며, 다만 보험계약으로 인하여 생긴 권리와 의무를 승계한다는 것을 약정하고 피보험자 또는 양수인이 그 뜻을 회사에 서면으로 통지하여 회사의 승인을 받은 때에 한하여 그 때로부터 양수인에 대하여 보험계약을 적용한다"고 규정하고 있습니다.

그리고 이러한 자동차종합보험약관의 규정은 법률상 유효하다는 것이 판례의 태도입니다(대법원 96다 10454 판결).

따라서 위 사안의 경우에도 보험계약자인 A가 보험회사에 서면으로 보험계약에 따른 권리의무를 승계한다는 통지를 하여 보험회사의 승인을 받는 절차를 취하였다면 보험혜택을 받을 수 있겠으나, 그렇지 아니하다면 보험혜택을 받을 수 없을 것입니다.

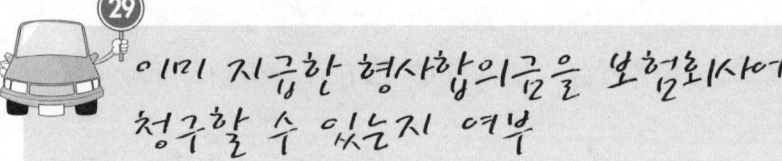

Q | 저는 교차로에서 신호위반 사고로 피해자에게 전치 4주간의 상해를 입히는 교통사고를 일으킨 적이 있습니다. 제 승용차는 종합보험에 가입되어 있음에도 당시 경찰에서는 신호위반 사고이기 때문에 피해자와 합의를 하지 않으면 구속이 된다고 하여 하는 수 없이 피해자에게 금 1천만 원을 주고서 합의를 한 일이 있습니다.

그런데 위와 같이 피해자에게 지급한 형사 합의금은 제가 가입한 보험회사로부터 돌려 받을 수 있다고 하는데 그것이 사실인가요?

A | 교통사고를 야기한 운전자는 수사 과정이나 형사재판 과정에서 형사처벌을 최소화하기 위하여 피해자에게 금원을 지급하고 가해운전자의 형사처벌을 원치 않는다는 합의를 하는 경우가 있는데, 이때 형사합의금 조로 지급하는 금원은 특별한 사정이 없는 한 재산상 손해배상금의 일부로 지급된 것으로 보고 있습니다(대법원 94다 14018, 2000다 46894 판결).

이처럼 형사합의금은 특별한 사정이 없는 한 '재산상 손해금의 성격'을 갖게 되는 것이므로 보험회사에서는 피해자에게 전체 손해배상금에서 운전자가 이미 지급한 형사합의금을 공제한 금원을 지급하게 되며, 따라서 보험회사는 피보험자(운전자)에게 그가 지급한 형사합의금액 상당을 지급할 의무가 있다고 할 것입니다(대법원 95다 53942 판결).

따라서 위 사안에 있어서도 피보험자(가해자)가 피해자에게 이미 지급한 형사합의금은 보험회사를 상대로 그 지급을 청구할 수 있다고 할 것입니다.

다만 피보험자(운전자)는 보험회사에서 피해자에게 손해배상금을 지급하기 이전에 형사합의금을 지급한 사실을 보험회사에 고지하여 이중의 손해금을 지급하지 않도록 조치하여야 할 것입니다.

이와 관련하여서는 "피보험자가 직접 피해자와 합의하면서 사전에 보험회사에 이를 통지하지 않거나 합의금 지급 후에도 이를 보험회사에 알리지 아니함으로써 이러한 사정을 알지 못한 보험회사가 피해자와 별도의 합의를 통해 이중으로 손해배상금을 지급하게 되었다면 보험회사로서는 피보험자의 고지의무위반으로 인해 중복 지급하게 된 합의금 상당의 손해배상금을 피보험자에게 지급할 의무가 없다"라고 판시한 하급심판결(서울지방법원 97나 41713 판결)이 있음을 유의할 필요가 있습니다.

30

배기량 49.6cc 오토바이가 자동차손해배상 보장법상의 자동차인지의 여부

Q | 저는 도로에서 배기량 49.6cc 오토바이에 충격되어 부상을 당한 일이 있습니다.

그런데 위 오토바이 운전자는 제재소에서 일하는 종업원으로서 아무런 자력이 없는데 그 오토바이 소유자인 제재소 사장을 상대로 손해배상을 청구할 수는 없나요?

A | 위 사례는, 배기량 49.6cc 오토바이가 자동차손해배상보장법상의 '자동차'에 해당하는가 하는 문제입니다. 만일 자동차에 해당하지 않는다면 자동차손해배상보장법이 적용되지 않을 것입니다. 따라서 그 소유자를 상대로 '운행자' 책임을 물을 수도 없을 것입니다.

자동차손해배상보장법상의 배상책임은 그 손해가 '자동차'의 운행으로 인하여 발생한 경우에만 적용된다고 할 것인 바, 위 법 제2조 제1호는 자동차에 관하여 '자동차'라 함은 자동차관리법의 적용을 받는 자동차와 건설기계관리법의 적용을 받는 건설기계 중 대통령령이 정하는 것을 말한다고 규정하고 있고, 자동차관리법 제2조 제1호는 '자동차'라 함은 원동기에 의하여 육상에서 이동할 목적으로 제작한 용구 또는 이에 견인되어 육상을 이동할 목적으로 제작한 용구를 말한다고 규정하는 한편, 같은 법 제3조에서는 자동차의 종류에 관하여 이를 승용자동차·승합자동차·화물자동차·특수자동차 및 이륜자동차로 구분하되, 그 구분은 자동차의 크기·구조, 원동기의 종류·총

배기량 또는 정격출력을 기준으로 하여 교통부령으로 정하도록 하였으며, 같은 법 시행규칙 제2조에 의한 별표 1에서는 이륜자동차를 정의하면서 그 범위에서 배기량 50cc 미만의 것 또는 정격출력 0.59kW 미만의 것은 이를 제외하도록 규정하고 있습니다. 따라서 배기량 50cc가 안 되는 위 오토바이는 자동차관리법시행규칙상의 이륜자동차에 해당하지 아니함이 명백하고, 결국 이 사건 사고는 자동차손해배상보장법 제3조가 적용되는 '자동차'의 운행으로 인한 사고의 범위에 포함되지 않는 것이라고 할 것입니다(대법원 93다 16932 판결).

위와 같은 사례에 대하여 대법원 판례도 위 오토바이 소유자는 자기를 위하여 위 오토바이를 운행하는 자로서 위 사고로 인하여 피해자가 입은 손해를 배상할 책임이 있다고 판단한 하급심 판결을 파기한 바 있습니다.

다만 제재소 주인이 사고를 야기한 오토바이 운전자의 사용자로서 민법상 사용자 책임을 부담할 것이냐 하는 문제는 자동차손해배상보장법과는 별도로 검토하여야 할 것입니다.

31

운전면허증을 회수 당한 경우 무면허운전인지의 여부

Q | 저는 혈중 알코올 농도 0.15%인 상태로 운전하다가 적발되어 경찰서에서 운전면허증을 회수 당하였고, 당시 경찰관으로부터 운전면허취소 대상이라는 말을 들었습니다.

그 후 10여 일이 지나서 승용차를 운전하다가 사고를 일으켰는데, 보험회사에서는 무면허운전이라는 이유로 보험혜택을 받을 수 없다고 합니다. 보험회사의 주장은 옳은 것인가요?

A | 운전면허 취소처분이 유효하려면 도로교통법시행규칙 제53조의2 소정의 적법한 통지 또는 공고가 있어야 하므로 그러한 통지 또는 공고가 없는 동안의 자동차운전은 무면허운전에 해당하지 아니하며, 따라서 위 사례에 있어서도 그와 같은 통지나 공고가 있기 전이라면 보험회사는 무면허운전면책특약을 주장할 수 없을 것입니다.

위 통지 및 공고에 관하여 판례는 통상우편의 방법으로 운전면허취소통지서가 발송되었다는 사실만으로는 상당 기간 이내에 그 통지서가 도달하였다고 인정할 수 없으며, 또한 운전면허증을 회수 당하였다는 사실만으로 무면허운전에 해당한다고 인정할 수도 없다고 판결하고 있습니다(대법원 92다 2530 판결).

참고로, 경찰청장 또는 경찰서장이 운전면허의 취소 또는 정지처분을 하고자 하는 때에는 운전면허정지ㆍ취소처분사전통지서를 그 대상자에게 발송 또는 교부하여야 하며, 이 경우 그 발송이 불가능한 경

우에는 운전면허대장에 기재된 그 대상자의 주소지를 관할하는 경찰
관서의 게시판에 10일간 이를 공고함으로써 통지에 갈음할 수 있다는
점을 알아둘 필요가 있다고 하겠습니다(도로교통법시행규칙 제53조의2).

32

공무원이 출퇴근 도중 일으킨 교통사고와 국가의 배상책임여부

Q | 공무원인 A는 자신의 승용차를 운전하여 출근하던 중 과실로 교통사고를 일으켜 피해자에게 상해를 입게 하였습니다. 이 경우 피해자는 국가를 상대로 손해배상을 청구할 수 있는지요?

A | 공무원이 통상적으로 근무하는 근무지로 출근하기 위하여 자기 소유의 자동차를 운행하다가 자신의 과실로 교통사고를 일으킨 경우에는 특별한 사정이 없는 한 국가배상법 제2조 제1항 소정의 공무원이 '직무를 집행함에 당하여' 타인에게 불법행위를 한 것이라고 할 수 없으므로 그 공무원이 소속된 국가나 지방공공단체가 국가배상법상의 손해배상 책임을 부담하지 않는다고 할 것입니다.

그리고 헌법 제29조 제1항과 국가배상법 제2조의 해석상 일반적으로 공무원이 공무수행 중 불법행위를 한 경우에, 고의 중과실에 의한 경우에는 공무원 개인이 손해배상 책임을 부담하고 경과실의 경우에는 개인 책임은 면책되며, 한편 공무원이 자기 소유의 자동차로 공무수행중 사고를 일으킨 경우에는 그 손해배상 책임은 자동차손해배상보장법이 정한 바에 따르게 되어, 그 사고가 자동차를 운전한 공무원의 경과실에 의한 것인지 중과실 또는 고의에 의한 것인지를 가리지 않고 그 공무원이 자동차손해배상보장법 제3조 소정의 '자기를 위하여 자동차를 운행하는 자'에 해당하는 한 손해배상 책임을 부담한다고 할 것입니다(대법원 94다 15271 판결).

따라서 위 사례의 경우에 있어서도, 피해자는 국가를 상대로 손해배상을 청구할 수는 없고, 위 승용차가 종합보험에 가입된 경우에는 보험회사를 상대로, 그렇지 않은 경우에는 운전자 개인을 상대로 불법행위를 원인으로 한 손해배상을 청구할 수 있을 뿐이라 하겠습니다.

공무집행중 공용차의 운행지배자

Q | 공무원인 A는 공용차를 운전하여 직무를 집행하던 중 과실로 교통사고를 일으켜 피해자에게 부상을 입혔습니다. 이 경우 공무원이 자동차손해배상보장법 소정의 손해배상 책임의 주체가 될 수 있나요?

A | 위 사례는 공무원이 직무집행을 위하여 공용차를 운행하는 경우, 그 공무원이 자동차손해배상보장법 제3조 '자기를 위하여 자동차를 운행하는 자'에 해당하느냐 하는 문제입니다.

자동차손해배상보장법 제3조 '자기를 위하여 자동차를 운행하는 자'라고 함은 자동차에 대한 운행을 지배하여 그 이익을 향수하는 책임주체로서의 지위에 있는 자를 뜻하는 것이므로 공무원이 그 직무를 집행하기 위하여 국가 또는 지방자치단체 소유의 공용차를 운행하는 경우, 그 자동차에 대한 운행지배나 운행이익은 그 공무원이 소속한 국가 또는 지방자치단체에 귀속된다고 할 것입니다.

따라서 공무원 자신이 개인적으로 그 자동차에 대한 운행지배나 운행이익을 가지는 것이라고는 볼 수 없으므로 그 공무원이 자기를 위하여 공용차를 운행하는 자로서 자동차손해배상보장법 소정의 손해배상 책임의 주체가 될 수는 없다고 할 것입니다(대법원 91다 12356, 94다 31860 판결).

부 록 1

♣ 전용차로의 종류 및 통행할 수 있는 차량
♣ 신호의 시기 및 방법
♣ 범칙행위 및 범칙금액표(운전자)
♣ 범칙행위 및 범칙금액표(보행자)
♣ 과태료금액표

♣ 운전면허시험의 일부면제 구분
♣ 차로에 따른 통행차의 기준
♣ 운전할 수 있는 차의 종류

♣ 전용차로의 종류 및 통행할 수 있는 차량(도로교통법 제6조의2 관련)

전용차로의 종 류	통행할 수 있는 차량	
	고 속 도 로	고속도로 외의 도로
버스전용차로	9인승 이상 승용자동차 및 승합자동차(승용자동차 또는 12인승 이하의 승합자동차는 6인 이상이 승차한 경우에 한한다.)	1. 자동차관리법 제3조의 규정에 의한 36인승 이상의 대형승합자동차 2. 여객자동차운수사업법 제3조 및 동법 시행령 제3조 제1호의 규정에 의한 36인승 미만의 사업용 승합자동차 3. 법 제48조의4의 규정에 의하여 신고하고 신고필증을 교부받아 어린이를 운송할 목적으로 운행중인 어린이통학버스 4. 제1호 내지 제3호 외의 차로서 도로에서의 원활한 통행을 도모하기 위하여 지방경찰청장이 지정한 다음 각목의 1에 해당하는 승합자동차 가. 노선을 지정하여 운행하는 통학·통근용 승합자동차 중 16인승 이상 승합자동차 나. 국제행사 참가인원 수송 등 특히 필요하다고 인정되는 승합자동차(지방경찰청장이 정한 기간 이내에 한한다.)
다 인 승 전용차로	3인 이상 승차한 승용·승합자동차(다인승전용차로와 버스전용차로가 동시에 설치되는 경우에는 버스전용차로를 통행할 수 있는 차량을 제외한다.)	

비고 : 경찰청장은 설날·추석 등의 특별교통관리기간중 특히 필요하다고 인정하는 때에는 고속도로 버스전용차로를 통행할 수 있는 차량을 따로 정하여 고시할 수 있다.

♣ 신호의 시기 및 방법(도로교통법 제16조 관련)

신호를 행할 경우	신호를 행할 시기	신호의 방법
좌회전 · 횡단 · 유턴 또는 동일 방향으로 진행하면서 진로를 왼쪽으로 바꾸고자 할 때	그 행위를 하고자 하는 지점(좌회전할 경우에는 그 교차로의 가장자리)에 이르기 전 30m(고속도로에서는 100m) 이상의 지점에 이르렀을 때	왼팔을 수평으로 펴서 차체의 좌측 밖으로 내밀거나 오른팔을 차체의 우측 밖으로 내어 팔꿈치를 굽혀 수직으로 올리거나 좌측의 방향지시기 또는 등을 조작할 것
우회전 또는 동일 방향으로 진행하면서 진로를 오른쪽으로 바꾸고자 할 때	그 행위를 하고자 하는 지점(우회전할 경우에는 그 교차로의 가장자리)에 이르기 전 30m(고속도로에서는 100m) 이상의 지점에 이르렀을 때	오른팔을 수평으로 펴서 차체의 우측 밖으로 내밀거나 왼팔을 좌측 밖으로 내어 팔꿈치를 굽혀 수직으로 올리거나 우측의 방향지시기 또는 등을 조작할 것
정지할 때	그 행위를 하고자 할 때	팔을 차체의 밖으로 내어 45° 밑으로 펴거나 자동차 안전기준에 의하여 장치된 제동등을 켤 것
후진할 때	그 행위를 하고자 할 때	팔을 차체의 밖으로 내어 45° 밑으로 펴서 손바닥을 뒤로 향하게 하여 그 팔을 앞뒤로 흔들거나 자동차안전기준에 의하여 장치된 후진등을 켤 것
뒤차에게 앞지르기를 시키고자 할 때	그 행위를 하고자 할 때	오른팔 또는 왼팔을 차체의 좌측 또는 우측 밖으로 수평으로 펴서 손을 앞뒤로 흔들 것
서행할 때	그 행위를 하고자 할 때	팔을 차체의 밖으로 내어 45° 밑으로 펴서 위아래로 흔들거나 자동차안전기준에 의하여 장치된 제동등을 점멸할 것

♣ 범칙행위 및 범칙금액표(운전자)(도로교통법 제73조 관련)

(단위 : 원)

범 칙 행 위	해당 법조문 (도로교통법)	차량종류별 범칙금액	
1. 속도위반(40km/h 초과)	제15조 제3항	· 승합자동차 등	100,000
		· 승용자동차 등	90,000
		· 이륜자동차 등	60,000
1의2. 신호 · 지시위반	제5조	○ 승합자동차 등	70,000
2. 중앙선침범 · 통행구분위반	제12조 제1항 내지	○ 승용자동차 등	60,000
	제3항 · 제5항	○ 이륜자동차 등	40,000
3. 속도위반(20km/h 초과 40km/h 이하)	제15조 제3항	○ 자전거 등	30,000
4. 횡단 · 유턴 · 후진위반	제16조		
5. 앞지르기 방법위반	제19조, 제56조 제2항		
6. 앞지르기 금지시기위반	제20조 제1항 · 제2항 · 제4항		
7. 금지장소에서의 앞지르기	제20조의2		
8. 철길건널목 통과방법위반	제21조		
9. 횡단보도 보행자 횡단방해 (신호 또는 지시에 따라 횡단하는 보행자 통행방해 포함)	제24조 제1항 · 제2항		
9의2. 보행자전용도로 통행 위반(보행자전용도로 통행방법위반 포함)	제24조의2 제2항 · 제3항		
10. 승차인원 초과 · 승객 또는 승하차자 추락방지조치위반	제35조 제1항 · 제2항 · 제5항		
11. 어린이 · 맹인 등의 보호위반	제48조 제1항 제2호		

위반사항	근거법조문	차종	금액
11의2. 운전중 휴대용 전화 사용	제48조 제1항 제11호		
11의3. 운행기록계 미설치 자동차 운전금지 등의 위반	제48조의2 제4항		
11의4. 어린이통학버스운전자의 의무위반	제48조의5		
11의5. 어린이통학버스운행자의 의무위반	제48조의6		
12. 고속도로 갓길통행 또는 버스전용차로·다인승전용차로 통행위반	제56조 제1항·제56조의2 제2항		
13. 통행금지·제한위반	제6조 제1항 내지 제3항	○ 승합자동차 등	50,000
14. 일반도로 버스전용차로 통행위반	제13조의2 제3항	○ 승용자동차 등	40,000
15. 고속도로·자동차전용도로 안전거리 미확보	제17조	○ 이륜자동차 등	30,000
16. 앞지르기의 방해금지위반	제19조의2	○ 자전거 등	20,000
17. 교차로통행방법위반	제22조		
18. 직진·우회전 차의 진행방해	제23조		
19. 보행자 통행방해 또는 보호 불이행	제24조 제3항 내지 제5항		
20. 긴급자동차에 대한 피양·일시정지위반	제25조 제4항·제5항		
21. 정차·주차금지위반	제28조		
22. 주차금지위반	제29조		
23. 정차·주차방법위반	제30조		
24. 정차·주차위반에 대한 조치불응	제31조 제1항		

25. 적재제한위반 · 적재물 추락방지위반 또는 유아나 동물을 안고 운전하는 행위	제35조 제1항 · 제3항 내지 제5항		
26. 안전운전의무위반 (난폭운전 포함)	제44조		
27. 노상시비 · 다툼 등으로 차마의 통행방해행위	제48조 제1항 제5호		
28. 급발진 · 급가속 · 엔진 공회전 또는 반복적 · 연속적인 경음기 울림으로 소음발생행위	제48조 제1항 제9호		
29. 승객의 차내소란행위 방치운전	제48조 제1항 제10호		
29의2. 어린이통학버스 특별 보호위반	제48조의3		
30. 고속도로 지정차로 통행위반	제56조 제1항		
31. 고속도로 · 자동차전용도로 횡단 · 유턴 · 후진위반	제57조		
32. 고속도로 · 자동차전용도로 정차 · 주차금지위반	제59조		
33. 고속도로 진입위반	제60조		
34. 고속도로 · 자동차전용도로 고장 등의 경우 조치 불이행	제61조		
35. 혼잡완화 조치위반	제7조	○ 승합자동차 등	30,000
36. 지정차로 통행위반 · 차로 폭보다 넓은 차 통행 금지위반(진로변경금지 장소에서의 진로변경 포함)	제13조 제2항 내지 제4항	○ 승용자동차 등 ○ 이륜자동차 등 ○ 자전거 등	30,000 20,000 10,000

37. 속도위반(20km/h 이하)	제15조 제3장		
38. 진로변경방법위반	제17조의2		
39. 급제동금지위반	제17조의3		
40. 끼어들기금지위반	제20조의3		
41. 서행의무위반	제27조		
42. 일시정지위반	제27조의2		
43. 방향전환 · 진로변경시 신호불이행	제33조 제1항		
44. 삭제 〈1999. 4. 30.〉			
45. 운전석 이탈시 안전확보 불 이행	제48조 제1항 제6호		
46. 승차자 등의 안전을 위한 조치위반	제48조 제1항 제7호		
47. 지방경찰청 고시위반	제48조 제1항 제12호		
48. 좌석안전띠 미착용	제48호의2 제1항		
49. 이륜자동차 인명보호장 구 미착용	제48조의2 제3항		
49의2. 어린이통학버스신고 필증 비치의무 위반 또는 어린이통학버스 와 유사한 도장 · 표 지 금지위반	제48조의4 제2항 · 제 4항		
50. 통행우선순위위반	제14조	○ 승합자동차 등	20,000
51. 최저속도위반	제15조 제3항	○ 승용자동차 등	20,000
52. 일반도로 안전거리미확 보	제17조	○ 이륜자동차 등	10,000
		○ 자전거 등	10,000
53. 진로양보의무불이행	제18조		
54. 등화점등 · 조작불이행	제32조		
55. 삭제 〈1999. 4. 30.〉			
56. 고인물 등을 튀게 하는 행위	제48조 제1항 제1호		

57. 짙은 선팅 · 불법부착장치 차운전	제48조 제1항 제4호		
58. 택시의 합승(장시간 주 · 정차하여 승객을 유치하는 경우에 한함) · 승차거부 · 부당요금 징수행위	제48조 제2항		
59. 삭제 〈1999. 4. 30.〉			
60. 고속도로 · 자동차전용도로 운전자 특별준수사항 위반	제62조 제2항		
61. 특별한 교통안전교육 미필	제49조 제2항	차종구분 없이	40,000
62. 적성검사기간 경과	제74조 제1항 내지		
· 6월 이하	제3항		50,000
· 6월 초과			70,000
63. 면허증휴대의무위반	제77조 제1항		30,000
64. 면허증 반납불이행	제79조 제1항		30,000

(주) 위 표 중
1. '승합자동차 등'이라 함은 승합자동차 · 4톤 초과 화물자동차 · 특수자동차 · 건설기계를 말한다.
2. '승용자동차 등'이라 함은 승용자동차 · 4톤 이하 화물자동차를 말한다.
3. '이륜자동차 등'이라 함은 이륜자동차 · 원동기장치자전거를 말한다.
4. '자전거 등'이라 함은 자전거 · 손수레 · 경운기 · 우마차를 말한다.

♣ 범칙행위 및 범칙금액표(보행자)(도로교통법 제73조 관련)

(단위 : 원)

범 칙 행 위	해당 법조문 (도로교통법)	범칙금액
1. 신호 · 지시위반 2. 차도보행 · 차도에서 차를 잡는 행위 3. 육교 바로 밑 · 지하도 바로 위 무단횡단(횡단이 금지되어 있는 도로부분 횡단 포함) 4. 도로에서의 금지행위위반 　· 술에 취하여 갈팡질팡하는 행위 　· 교통에 방해되는 방법으로 눕거나 앉거나 서 있는 행위 　· 교통이 빈번한 도로에서 놀이를 하는 행위 　· 도로상의 사람이나 차마를 손상시킬 염려가 있는 물건을 던지거나 발사하는 행위(차마로부터 던지는 행위 포함) 　· 진행중인 차마에 뛰어 타거나 매달리거나 뛰어 내리는 행위	제5조 제8조 제1항 제10조 제2항 · 제5항 제63조 제3항	30,000
5. 통행금지 · 제한위반 6. 육교 바로 밑 · 지하도 바로 위 외의 무단횡단(차의 바로 앞뒤 횡단금지위반 포함) 7. 교통이 빈번한 도로에서의 유아보호의무위반(보호자에 한한다) 8. 〈삭제 1999. 4. 30.〉	제6조 제10조 제2항 · 제4항 제11조 제1항	20,000
9. 혼잡완화 조치위반 10. 길 가장자리구역 통행의무위반 11. 행렬 등의 차도 우측통행 위반(지휘자를 포함한다)	제7조 제8조 제2항 제9조 제1항	10,000

♣ 과태료금액표(제72조의2 제5항, 제72조의3 제5항 및 제72조의4 제5항 관련)

위 반 행 위 및 행 위 자	해당 법조문 (도로교통법)	차량종류별 과태료금액
1. 법 제70조의6 규정에 의한 휴·폐원 신고를 하지 아니한 사람	제115조의2 제1항 제1호	100만 원
2. 법 제70조의8 제3항의 규정에 의한 강사의 인적사항과 교육과목을 게시하지 아니한 사람	제115조의2 제1항 제2호	100만 원
3. 법 제70조의9 제2항의 규정에 위반하여 수강료 등을 게시하지 아니하거나 같은 조 제3항의 규정에 위반하여 게시된 수강료 등을 초과한 금액을 받은 사람	제115조의2 제1항 제3호	100만 원
4. 법 제70조의10의 규정에 의한 수강료 등의 반환 등 교육생 보호를 위한 조치를 하지 아니한 사람	제115조의2 제1항 제4호	100만 원
5. 법 제70조의11 제2항의 규정에 의한 자료 제출 또는 보고를 하지 아니하거나 허위의 자료를 제출 또는 보고한 사람(학원에 종사하는 사람에 한한다)	제115조의2 제1항 제5호	100만 원
6. 법 제70조의11 제2항의 규정에 의한 관계 공무원의 출입·검사를 거부·방해 또는 기피한 사람(학원에 종사하는 사람에 한한다)	제115조의2 제1항 제6호	100만 원
7. 법 제71조의17 제1항의 규정에 의한 간판 기타 표지물의 제거 또는 시설물의 설치를 거부·방해 또는 기피하거나 게시문을 임의로 제거하거나 못쓰게 만든 사람	제115조의2 제1항 제7호	100만 원

7의2. 법 제48조의2 제1항 또는 법 제 62조 제1항의 규정에 위반하여 승차 자로 하여금 좌석안전띠를 매도록 하지 아니한 운전자	제115조의2 제2항 제1호	3만 원
8. 법 제74조 제4항의 규정에 위반하여 운전면허증 갱신기간 이내에 운전면 허를 갱신하지 아니한 사람 가. 6월 이하 나. 6월 초과	제115조의2 제2항	 3만 원 5만 원
9. 다음 각목의 1에 해당하는 차의 고용 주 등 가. 법 제12조 제3항의 규정에 위반 하여 중앙선을 침범한 차 나. 법 제56조 제1항의 규정에 위반 하여 고속도로에서 갓길을 통행 한 차 다. 법 제56조의2 제2항에서 준용되 는 제13조의2의 규정에 위반하여 고속도로에서 전용차로를 통행한 차	제115조의2 제3항	· 승합자동차 등 : 10만 원 · 승용자동차 등 : 9만 원
10. 다음 각목의 1에 해당하는 차의 고 용주 등 가. 법 제5조의 규정에 위반하여 신 호 또는 지시를 따르지 아니한 차 나. 법 제15조 제3항의 규정에 위반 하여 제한 속도를 준수하지 아니 한 차 　－ 40km/h 초과 　－ 20km/h 초과 40km/h 이하 　－ 20km/h 이하	제115조의2 제3항	· 승합자동차 등 : 8만 원 · 승용자동차 등 : 7만 원 · 이륜자동차 등 : 5만 원 ※ 제한속도위반 중 40km/h 초과의 경우와 20km/h 이하의 경우에는 다음의 과태료 금 액을 적용

		○ 제한속도
		  40km/hh 초과
		·승합자동차 등
		  : 11만 원
		·승용자동차 등
		  : 10만 원
		·이륜자동차 등
		  : 7만 원
		○ 제한속도
		  20km/h 이하
		·승합자동차 등
		  : 4만 원
		·승용자동차 등
		  : 4만 원
		·이륜자동차 등
		  : 3만 원

11. 법 제13조의2의 규정에 위반하여 일반도로에서 전용차로를 통행한 차의 고용주 등	제115조의2
	제3항
		·승합자동차 등
		  : 6만 원
		·승용차동차 등
		  : 5만 원
		·이륜자동차 등
		  : 4만 원

12. 법 제28조 내지 법 제30조의 규정에 위반하여 주차 또는 정차를 한 차의 고용주 등	제115조의2
	제3항
		·승합자동차 등
		  : 5만 원(6만 원)
		·승용자동차 등
		  : 4만 원(5만 원)

(주) 1. 위 표 중 '승합자동차 등'이라 함은 승합자동차, 4톤 초과 화물자동차, 특수자동차 및 건설기계를 말한다.
　　2. '승용자동차 등'이라 함은 승용자동차 및 4톤 이하 화물자동차를 말한다.
　　3. '이륜자동차 등'이라 함은 이륜자동차 및 원동기장치자전거를 말한다.
　　4. 제12호의 과태료 금액 중 괄호 안의 것은 같은 장소에서 2시간 이상 주·정차위반을 하는 경우에 적용한다.

♣ 운전면허시험의 일부면제 구분(제50조 관련)

면 제 대 상 자	적용법조문 (도로교통법)	받고자 하는 면허	면제되는 시험
1. 대학·전문대학 또는 공업고 등학교의 기계과 또는 자동 차에 관한 학과를 졸업한 사 람으로서 재학중 자동차에 대한 과목을 배운 사람, 국가 기술자격법 제4조의 규정에 의하여 자동차 정비나 검사 에 관한 기술 자격시험에 합 격한 사람	제72조 제1호·제2호	모든 면허	점검
2. 국내면허 인정국가의 권한 있는 기관에서 교부한 자동 차운전면허증(이륜자동차 및 원동기장치자전거면허를 제 외한다)을 가진 사람	제72조 제3호	제2종보통면허	기능·법령 ·점검 ·도로주행
2의2. 국내면허를 인정하지 아 니하는 국가의 권한 있는 기관에서 교부한 자동차운 전면허증(이륜자동차 및 원 동기장치자전거면허를 제외 한다)을 가진 사람	제72조 제3호	제2종보통면허	기능·도로 주행
3. 군복무중 6월 이상 군의 자 동차 등을 운전한 경험이 있 는 사람	제72조 제4호	제1종보통면허 및 제2종면허를 제외 한 면허	기능·법령 ·점검
		제1종보통면허 및 제2종보통면허	기능·법령 ·점검 ·도로주행

4. 법 제74조 제1항의 규정에 의한 적성검사를 받지 아니하거나 법 제74조 제4항의 규정에 의한 운전면허증 갱신을 받지 아니하여 운전면허를 취소 당한 후 다시 면허를 받고자 하는 사람	제72조 제5호	취소된 운전면허와 동일한 운전면허(제1종보통면허 및 제2종보통면허를 제외한다)	법령 · 점검
		제1종보통면허 및 제2종보통면허	기능 · 법령 · 점검
5. 제1종대형면허를 받은 사람	제72조 제6호	제1종특수면허, 제1종소형면허, 제2종소형면허	기능 · 법령 · 점검
6. 제1종보통면허를 받은 사람	제72조 제6호	재1종대형면허, 제1종소형면허, 제1종특수면허, 제2종소형면허	적성 · 법령 · 점검
7. 제1종소형면허를 가진 사람	제72조 제6호	제1종대형면허, 제1종특수면허	적성 · 법령 · 점검
		제1종보통면허, 제2종보통면허	적성 · 법령 · 점검 · 도로주행
8. 제1종특수면허를 가진 사람	제72조 제6호	제1종대형면허, 제1종소형면허, 제2종소형면허	적성 · 법령 · 점검
		제1종보통면허	적성 · 법령 · 점검 · 도로주행
9. 제2종보통면허를 가진 사람	제72조 제6호	제1종특수면허, 제1종대형면허, 제1종소형면허	법령 · 점검
		제2종소형면허	적성 · 법령 · 점검

		제1종보통면허	법령 · 점검 · 도로주행
10. 제2종소형면허 또는 원동기장치자전거면허를가진 사람	제72조 제6호	제2종보통면허	적성
11. 원동기장치자전거면허를 가진 사람	제72조 제6호	제2종소형면허	적성 · 법령 · 점검
12. 제2종보통면허를 가진 사람으로서 면허신청일부터 소급하여 10년간 운전면허가 취소된 사실과 교통사고를 일으킨 사실이 없는 사람	제72조 제6호	제1종보통면허	기능 · 법령 · 점검 · 도로주행
13. 제1종운전면허를 받은 사람으로서 신체장애 등으로 제45조의 규정에 의한 제1종 운전면허 적성기준에 미달된 사람	제72조 제6호	제2종운전면허	기능 · 법령 · 점검 · 도로주행
13의2. 신체장애 등의 사유로 적성기준에 미달되어 면허가 취소되고 다른 종류의 면허를 발급 받은 후에 취소된 운전면허의 작성기준을 회복한 사람	제72조 제6호	취소된 면허와 동일한 운전면허 (제1종보통면허를 제외한다)	법령 · 점검 · 기능
		취소된 면허와 동일한 운전면허 (제1종보통면허에 한한다)	법령 · 점검 · 기능 · 도로주행
14. 법 제71조의6 제5항의 규정에 의한 전문학원의 수료증(연습운전면허를 취득하지 아니한 경우에 한한다)을 가진 사람	제72조 제7호	그 수료증에 해당하는 연습운전면허	기능

15. 법 제71조의6 제5항의 규정에 의한 졸업증(면허를 취득하지 아니한 경우에 한한다)을 가진 사람	제72조 제7호	그 졸업증에 해당하는 면허	도로주행
16. 군사분계선 이북지역에서 운전면허를 받은 사실을 통일부장관이 확인서를 첨부하여 운전면허 시험기관의 장에게 통지한 사람	제72조 제8호	제2종보통면허	기능
17. 법 제78조 제1항 제9호 내지 제11호 또는 운전면허 벌점초과로 운전면허가 취소되어 다시 면허를 받고자 하는 사람	제72조 제9호	취소된 운전면허와 동일한 운전면허 중 응시한 1종류의 면허(제1종보통면허 및 제2종 보통면허를 제외한다)	기능
		제1종보통면허 및 제2종보통면허	기능 ·도로주행

(주) 1. 위 표의 면제되는 시험란 중 '적성'이라 함은 제45조의 규정에 의한 시험을, '기능'이라 함은 제46조의 규정에 의한 시험을, '법령'이라 함은 제47조의 규정에 의한 시험을, '점검'이라 함은 제48조의 규정에 의한 시험을, '도로주행'이라 함은 제48조의2의 규정에 의한 시험을 각각 말한다.
2. 제46조 내지 제48조의 규정에 의한 시험을 모두 면제하는 경우에는 연습운전면허를 교부한다.
3. 국내면허 인정국가 중 대한민국과 운전면허상호인정에 관한 약정을 체결한 국가에 대하여는 위 표 제2호의 규정에 불구하고 그 약정한 내용에 의하여 운전면허시험의 일부를 면제할 수 있다.
4. 둘 이상의 운전면허를 받은 사람이 위 표 제4호의 규정에 의한 운전면허를 다시 받고자 하는 경우에는 법 제68조 제2항 제1호 및 제2호의 순서에 의한 상위 운전면허를 기준으로 한다.

♣ 차로에 따른 통행차의 기준(제11조 및 제22조의2 관련)

도 로		차로구분	통행할 수 있는 차종
고속도로외의도로	편도 4 차 로	1 차 로 2 차 로	○ 승용자동차, 중·소형승합자동차 및 적재중량이 1.5톤 이하인 화물자동차
		3 차 로	○ 대형승합자동차, 적재중량이 1.5톤을 초과하는 화물자동차 및 건설기계(덤프트럭 및 콘크리트믹서트럭에 한한다)
		4 차 로	○ 특수자동차, 이륜자동차, 원동기장치자전거, 자전거, 우마차 및 건설기계(덤프트럭 및 콘크리트믹서트럭을 제외한다)
	편도 3 차 로	1 차 로	○ 승용자동차, 중·소형승합자동차 및 적재중량이 1.5톤 이하인 화물자동차
		2 차 로	○ 대형승합자동차, 적재중량이 1.5톤을 초과하는 화물자동차 및 건설기계(덤프트럭 및 콘크리트믹서트럭에 한한다)
		3 차 로	○ 특수자동차, 이륜자동차, 원동기장치자전거, 자전거, 우마차 및 건설기계(덤프트럭 및 콘크리트믹서트럭을 제외한다)
	편도 2 차 로	1 차 로	○ 승용자동차, 중·소형승합자동차 및 적재중량이 1.5톤 이하인 화물자동차
		2 차 로	○ 대형승합자동차, 적재중량이 1.5톤을 초과하는 화물자동차, 특수자동차, 이륜자동차, 원동기장치자전거, 자전거, 우마차 및 건설기계
고속도로	편도 4 차 로	1 차 로	○ 2차로가 주행차로인 자동차의 앞지르기차로
		2 차 로	○ 승용자동차, 중·소형승합자동차 및 적재중량이 1.5톤 이하인 화물자동차의 주행차로
		3 차 로	○ 대형승합자동차 및 적재중량이 1.5톤을 초과하는 화물자동차의 주행차로

241

		4 차 로	○ 특수자동차 및 건설기계의 주행차로
고속도로	편도 3 차로	1 차 로	○ 2차로가 주행차로인 자동차의 앞지르기 차로
		2 차 로	○ 승용자동차, 승합자동차 및 적재중량이 1.5톤 이하인 화물자동차의 주행차로
		3 차 로	○ 적재중량이 1.5톤을 초과하는 화물자동차, 특수자동차 및 건설기계의 주행차로
	편도 2 차로	1 차 로	○ 앞지르기 차로
		2 차 로	○ 모든 자동차의 주행차로

(주) 1. 모든 차는 위 지정된 차로의 오른쪽 차로로 통행할 수 있다.

2. 앞지르기를 할 때에는 위 통행기준에 지정된 차로의 바로 옆 왼쪽 차로로 통행할 수 있다.

3. 도로의 진·출입 부분에서 진·출입하는 때와 정차 또는 주차한 후 출발하는 때의 상당한 거리 동안은 이 표에서 정하는 기준에 의하지 아니할 수 있다.

4. 이 표 중 승합자동차의 차종(대형·중형·소형) 구분은 자동차관리법시행규칙 별표 1에 따른다.

5. 이 표 중 고속도로란의 건설기계는 법 제2조 제14호의 규정에 의한 자동차인 건설기계를 말한다.

6. 이 표에서 열거한 것 외의 차마와 다음 각목의 위험물 등을 운반하는 자동차는 도로의 오른쪽 가장자리 차로로 통행하여야 한다.

　가. 소방법 제2조 제4호의 규정에 의한 지정수량 이상의 위험물

　나. 총포·도검·화약류등단속법 제2조 제3항의 규정에 의한 화약류

　다. 유해화학물질관리법 제2조 제3호의 규정에 의한 유독물

　라. 폐기물관리법 제2조 제4호의 규정에 의한 지정폐기물과 같은 법 제2조 제4호의2의 규정에 의한 감염성폐기물

　마. 고압가스안전관리법 제2조의 규정에 의한 고압가스

　바. 액화석유가스의안전및사업관리법 제2조 제1호의 규정에 의한 액화석유가스

　사. 원자력법 제2조 제5호 및 방사선안전관리등의기술기준에관한규칙 제84조 제2호 내지 제6호의 규정에 의한 방사성물질

　아. 산업안전보건법 제37조 및 같은 법 시행령 제29조의 규정에 의한 제조 등의 금지유해물질과 같은 법 제38조 및 같은 법 시행령 제30조의 규정에 의한 허가대상 유해물질

　자. 농약관리법 제2조 제3호, 같은 법 시행령 제20조 제5항 및 별표 2에 의한 유독성원제

7. 좌회전 차로가 2 이상 설치된 교차로에서 좌회전하고자 하는 차는 그 설치된 좌회전 차로 내에서 고속도로 외의 도로의 통행기준에 따라 좌회전하여야 한다.

8. 편도 5차로 이상의 도로에 있어서는 이 기준에 준하여 지방경찰청장이 따로 정한다.

♣ 운전할 수 있는 차의 종류(제26조 관련)

운전면허		운전할 수 있는 차의 종류
종별	구분	

제1종	대형면허	• 승용자동차
		• 승합자동차
		• 화물자동차
		• 긴급자동차
		• 건설기계
		  – 덤프트럭, 아스팔트살포기, 노상안정기
		  – 콘크리트믹서트럭, 콘크리트펌프
		  – 천공기(트럭적재식)
		• 특수자동차(트레일러, 레커는 제외)
		• 원동기장치자전거

	보통면허	• 승용자동차 • 승차정원 15인 이하의 승합자동차 • 승차정원 12인 이하의 긴급자동차 (승용 및 승합자동차에 한한다.) • 적재중량 12톤 미만 화물자동차 • 원동기장치자전거
	소형면허	• 삼륜 화물자동차 • 삼륜 승용자동차 • 원동기장치자전거
	특수면허	• 트레일러 • 레커 • 제2종보통면허로 운전할 수 있는 차량

운 전 면 허		운전할 수 있는 차의 종류
종 별	구 분	
제2종	보통면허	• 승용자동차(승차정원 10인 이하의 승합자동차를 포함한다) • 적재중량 4톤 이하 화물자동차 • 원동기장치자전거
	소형면허	• 이륜자동차(측차부를 포함한다) • 원동기장치자전거
	원동기장치 자전거면허	• 원동기장치자전거
연습 면허	제1종보통	• 승용자동차 • 승차정원 15인 이하의 승합자동차 • 적재중량 12톤 미만의 화물자동차
	제2종보통	• 승용자동차(승차정원 10인 이하의 승합자동차를 포함한다) • 적재중량 4톤 이하의 화물자동차

(주) 1. 자동차관리법 제30조의 규정에 의하여 자동차의 형식이 변경승인되거나 같은 법 제34조의 규정에 의하여 자동차의 구조 또는 장치가 변경승인된 경우에는 다음의 구분에 의한 기준에 따라 이 표를 적용한다.
　가. 자동차의 형식이 변경된 경우
　(1) 차종이 변경되거나 승차정원 또는 적재중량이 증가한 경우 : 변경승인 후의 차종이나 승차정원 또는 적재중량
　(2) 차종의 변경 없이 승차정원 또는 적재중량이 감소한 경우 : 변경승인 전의 승차정원 또는 적재중량
　나. 자동차의 구조 또는 장치가 변경된 경우 : 변경승인 전의 승차정원 또는 적재중량
2. 별표 8의 (주) 제6호 각목의 규정에 의한 위험물 등을 운반하는 적재중량 3톤 이하 또는 적재용량 3천ℓ 이하의 화물자동차는 제1종보통면허가 있어야 운전을 할 수 있고, 적재중량 3톤 초과 또는 적재용량 3천ℓ 초과의 화물자동차는 제1종대형면허가 있어야 운전할 수 있다.
3. 피견인자동차는 제1종대형면허 · 제1종보통면허 또는 제2종보통면허를 가지고 있는 사람이 그 면허로 운전할 수 있는 자동차로 견인할 수 있다. 이 경우 총중량 750kg을 초과하는 피견인자동차를 견인하기 위해서는 견인하는 자동차를 운전할 수 있는 면허 외에 제1종특수(트레일러)면허를 가지고 있어야 한다.
4. 제3호의 규정에 불구하고 자동차관리법 제3조의 규정에 의한 이륜자동차로는 피견인자동차를 견인할 수 없다.

부 록 2

♣ 도로교통법
♣ 교통사고처리특례법
♣ 교통사고처리특례법시행령
♣ 자동차손해배상보장법
♣ 자동차손해배상보장법시행령

도로교통법

[일부개정 2004. 2. 9. 법률 제07171호]

제1장 총 칙

제1조 【목적】 이 법은 도로에서 일어나는 교통상의 모든 위험과 장해를 방지·제거하여 안전하고 원활한 교통을 확보함을 목적으로 한다.

제2조 【정의】 이 법에서 사용되는 용어의 정의는 다음과 같다.〈개정 1986. 12. 31, 1991. 12. 14, 1992. 12. 8, 1993. 6. 11, 1995. 1. 5, 1997. 8. 30, 1999. 1. 29, 2001. 1. 26, 2001. 12. 31, 2004. 1. 29〉

1. "도로"라 함은 도로법에 의한 도로, 유료도로법에 의한 유료도로, 그 밖의 일반 교통에 사용되는 모든 곳을 말한다.

2. "자동차전용도로"라 함은 자동차만이 다닐 수 있도록 설치된 도로를 말한다.

3. "고속도로"라 함은 자동차의 고속교통에만 사용하기 위하여 지정된 도로를 말한다.

4. "차도"라 함은 연석선(차도와 보도를 구분하는 돌 등으로 이어진 선을 말한다. 이하 같다), 안전표지, 그 밖의 이와 비슷한 공작물로써 그 경계를 표시하여 모든 차의 교통에 사용하도록 된 도로의 부분을 말한다.

4의2. "중앙선"이라 함은 차마의 통행을 방향별로 명확하게 구분하기 위하여 도로에 황색실선이나 황색점선 등의 안전표지로 표시한 선 또는 중앙분리대·철책·울타리 등으로 설치한 시설물을 말하며, 제13조 제1항 후단의 규정에 의하여 가변차로가 설치된 경우에는 신호기가 지시하는 진행방향의 제일 왼쪽 황색점선을 말한다.

4의3. "차로"라 함은 차마가 한 줄로 도로의 정하여진 부분을 통행하도록 차선에 의하여 구분되는 차도의 부분을 말한다.

4의4. "차선"이라 함은 차로와 차로를 구분하기 위하여 그 경계지점을 안전표지에 의하여 표시한 선을 말한다.

5. "자전거도로"라 함은 안전표지, 위험방지용 울타리, 그 밖의 이와 비슷한 공작물로써

그 경계를 표시하여 자전거의 교통에 사용하도록 된 도로의 부분을 말한다.

6. "보도"라 함은 연석선, 안전표지, 그 밖의 이와 비슷한 공작물로써 그 경계를 표시하여 보행자(유모차 및 신체장애자용 의자차를 포함한다. 이하 같다)의 통행에 사용하도록 된 도로의 부분을 말한다.

7. "길가장자리구역"이라 함은 보도와 차도가 구분되지 아니한 도로에서 보행자의 안전을 확보하기 위해 안전표지 등으로 그 경계를 표시한 도로의 가장자리 부분을 말한다.

8. "횡단보도"라 함은 보행자가 도로를 횡단할 수 있도록 안전표지로써 표시한 도로의 부분을 말한다.

9. "교차로"라 함은 십자로, J자로, 그 밖에 둘 이상의 도로가 교차하는 경우에 그 둘 이상의 도로(보도와 차도가 구분되어 있는 도로에서는 차도)가 교차하는 부분을 말한다.

10. "안전지대"라 함은 도로를 횡단하는 보행자나 통행하는 차마의 안전을 위하여 안전표지, 그 밖의 이와 비슷한 공작물로서 표시한 도로의 부분을 말한다.

11. "신호기"라 함은 도로교통에 관하여 문자·기호 또는 등화로써 진행·정지·방향전환·주의 등의 신호를 표시하기 위하여 사람이나 전기의 힘에 의하여 조작되는 장치를 말한다.

12. "안전표지"라 함은 교통의 안전에 필요한 주의·규제·지시 등을 표시하는 표지판 또는 도로의 바닥에 표시하는 기호나 문자 또는 선 등을 말한다.

13. "차마"라 함은 차와 우마를 말한다. "차"라 함은 자동차·건설기계·원동기장치자전거·자전거 또는 사람이나 가축의 힘, 그 밖의 동력에 의하여 도로에서 운전되는 것으로서 철길 또는 가설된 선에 의하여 운전되는 것과 유모차 및 신체장애자용 의자차 외의 것을 말하며, "우마"라 함은 교통·운수에 사용되는 가축을 말한다.

14. "자동차"라 함은 철길 또는 가설된 선에 의하지 아니하고 원동기를 사용하여 운전되는 차(견인되는 자동차도 자동차의 일부로 본다)로서 자동차관리법 제3조의 규정에 의한 승용자동차·승합자동차·화물자동차·특수자동차·이륜자동차 및 건설기계관리법 제26조 제1항 단서의 규정에 의한 건설기계를 말한다. 다만 제15호의 규정에 의한 원동기장치자전거를 제외한다.

15. "원동기장치자전거"라 함은 자동차관리법 제3조의 규정에 의한 이륜자동차 중 배기량 125시시 이하의 이륜자동차와 50시시 미만의 원동기를 단 차를 말한다.

16. "긴급자동차"라 함은 소방자동차·구급자동차, 그 밖의 대통령령이 정하는 자동차로서 그 본래의 긴급한 용도로 사용되고 있는 중인 자동차를 말한다.

16의2. "어린이통학버스"라 함은 다음 각목의 시설 중 어린이(13세 미만의 사람을 말한다. 이하 같다)를 교습대상으로 하는 시설에서 어린이 통학 등에 이용되는 승합자동차로서 제48조의4의 규정에 의하여 신고된 자동차를 말한다.

가. 유아교육법에 의한 유치원, 초 · 중등교육법에 의한 초등학교 · 특수학교

나. 영유아보육법에 의한 보육시설

다. 학원의설립 · 운영및과외교습에관한법률에 의하여 설립된 학원

라. 체육시설의설치 · 이용에관한법률에 의하여 설립된 체육시설

17. "주차"라 함은 차가 승객을 기다리거나 화물을 싣거나 고장, 그 밖의 사유로 인하여 계속하여 정지하거나 또는 그 차의 운전자가 그 차로부터 떠나서 즉시 운전할 수 없는 상태를 말한다.

18. "정차"라 함은 차가 5분을 초과하지 아니하고 정지하는 것으로서 주차 외의 정지상태를 말한다.

19. "운전"이라 함은 도로에서 차를 그 본래의 사용방법에 따라 사용하는 것(조종을 포함한다)을 말한다.

20. "서행"이라 함은 차가 즉시 정지할 수 있는 느린 속도로 진행하는 것을 말한다.

21. "앞지르기"라 함은 차가 앞서가는 다른 차의 옆을 지나서 그 차의 앞으로 나가는 것을 말한다.

22. "일시정지"라 함은 차가 일시적으로 그 바퀴를 완전 정지시키는 것을 말한다.

23. "보행자전용도로"라 함은 보행자만이 다닐 수 있도록 안전표지, 그 밖의 이와 비슷한 공작물로써 표시한 도로를 말한다.

24. "자동차운전학원"이라 함은 자동차운전에 관한 지식 · 기능을 교육하는 시설로서 다음 각목의 1에 해당하지 아니하는 시설을 말한다.

가. 교육관계법령에 의한 학교에서 소속학생 및 교직원의 연수를 위하여 설치한 시설

나. 사업장 등의 시설로서 소속직원의 연수를 위한 시설

다. 전산장치에 의한 모의운전연습시설

라. 지방자치단체 등이 신체장애인의 운전교육을 위하여 설치하는 시설 중 지방경찰청장이 인정하는 시설

마. 대가를 받지 아니하고 운전교육을 실시하는 시설

제3조【신호기 등의 설치 및 관리】 ① 특별시장 · 광역시장 또는 시장 · 군수(광역시의 군수를 제외한다. 이하 "시장 등"이라 한다)는 도로에서의 위험을 방지하고 교통의 안전과 원활한 소통을 확보하기 위하여 필요하다고 인정하는 때에는 신호기 및 안전표지를 설치하고 이를 관리하여야 한다. 다만 유료도로법 제6조의 규정에 의한 유료도로에서는 그 도로관리자가 시장 등의 지시에 따라 이를 설치 · 관리하여야 한다. 〈개정 1991. 5. 31, 1992. 12. 8, 1995. 1. 5, 1997. 8. 30, 2001. 1. 29〉

② 또는 제1항의 규정에 의하여 시장 · 군수가 설치 · 관리하는 신호기 및 안전표지의 설치 · 관리에 소요되는 비용의 전부 또는 일부를 시 · 군에 보조할 수 있다. 〈신설 1995. 1. 5〉

제3조의2【비용의 부담 등】 ① 시장 등은 대통령령이 정하는 사유로 인하여 도로에 설치된 신호기 및 안전표지의 철거 또는 원상회복이 필요한 경우에는 행정자치부령이 정하는 기준에 의하여 그 사유를 유발한 자로 하여금 당해 공사에 소요되는 비용의 전부 또는 일부를 부담하게 할 수 있다. 〈개정 1997. 8. 30, 1999. 1. 29〉

② 제1항의 규정에 의한 부담금을 지정된 기간 내에 납부하지 아니한 때에는 지방세체납처분의 예에 의하여 이를 징수한다. [본조 신설 1995. 1. 5]

제4조【신호기 등의 종류 등】 제3조의 규정에 의한 신호기 및 안전표지의 종류, 만드는 방식, 설치하는 곳, 그 밖의 필요한 사항은 행정자치부령으로 정한다. 〈개정 1999. 1. 29〉

제5조【신호 또는 지시에 따를 의무】 도로를 통행하는 보행자나 차마는 신호기 또는 안전표지가 표시하는 신호 또는 지시와 교통정리를 하는 경찰공무원(전투경찰순경을 포함한다. 이하 같다)과 행정자치부령이 정하는 경찰공무원을 보조하는 사람(이하 "경찰공무원 등"이라 한다)의 신호나 지시를 따라야 한다. 〈개정 1992. 12. 8, 1997. 8. 30, 1999. 1. 29〉

제6조【통행의 금지 및 제한】 ① 지방경찰청장은 도로에서의 위험을 방지하고 교통의 안전과 원활한 소통을 확보하기 위하여 필요하다고 인정하는 때에는 구간을 정하여 보행자나 차마의 통행을 금지하거나 제한할 수 있다. 〈개정 1991. 5. 31〉

② 경찰서장은 도로에서의 위험을 방지하고 교통의 안전과 원활한 소통을 확보하기 위하여 필요하다고 인정하는 때에는 보행자나 차마의 통행을 우선 금지하거나 제한한 후 그 도로관리자와 협의하여 금지 또는 제한의 대상과 구간 및 기간을 정하여 도로의 통행을 금지하거나 제한할 수 있다.

③ 경찰공무원은 도로의 파손, 화재의 발생, 그 밖의 사정으로 도로에서의 위험방지를 위하여 긴급한 필요가 있다고 인정하는 때에는 그 필요한 한도 안에서 보행자나 차마의 통행을 일시 금지하거나 제한할 수 있다.

④ 지방경찰청장이 제1항의 금지 또는 제한을 한 때에는 그 도로의 관리청에 그 사실을 알려야 한다. 〈개정 1991. 5. 31〉

⑤ 지방경찰청장 또는 경찰서장이 제1항 또는 제2항의 금지 또는 제한을 할 때에는 행정자치부령이 정하는 바에 의하여 그 사실을 공고하여야 한다. 〈개정 1991. 5. 31, 1999. 1. 29〉

제7조【혼잡완화를 위한 조치】 경찰공무원은 보행자나 차마의 통행이 밀리어서 교통상의 혼잡이 뚜렷하게 염려되는 때에는 그 혼잡을 덜기 위하여 필요한 조치를 할 수 있다.

제2장 보행자의 통행방법

제8조【보행자】 ① 보행자는 보도와 차도가 구분된 도로에서는 차도를 횡단하는 때, 도로공사 등으로 보도의 통행이 금지된 때, 그 밖의 부득이한 경우를 제외하고는 언제나 보도를 통행하여야 한다.

② 보행자는 보도와 차도가 구분되지 아니한 도로에서는 도로의 좌측 또는 길가장자리구역을 통행하여야 한다.

제9조【행렬 등의 통행】 ① 학생의 대열과 그 밖에 보행자의 통행에 지장을 줄 염려가 있다고 인정하여 대통령령이 정하는 사람이나 행렬은 제8조의 규정에 불구하고 차도를 통행할 수 있다. 이 경우 그 차도의 우측을 통행하여야 한다.

② 사회적으로 중요한 행사에 따른 시가행진인 경우에는 도로의 중앙을 통행할 수 있다.

제10조【도로의 횡단】 ① 지방경찰청장은 도로를 횡단하는 보행자의 안전을 위하여 행정자치부령이 정하는 기준에 의하여 횡단보도를 설치할 수 있다. 〈개정 1991. 5. 31, 1995. 1. 5, 1999. 1. 29〉

② 보행자는 지하도·육교, 그 밖의 도로횡단시설이나 제1항의 규정에 의한 횡단보도가 설치되어 있는 도로에서는 그곳으로 횡단하여야 한다. 다만 지하도·육교 등 도로횡단시설을 이용할 수 없는 지체장애인의 경우에는 다른 교통에 방해되지 아니하는 방법으로 도로횡단시설을 이용하지 아니하고 도로를 횡단할 수 있다. 〈개정 1995. 1. 5〉

③ 보행자는 제1항의 횡단보도가 설치되어 있지 아니한 도로에서는 가장 짧은 거리로 횡단하여야 한다.

④ 보행자는 횡단보도를 횡단하거나 신호기 또는 경찰공무원 등의 신호 또는 지시에 따라 도로를 횡단하는 경우를 제외하고는 모든 차의 바로 앞이나 뒤로 횡단하여서는 아니된다.

⑤ 보행자는 안전표지 등에 의하여 횡단이 금지되어 있는 도로의 부분에서는 그 도로를 횡단하여서는 아니된다.

제11조【맹인 및 어린이 등의 보호】 ① 교통이 빈번한 도로에서 어린이의 보호자는 그 어린이를 놀게 하여서는 아니되며, 유아(6세 미만의 사람을 말한다. 이하 같다)의 보호자는 그 유아만을 보행하게 하여서는 아니된다. 〈개정 1997. 8. 30〉

② 앞을 보지 못하는 사람(이에 준하는 사람을 포함한다. 이하 같다)이 도로를 보행하는 때에는 흰색 지팡이를 가지고 다녀야 한다.

③ 제1항에서 규정한 도로 외의 도로에서 어린이가 행정자치부령이 정하는 위험성이 큰 움직이는 놀이기구를 탈 때에는 어린이의 보호자는 어린이의 안전을 보호하기 위하여 행정자치부령이 정하는 인명보호장구를 착용하도록 하여야 한다. 〈신설 2001. 1. 26〉

④ 경찰공무원은 교통이 빈번한 도로에서 놀고 있는 어린이, 보호자 없이 도로를 보행하

는 유아 또는 흰색 지팡이를 가지고 다니지 아니하는 앞을 보지 못하는 사람을 발견한 때에는 그 어린이·유아 또는 앞을 보지 못하는 사람의 안전을 위한 적절한 조치를 하여야 한다.

제11조의2【어린이보호구역의 지정 및 관리】 ① 시장 등은 교통사고의 위험으로부터 어린이를 보호하기 위하여 필요하다고 인정하는 때에는 유치원 및 초등학교의 주변도로 중 일정구간을 어린이보호구역으로 지정하여 차의 통행을 제한하거나 금지하는 등 필요한 조치를 할 수 있다. 〈개정 1995. 12. 29, 1997. 8. 30〉

② 제1항의 규정에 의한 어린이 보호구역의 지정절차 및 기준 등에 관하여 필요한 사항은 교육인적자원부·행정자치부·건설교통부의 공동부령으로 정한다. 〈개정 1997. 8. 30, 1999. 1. 29, 2001. 1. 29〉

③ 차마의 운전자는 어린이보호구역에서 제1항의 규정에 의한 조치를 준수하고 어린이의 안전에 유의하면서 운행하여야 한다. 〈개정 1997. 8. 30〉 [본조 신설 1995. 1. 5]

제3장 거마의 통행방법

제12조【통행구분】 ① 차마는 보도와 차도가 구분된 도로에서는 차도를 통행하여야 한다. 다만 도로 외의 곳에 출입하는 때에는 보도를 횡단할 수 있다.

② 제1항 단서의 경우에 있어서 차마는 보도를 횡단하기 직전에 일시 정지하여 보행자의 통행을 방해하지 아니하도록 하여야 한다. 〈개정 1999. 1. 29〉

③ 차마는 도로(보도와 차도가 구분된 도로에서는 차도)의 중앙(중앙선이 설치되어 있는 경우에는 그 중앙선을 말한다. 이하 같다)으로부터 우측 부분을 통행하여야 한다. 〈개정 1995. 1. 5〉

④ 차마는 다음 각 호의 1에 해당하는 경우에는 제3항의 규정에 불구하고 도로의 중앙이나 좌측 부분을 통행할 수 있다. 〈개정 1991. 5. 31〉

1. 도로가 일방통행으로 된 때

2. 도로의 파손, 도로공사, 그 밖의 장애 등으로 그 도로의 우측 부분을 통행할 수 없는 때

3. 도로의 우측 부분의 폭이 6미터가 되지 아니하는 도로에서 다른 차를 앞지르고자 하는 때. 다만 그 도로의 좌측 부분을 확인할 수 있으며 반대방향의 교통을 방해할 염려가 없고 안전표지 등으로 앞지르기가 금지 또는 제한되지 아니한 경우에 한한다.

4. 도로의 우측 부분의 폭이 그 차마의 통행에 충분하지 아니한 때

5. 가파른 비탈길의 구부러진 곳에서 교통의 위험을 방지하기 위하여 지방경찰청장이 필요하다고 인정하여 구간 및 통행방법을 지정하고 있는 경우에 그 지정에 따라 통행하

는 때

⑤ 차마는 안전지대 등 안전표지에 의하여 진입이 금지된 장소에 들어가서는 아니된다. 〈개정 1995. 1. 5〉

⑥ 자전거도로가 따로 있는 곳에서는 자전거는 그 도로로 통행하여야 한다.

제13조【거로의 설치 등】 ① 지방경찰청장은 차마의 교통을 원활하게 하기 위하여 필요한 때에는 도로에 행정자치부령이 정하는 차로를 설치할 수 있다. 이 경우 시간대에 따라 양 방향의 통행량이 현저하게 다른 도로에는 교통량이 많은 쪽으로 차로의 수가 확대될 수 있도록 신호기에 의하여 차로의 진행방향을 지시하는 가변차로를 설치할 수 있다. 〈개정 1995. 1. 5, 1999. 1. 29〉

② 차마는 차로가 설치되어 있는 도로에서는 이 법 또는 이 법에 의한 명령에 특별한 규정이 있는 경우를 제외하고는 그 차로에 따라 통행하여야 한다. 다만 지방경찰청장이 통행방법을 따로 지정한 때에는 그 지정한 바에 따라 통행하여야 한다. 〈개정 1991. 5. 31, 1995. 1. 5〉

③ 차로가 설치된 도로를 통행하고자 하는 경우로서 차의 너비가 행정자치부령이 정하는 차로의 너비보다 넓어 교통의 안전이나 원활한 소통에 지장을 줄 우려가 있는 경우에는 당해 차의 운전자는 그 도로를 통행하여서는 아니된다. 다만 행정자치부령이 정하는 바에 의하여 출발지를 관할하는 경찰서장의 허가를 받은 경우에는 그러하지 아니하다. 〈신설 1995. 1. 5, 1999. 1. 29〉

④ 차마는 안전표지로써 특별히 진로변경이 금지된 곳에서는 진로를 변경하여서는 아니된다. 다만 도로의 파손, 도로공사 등으로 인하여 장애물이 있는 때에는 그러하지 아니하다.

제13조의2【전용차로의 설치】 ① 시장 등은 원활한 교통을 확보하기 위하여 특히 필요한 때에는 지방경찰청장 또는 경찰서장과 협의하여 도로에 전용차로(차의 종류 또는 승차인원에 따라 지정된 차만 통행할 수 있는 차로를 말한다. 이하 같다)를 설치할 수 있다.

② 전용차로의 종류 · 통행할 수 있는 차, 그 밖에 전용차로의 운영에 관하여 필요한 사항은 대통령령으로 정한다.

③ 제2항의 규정에 의하여 전용차로로 통행할 수 있는 차가 아닌 차는 당해 전용차로로 통행하여서는 아니된다. 다만 대통령령이 정하는 경우에는 그러하지 아니하다.

[전문개정 1997. 8. 30]

제14조【통행의 우선순위】 ① 차마 서로간의 통행의 우선순위는 다음 순서에 의한다.

1. 긴급자동차

2. 긴급자동차 외의 자동차

3. 원동기장치자전거

4. 자동차 및 원동기장치자전거 외의 차마

② 제1항 제2호에서 규정한 긴급자동차 외의 자동차 서로간의 통행의 우선순위는 제15조 제1항의 규정에 의하여 행정자치부령이 정하는 최고속도의 순서에 따른다.
〈개정 1999. 1. 29〉

③ 제1항의 규정에 의한 통행의 우선순위에 관하여 필요한 사항은 대통령령으로 정한다.

제15조【자동차 등의 속도】 ① 자동차와 원동기장치자전거(이하 "자동차 등"이라 한다)가 도로를 통행하는 경우의 속도는 행정자치부령으로 정한다. 〈개정 1999. 1. 29〉

② 지방경찰청장은 도로에서의 위험을 방지하고 교통의 안전과 원활한 소통을 확보하기 위하여 필요하다고 인정하는 때에는 구역 또는 구간을 지정하여 제1항의 규정에 의하여 정한 속도를 제한할 수 있다. 〈개정 1991. 5. 31〉

③ 자동차 등의 운전자는 제1항 및 제2항의 규정에 의한 최고속도를 초과하거나 최저속도에 미달하여 운전하여서는 아니된다.

제16조【횡단 등의 금지】 ① 차마는 보행자나 다른 차마의 정상적인 통행을 방해할 염려가 있는 때에는 도로를 횡단하거나 유턴 또는 후진하여서는 아니된다. 〈개정 1995. 1. 5〉

② 지방경찰청장은 도로에서의 위험을 방지하고 교통의 안전과 원활한 소통을 확보하기 위하여 특히 필요하다고 인정하는 때에는 도로의 구간을 지정하여 차마의 횡단이나 유턴 또는 후진을 금지할 수 있다. 〈개정 1991. 5. 31, 1995. 1. 5〉

③ 차마는 길가의 건물이나 주차장 등에서 도로에 들어가려고 하는 때에는 일단 정지한 후에 안전 여부를 확인하면서 서행하여야 한다.

제17조【안전거리확보】 ① 모든 차는 같은 방향으로 가고 있는 앞차의 뒤를 따르는 때에는 앞차가 갑자기 정지하게 되는 경우에 그 앞차와의 충돌을 피할 만한 필요한 거리를 확보하여야 한다.

② 삭제 〈1995. 1. 5〉

③ 삭제 〈1995. 1. 5〉

제17조의2【진로변경 금지】 모든 차의 운전자는 진로를 변경하고자 하는 경우에 그 변경하고자 하는 방향으로 오고 있는 모든 차의 정상적인 통행에 장애를 줄 우려가 있을 때에는 진로를 변경하여서는 아니된다. [본조 신설 1995. 1. 5]

제17조의3【급제동 금지】 모든 차의 운전자는 위험방지를 위한 경우와 그 밖의 부득이한 경우가 아니면 운전하는 차를 갑자기 정지시키거나 속도를 줄이는 등의 급제동을 하여서는 아니된다. [본조 신설 1995. 1. 5]

제18조【진로양보의무】 ① 긴급자동차를 제외한 모든 차는 통행구분이 설치된 도로의 경우를 제외하고는 제14조의 규정에 의한 통행의 우선순위상 앞순위의 차가 뒤를 따라 오는 때에는 도로의 우측 가장자리로 피하여 진로를 양보하여야 한다.

② 통행의 우선순위가 같거나 뒷순위인 차가 뒤에서 따라오는 때에 그 따라오는 차보다

계속하여 느린 속도로 가고자 하는 경우에도 도로의 우측 가장자리로 피하여 진로를 양보하여야 한다.

제19조 【앞지르기 방법】 ① 모든 차는 다른 차를 앞지르고자 하는 때에는 앞차의 좌측을 통행하여야 한다.

② 제1항의 경우 앞지르고자 하는 모든 차는 반대방향의 교통 및 앞차의 전방교통에도 충분한 주의를 기울여야 하며, 앞차의 속도나 진로, 그 밖의 도로상황에 따라 방향지시기·등화 또는 경음기를 사용하는 등 안전한 속도와 방법으로 앞지르기를 하여야 한다. 〈개정 1995. 1. 5〉

제19조의2 【앞지르기의 방해금지】 모든 차의 운전자는 앞지르기를 하려는 차가 제19조 또는 제56조 제2항의 규정에 의한 방법으로 앞지르기를 하는 때에는 속도를 높여 경쟁하거나 앞지르기를 하는 차의 앞을 가로막는 등 앞지르기를 방해하여서는 아니된다. 〈개정 1997. 8. 30〉 [본조 신설 1995. 1. 5]

제20조 【앞지르기 금지시기】 ① 앞차의 좌측에 다른 차가 앞차와 나란히 가고 있는 때에는 그 앞차를 앞지르지 못한다.

② 뒤차는 앞차가 다른 차를 앞지르고 있거나 앞지르고자 하는 때에는 그 앞차를 앞지르지 못한다.

③ 삭제 〈1995. 1. 5〉

④ 모든 차의 운전자는 이 법이나 이 법에 의한 명령 또는 경찰공무원의 지시를 따르거나 위험을 방지하기 위하여 정지 또는 서행하고 있는 다른 차를 앞지르지 못한다.

〈개정 1995. 1. 5〉

제20조의2 【앞지르기 금지장소】 모든 차의 운전자는 다음 각 호의 1에 해당하는 곳에서는 다른 차를 앞지르지 못한다.

1. 교차로·터널 안 또는 다리 위

2. 도로의 구부러진 곳

3. 비탈길의 고갯마루 부근 또는 가파른 비탈길의 내리막

4. 지방경찰청장이 도로에서의 위험을 방지하고 교통의 안전과 원활한 소통을 확보하기 위하여 필요하다고 인정하여 안전표지에 의하여 지정한 곳 [본조 신설 1995. 1. 5]

제20조의3 【끼어 들기의 금지】 모든 차의 운전자는 이 법이나 이 법에 의한 명령 또는 경찰공무원의 지시에 따르거나 위험방지를 위하여 정지 또는 서행하고 있는 다른 차 앞에 끼어 들지 못한다. [본조 신설 1995. 1. 5]

제21조 【철길건널목 통과】 ① 모든 차는 철길건널목(이하 "건널목"이라 한다)을 통과하고자 하는 때에는 그 건널목 앞에서 일시 정지하여 안전함을 확인한 후에 통과하여야 한다. 다만 신호기 등이 표시하는 신호에 따르는 때에는 정지하지 아니하고 통과할 수 있다.

〈개정 1995. 1. 5〉

② 모든 차가 건널목을 통과하고자 하는 때에 그 건널목의 차단기가 내려져 있거나 내려지려고 하는 때 또는 건널목의 경보기가 울리고 있는 동안에는 그 건널목으로 들어가서는 아니된다.

③ 모든 차의 운전자는 건널목을 통과하다가 고장 등의 사유로 인하여 건널목 안에서 차를 운행할 수 없게 된 때에는 즉시 승객을 대피시키고, 비상신호기 등을 사용하거나 그 밖의 방법으로 이를 철도공무원 또는 경찰공무원에게 알려야 한다. 〈신설 1995. 1. 5〉

제22조【교차로통행방법】 ① 모든 차는 교차로에서 우회전하려는 때에는 미리 도로의 우측 가장자리를, 좌회전하려는 때에는 미리 도로의 중앙선을 따라 교차로의 중심 안쪽을 각각 서행하여야 한다. 다만 좌회전하는 경우 지방경찰청장이 교차로의 상황에 따라 특히 필요하다고 인정하여 지정한 곳에서는 교차로의 중심 바깥쪽을 통과하여야 한다. 〈개정 1991. 5. 31, 1995. 1. 5〉

② 제1항의 규정에 의하여 좌회전 또는 우회전하기 위하여 손이나 방향지시기 또는 등화로써 신호를 하는 차가 있는 때에는 그 뒤차는 신호를 한 앞차의 진행을 방해하여서는 아니된다. 〈개정 1995. 1. 5〉

③ 신호기에 의하여 교통정리가 행하여지고 있는 교차로에 들어가려는 모든 차는 진행하고자 하는 진로의 앞쪽에 있는 차의 상황에 따라 교차로(정지선이 설치되어 있는 경우에는 그 정지선을 넘은 부분)에 정지하게 되어 다른 차의 통행에 방해가 될 우려가 있는 경우에는 그 교차로에 들어가서는 아니된다. 〈신설 1992. 12. 8〉

④ 교통정리가 행하여지고 있지 아니하는 교차로에 들어가려는 모든 차는 다른 도로로부터 이미 그 교차로에 들어가고 있는 차가 있는 때에는 그 차의 진행을 방해하여서는 아니된다.

⑤ 제4항의 경우 우선순위가 같은 차가 동시에 교차로에 들어가려고 하는 때에는 우측 도로의 차에 진로를 양보하여야 한다. 〈개정 1992. 12. 8〉

⑥ 교통정리가 행하여지고 있지 아니하는 교차로에 들어가려는 모든 차는 그 차가 통행하고 있는 도로의 폭보다 교차하는 도로의 폭이 넓은 경우에는 서행하여야 하며, 폭이 넓은 도로로부터 그 교차로에 들어가려고 하는 다른 차가 있는 때에는 그 차에게 진로를 양보하여야 한다.

⑦ 제6항의 경우 폭이 넓은 도로를 통행하는 차에 대하여는 제5항의 규정을 적용하지 아니한다. 〈개정 1992. 12. 8〉

⑧ 교통정리가 행하여지고 있지 아니하고 일시 정지 또는 양보를 표시하는 안전표지가 설치되어 있는 교차로에 들어가려는 모든 차는 제4항 내지 제6항의 규정에 불구하고 일시 정지하거나 양보하여 다른 차의 진행을 방해하여서는 아니된다. 〈신설 1997. 8. 30〉

제23조【직진 및 우회전 차 등의 우선】 ① 모든 차의 운전자는 교차로에서 좌회전하려는 경우에 그 교차로에 진입하여 직진하거나 우회전하려는 다른 차가 있는 때에는 제22조 제4항의 규정에 불구하고 그 차의 진행을 방해하여서는 아니된다.

② 교차로에서 직진하려고 하거나 우회전하려는 차의 운전자는 이미 그 교차로에 진입하여 좌회전하고 있는 다른 차가 있는 때에는 그 차의 진행을 방해하여서는 아니된다. [전문개정 1995. 1. 5]

제24조【보행자의 보호】 ① 모든 차의 운전자는 보행자가 횡단보도를 통행하고 있는 때에는 그 횡단보도 앞(정지선이 설치되어 있는 곳에서는 그 정지선을 말한다)에서 일시 정지하여 보행자의 횡단을 방해하거나 위험을 주어서는 아니된다.

② 모든 차의 운전자는 교통정리가 행하여지고 있는 교차로에서 좌회전 또는 우회전하려는 경우에 신호기 또는 경찰공무원 등의 신호나 지시에 따라 도로를 횡단하는 보행자의 통행을 방해하여서는 아니된다.

③ 모든 차의 운전자는 교통정리가 행하여지고 있지 아니하는 교차로 또는 그 부근의 도로를 횡단하는 보행자의 통행을 방해하여서는 아니된다.

④ 모든 차의 운전자는 도로에 설치된 안전지대에 보행자가 있을 때와 차로가 설치되지 아니한 좁은 도로에서 보행자의 옆을 지나는 때에는 안전한 거리를 두고 서행하여야 한다.

⑤ 모든 차의 운전자는 보행자가 제10조 제3항의 규정에 의하여 도로를 횡단하고 있는 때에는 안전거리를 두고 일시정지하여 보행자로 하여금 안전하게 횡단할 수 있도록 하여야 한다. 〈신설 1997. 8. 30, 2001. 1. 26〉 [전문개정 1995. 1. 5]

제24조의2【보행자전용도로의 설치】 ① 지방경찰청장 또는 경찰서장은 보행자의 통행을 보호하기 위하여 특히 필요한 때에는 도로에 보행자전용도로를 설치할 수 있다.

② 차마는 제1항의 규정에 의한 보행자전용도로를 통행하여서는 아니된다. 다만 지방경찰청장 또는 경찰서장은 특히 필요하다고 인정하는 때에는 보행자전용도로에 차마의 통행을 허용할 수 있다.

③ 제2항 단서의 규정에 의하여 보행자전용도로의 통행이 허용된 차마의 운전자는 보행자를 위험하게 하거나 보행자의 통행을 방해하지 않도록 보행자의 걸음걸이속도로 운행하거나 일시 정지하여야 한다. [본조 신설 1997. 8. 30]

제25조【긴급자동차의 우선】 ① 긴급자동차는 제12조 제4항에서 규정한 경우 외에도 긴급하고 부득이한 때에는 제12조 제3항의 규정에 불구하고 도로의 좌측 부분을 통행할 수 있다.

② 긴급자동차는 이 법 또는 이 법에 의한 명령의 규정에 의하여 정지하여야 할 경우에도 불구하고 정지하지 아니할 수 있다.

③ 제1항 또는 제2항의 경우에 긴급자동차의 운전자는 교통의 안전에 특히 주의하면서

통행하여야 한다. 〈신설 1995. 1. 5〉

④ 교차로 또는 그 부근에서 긴급자동차가 접근한 때에는 모든 차는 교차로를 피하여 도로의 우측 가장자리에 일시 정지하여야 한다. 다만 일방통행으로 된 도로에서 우측 가장자리로 피하여 정지하는 것이 긴급자동차의 통행에 지장이 있는 때에는 좌측 가장자리로 피하여 정지할 수 있다.

⑤ 제4항 외의 곳에서 긴급자동차가 접근한 때에는 모든 차는 도로의 우측 가장자리로 피하여 진로를 양보하여야 한다. 다만 일방통행으로 된 도로에서 우측 가장자리로 피하는 것이 긴급자동차의 통행에 지장이 있는 때에는 좌측 가장자리로 피하여 양보할 수 있다. 〈개정 1995. 1. 5〉

제26조【긴급자동차에 대한 특례】 긴급자동차에 대하여는 제15조 및 제20조 내지 제20조의3의 규정을 적용하지 아니한다. 다만 제15조의 규정에 의하여 긴급자동차의 속도를 따로 정한 경우에는 제15조의 규정을 적용한다. 〈개정 1997. 8. 30〉

제27조【서행할 장소】 ① 모든 차의 운전자는 다음 각 호의 1에 해당하는 곳에서는 서행하여야 한다. 〈개정 1991. 5. 31, 1995. 1. 5〉

1. 교통정리가 행하여지고 있지 아니하는 교차로
2. 도로가 구부러진 부근
3. 비탈길의 고갯마루 부근
4. 가파른 비탈길의 내리막
5. 지방경찰청장이 도로에서의 위험을 방지하고 교통의 안전과 원활한 소통을 확보하기 위하여 필요하다고 인정하여 안전표지에 의하여 지정한 곳

② 삭제 〈1995. 1. 5〉

제27조의2【일시 정지할 장소】 모든 차의 운전자는 다음 각 호의 1에 해당하는 곳에서는 일시 정지하여야 한다.

1. 교통정리가 행하여지고 있지 아니하고 좌우를 확인할 수 없거나 교통이 빈번한 교차로
2. 지방경찰청장이 도로에서의 위험을 방지하고 교통의 안전과 원활한 소통을 확보하기 위하여 필요하다고 인정하여 안전표지에 의하여 지정한 곳 [본조 신설 1995. 1. 5]

제28조【정거 및 주거의 금지】 모든 차는 다음 각 호의 1에 해당하는 곳에서는 이 법과 이 법에 의한 명령 또는 경찰공무원의 지시에 의한 경우와 위험 방지를 위하여 일시 정지하는 경우를 제외하고는 정차하거나 주차하여서는 아니된다. 다만 버스여객자동차가 그 운행 노선에 따르는 정류소에서 승객을 태우거나 내리기 위하여 정차하거나 주차하는 때에는 그러하지 아니하다. 〈개정 1991. 5. 31, 1991. 12. 14, 1997. 8. 30〉

1. 교차로 · 횡단보도 · 차도와 보도가 구분된 도로의 보도 또는 건널목. 다만 차도와 보도에 걸쳐 설치된 주차장법에 의한 노상주차장에 주차하는 경우를 제외한다.

2. 교차로의 가장자리 또는 도로의 모퉁이로부터 5미터 이내의 곳

3. 안전지대가 설치된 도로에서는 그 안전지대의 사방으로부터 각각 10미터 이내의 곳

4. 버스여객자동차의 정류를 표시하는 기둥이나 판 또는 선이 설치된 곳으로부터 10미터 이내의 곳. 다만 그 버스여객자동차의 운행시간중에 한한다.

5. 건널목의 가장자리 또는 횡단보도로부터 10미터 이내의 곳

6. 지방경찰청장이 도로에서의 위험을 방지하고 교통의 안전과 원활한 소통을 확보하기 위하여 필요하다고 인정하여 지정한 곳

제29조【주거금지 장소】 모든 차는 다음 각 호의 1에 해당하는 곳에서 주차하여서는 아니된다. 〈개정 1991. 5. 31〉

1. 소방용 기계기구가 설치된 곳으로부터 5미터 이내의 곳

2. 소방용 방화물통으로부터 5미터 이내의 곳

3. 소화전 또는 소화용 방화물통의 흡수구나 흡수관을 넣는 구멍으로부터 5미터 이내의 곳

4. 화재경보기로부터 3미터 이내의 곳

5. 터널 안 및 다리 위

6. 도로공사를 하고 있는 경우에는 그 공사구역의 양쪽 가장자리로부터 5미터 이내의 곳

7. 지방경찰청장이 도로에서의 위험을 방지하고 교통의 안전과 원활한 소통을 확보하기 위하여 필요하다고 인정하여 지정한 곳

제30조【정거·주거의 방법 및 시간의 제한】 모든 차의 도로에서의 정차나 주차의 방법과 시간의 제한 또는 노상주차장에서의 정차나 주차의 금지 등에 관하여 필요한 사항은 대통령령으로 정한다.

제31조【정거·주거위반에 대한 조치】 ① 제28조 내지 제30조의 규정을 위반하여 정차하거나 주차하고 있는 차가 교통에 위험하거나 방해될 염려가 있는 때에는 경찰공무원 또는 시장 등이 대통령령이 정하는 바에 의하여 임명하는 공무원(이하 "시·군공무원"이라 한다)은 그 차의 운전자 또는 관리책임이 있는 사람에 대하여 정차나 주차방법의 변경 또는 그곳으로부터의 이동을 명할 수 있다. 〈개정 1990. 8. 1, 1997. 8. 30〉

② 제1항의 경우 그 차의 운전자 또는 관리책임이 있는 사람이 현장에 없는 때에는 경찰서장 또는 시장 등은 도로에서의 위험을 방지하고 교통의 안전과 원활한 소통을 확보하기 위하여 필요한 한도 안에서 그 차의 주차방법을 스스로 변경하거나 변경에 필요한 조치를 할 수 있으며, 부득이한 경우에는 관할경찰서 또는 경찰서장이나 시장 등이 지정하는 곳으로 이동하게 할 수 있다. 〈개정 1990. 8. 1, 1997. 8. 30〉

③ 경찰서장 또는 시장 등은 제2항의 규정에 의하여 주차위반차를 관할경찰서 또는 경찰서장이나 시장 등이 지정하는 곳으로 이동시킨 경우에는 선량한 관리자의 주의로써 보관하여야 하며 그 사실을 차의 사용자(소유자 또는 그 소유자로부터 차의 관리에 관한 위탁을 받

은 사람을 말한다. 이하 같다) 또는 운전자에게 신속히 알리는 등 반환에 필요한 조치를 하여야 한다. 〈개정 1990. 8. 1〉

④ 제3항의 경우 차의 사용자 또는 운전자의 성명·주소를 알 수 없는 때에는 대통령령이 정하는 방법에 따라 공고하여야 한다.

⑤ 경찰서장 또는 시장 등은 제3항 및 제4항의 규정에 의하여 반환에 필요한 조치 또는 공고를 하였음에도 불구하고 그 차의 사용자 또는 운전자가 그로부터 1월이 지나도 반환을 요구하지 아니한 때에는 대통령령이 정하는 바에 의하여 그 차를 매각 또는 폐차할 수 있다. 〈신설 1992. 12. 8〉

⑥ 제2항 내지 제5항의 규정에 의한 주차위반차의 이동·보관·공고·매각 또는 폐차 등에 소요된 비용은 그 차의 사용자의 부담으로 하고, 그 비용의 징수에 관하여는 행정대집행법 제5조와 제6조의 규정을 적용한다. 〈개정 1992. 12. 8〉

⑦ 제5항의 규정에 의하여 차를 매각 또는 폐차한 경우 그 차의 이동·보관·공고·매각 또는 폐차 등에 소요된 비용을 충당하고 잔액이 있는 때에는 이를 그 차의 사용자에게 지급하여야 한다. 다만 그 차의 사용자에게 지급할 수 없는 경우에는 공탁법에 의하여 이를 공탁하여야 한다. 〈신설 1992. 12. 8〉

제31조의2 【거의 견인 및 보관업무 등의 대행】 ① 경찰서장 또는 시장 등은 제31조의 규정에 의하여 견인하도록 한 차의 견인·보관 및 반환업무의 전부 또는 일부를 필요한 인력·시설·장비 등 자격요건을 갖춘 법인·단체 또는 개인(이하 "법인 등"이라 한다)으로 하여금 대행하게 할 수 있다. 〈개정 1995. 1. 5〉

② 경찰서장 또는 시장 등은 제1항의 규정에 의하여 차의 견인·보관 및 반환업무를 대행하게 하는 경우에는 당해 업무의 수행에 관하여 필요한 조치와 교육을 명할 수 있다. 〈개정 1995. 1. 5〉

③ 제1항의 규정에 의하여 차의 견인·보관 및 반환업무를 대행하는 법인 등이 갖추어야 할 인력·시설·장비 등 자격요건, 그 밖의 필요한 사항은 대통령령으로 정한다. 〈개정 1995. 1. 5〉

④ 제1항의 규정에 의하여 차의 견인·보관 및 반환업무를 대행하는 법인 등의 담당 임원 및 직원은 형법 제129조 내지 제132조의 적용에 있어서 이를 공무원으로 본다. 〈개정 1995. 1. 5〉[본조 신설 1990. 8. 1]

제32조 【거의 등화】 ① 모든 차가 밤(해가 진 후부터 해가 뜨기 전까지를 말한다. 이하 같다)에 도로에 있는 때에는 대통령령이 정하는 바에 의하여 전조등·차폭등·미등, 그 밖의 등화를 켜야 한다.

② 모든 차가 밤에 서로 마주보고 진행하거나 앞차의 바로 뒤를 따라가는 경우에 운전자는 대통령령이 정하는 바에 의하여 등화의 밝기를 줄이든가 또는 일시 등화를 끄는 등의 필

요한 조작을 하여야 한다.

제33조【거의 신호】 ① 모든 차의 운전자는 좌회전 · 우회전 · 횡단 · 유턴 · 서행 · 정지 또는 후진을 하거나 같은 방향으로 진행하면서 진로를 바꾸려고 하는 때에는 손이나 방향지시기 또는 등화로써 그 행위가 끝날 때까지 신호를 하여야 한다. 〈개정 1995. 1. 5〉

② 제1항의 신호를 하는 시기 및 방법은 대통령령으로 정한다.

제34조 삭제 〈1999. 1. 29〉

제35조【승거 또는 적재의 방법과 제한】 ① 모든 차의 운전자는 승차인원, 적재중량 및 적재용량에 관하여 대통령령이 정하는 운행상의 안전기준을 넘어서 승차시키거나 적재하고 운전하여서는 아니된다. 다만 출발지를 관할하는 경찰서장의 허가를 받은 때에는 그러하지 아니하다.

② 모든 차의 운전자는 운전중 타고 있는 사람 또는 타고 내리는 사람이 떨어지지 아니하도록 하기 위하여 문을 정확히 여닫는 등 필요한 조치를 하여야 한다. 〈신설 1995. 1. 5〉

③ 모든 차의 운전자는 운전중 실은 화물이 떨어지지 아니하도록 덮개를 씌우거나 묶는 등 확실하게 고정될 수 있도록 필요한 조치를 하여야 한다. 〈신설 1995. 1. 5〉

④ 모든 차의 운전자는 유아나 동물을 안고 운전장치를 조작하거나 운전석 주위에 물건을 싣는 등 안전에 지장을 줄 우려가 있는 상태로 운전하여서는 아니된다. 〈신설 1995. 1. 5〉

⑤ 지방경찰청장은 도로에서의 위험을 방지하고 교통의 안전과 원활한 소통을 확보하기 위하여 필요하다고 인정하는 때에는 차의 운전자에 대하여 승차인원이나 적재중량 또는 적재용량을 제한할 수 있다. 〈개정 1991. 5. 31〉

제36조 삭제 〈1999. 1. 29〉

제37조【정비불량거의 운전금지】 모든 차의 사용자, 정비책임자 또는 운전자는 자동차관리법 · 건설기계관리법 또는 그에 의한 명령에 따른 장치가 정비되어 있지 아니한 차(이하 "정비불량차"라 한다)를 운전시키거나 운전하여서는 아니된다. 〈개정 1986. 12. 31, 1992. 12. 8, 1993. 6. 11, 1997. 8. 30〉

제38조【자동차 등의 점검】 ① 경찰공무원은 정비불량차에 해당된다고 인정되는 차가 운전되고 있는 때에는 우선 그 차를 정지시키고, 그 운전자에 대하여 그 차의 등록증 또는 운전면허증의 제시를 요구하고 그 차의 장치를 점검할 수 있다. 〈개정 1997. 8. 30〉

② 경찰공무원은 제1항의 점검에 있어서 정비불량사항이 발견된 때에는 정비불량상태의 경중에 따라 그 차의 운전자로 하여금 응급조치를 하게 한 후에 운전을 하게 하거나 도로 또는 교통상황을 참작하여 구간과 통행로 및 위험방지를 위한 필요한 조건을 정한 뒤에 운전을 계속하게 할 수 있다. 다만 정비상태가 매우 불량하여 위험발생의 염려가 있는 때에는 그 차의 등록증을 보관하고 운전의 일시 정지를 명할 수 있다. 〈개정 1997. 8. 30〉

③ 지방경찰청장은 제2항 단서의 경우에 필요한 정비기간을 정하여 그 차의 사용을 정지시킬 수 있다. 다만 그 기간은 10일을 초과할 수 없다. 〈개정 1991. 5. 31〉

④ 제1항 내지 제3항의 규정에 의한 점검 및 정지에 관하여 필요한 사항은 대통령령으로 정한다.

제38조의2 삭제 〈1999. 1. 29〉

제39조【유사표지의 제한 및 운행금지】 ① 누구든지 자동차 등에 교통단속용 자동차·범죄수사용 자동차, 그 밖의 긴급자동차와 유사하거나 혐오감을 주는 도장이나 표지 등을 하거나, 이러한 자동차 등을 운전하여서는 아니된다.

② 제1항의 규정에 의한 도장이나 표지 등의 범위는 대통령령으로 정한다. [전문개정 1995. 1. 5]

제4장 운전자 및 고용주 등의 의무

제40조【무면허운전 등의 금지】 ① 누구든지 제68조의 규정에 의하여 지방경찰청장의 운전면허를 받지 아니하고(운전면허의 효력이 정지된 경우를 포함한다) 자동차 등을 운전하여서는 아니된다. 〈개정 1991. 5. 31, 1995. 1. 5〉

② 제70조 제2항 각 호의 1에 해당하는 사람으로서 당해 각 호의 1의 규정에 의한 기간이 지나지 아니한 사람은 외국에서 다음 각 호의 1에 해당하는 협약의 규정에 의한 운전면허증(이하 "국제운전면허증"이라 한다)을 발급받은 경우에도 자동차등을 운전하여서는 아니된다. 〈개정 2001. 12. 31〉

1. 1949년 제네바에서 체결된 도로교통에 관한 협약(이하 "국제협약"이라 한다)

2. 1968년 비엔나에서 체결된 도로교통에 관한 협약

③ 삭제 〈1999. 1. 29〉

제41조【주취중 운전금지】 ① 누구든지 술에 취한 상태에서 자동차 등(건설기계관리법 제26조 제1항 단서의 규정에 의한 건설기계외의 건설기계를 포함한다. 이하 이 조·제42조·제43조 및 제107조의2에서 같다)을 운전하여서는 아니된다. 〈개정 1997. 8. 30〉

② 경찰공무원은 교통안전과 위험방지를 위하여 필요하다고 인정하거나 제1항의 규정에 위반하여 술에 취한 상태에서 자동차 등을 운전하였다고 인정할 만한 상당한 이유가 있는 때에는 운전자가 술에 취하였는지의 여부를 측정할 수 있으며, 운전자는 이러한 경찰공무원의 측정에 응하여야 한다. 〈개정 1995. 1. 5〉

③ 제2항의 규정에 의하여 술에 취하였는지의 여부를 측정한 결과에 불복하는 운전자에

대하여는 그 운전자의 동의를 얻어 혈액채취 등의 방법으로 다시 측정할 수 있다. 〈신설 1995. 1. 5〉

④ 제1항의 규정에 의하여 운전이 금지되는 술에 취한 상태의 기준은 대통령령으로 정한다.

제42조【과로한 때 등의 운전금지】 자동차 등의 운전자는 제41조의 규정에 의한 경우 외에 과로·질병·약물(마약·대마·향정신성 의약품, 그 밖의 행정자치부령이 정하는 것을 말한다. 이하 같다)의 영향, 그 밖의 사유로 인하여 정상적으로 운전하지 못할 염려가 있는 상태에서 자동차 등을 운전하여서는 아니된다. 〈개정 1999. 1. 29〉

제42조의2【공동위험행위의 금지】 자동차 등의 운전자는 2인 이상이 공동으로 2대 이상의 자동차 등을 정당한 사유 없이 앞뒤로 또는 좌우로 줄을 지어 통행하면서 다른 사람에게 위해를 주거나 교통상의 위험을 발생하게 하여서는 아니된다. [본조 신설 1992. 12. 8]

제43조【위험방지 조치】 ① 경찰공무원은 자동차 등의 운전자가 제40조 내지 제42조의 규정을 위반하여 자동차 등을 운전하고 있다고 인정하는 때에는 그 차를 일시 정지시키고 그 운전자에게 운전면허증의 제시를 요구할 수 있다.

② 경찰공무원은 제41조 및 제42조의 규정을 위반하여 자동차 등을 운전하는 사람에 대하여는 정상적으로 운전할 수 있는 상태에 이르기까지 운전의 금지를 명하고 그 밖의 필요한 조치를 할 수 있다.

제44조【안전운전의 의무】 모든 차의 운전자는 그 차의 조향장치·제동장치, 그 밖의 장치를 정확히 조작하여야 하며 도로의 교통상황과 그 차의 구조 및 성능에 따라 다른 사람에게 위험과 장해를 주는 속도나 방법으로 운전하여서는 아니된다.

제45조 삭제 〈1999. 1. 29〉

제46조 삭제 〈1999. 1. 29〉

제47조 삭제 〈1999. 1. 29〉

제48조【운전자의 준수사항】 ① 모든 차의 운전자는 다음 사항을 지켜야 한다. 〈개정 1991. 5. 31, 1992. 12. 8, 1995. 1. 5, 1997. 8. 30, 1999. 1. 29, 2001. 1. 26〉

1. 물이 고인 곳을 운행하는 때에는 고인 물을 튀게 하여 다른 사람에게 피해를 주는 일이 없도록 하여야 한다.

2. 어린이가 보호자 없이 도로를 횡단하거나 도로에서 앉아 있거나 서 있거나 놀이를 하는 등 어린이에 대한 교통사고의 위험이 있는 것을 발견한 때, 앞을 보지 못하는 사람이 흰색 지팡이를 가지고 도로를 횡단하고 있는 때 또는 지하도·육교 등 도로횡단시설을 이용할 수 없는 지체장애인이 도로를 횡단하고 있는 때에는 일시 정지하여야 한다.

3. 삭제 〈1995. 1. 5〉

4. 자동차의 창유리의 가시광선 투과율을 지나치게 낮게 하여 10미터 거리에서 차안에 승차한 사람을 명확히 식별할 수 없게 한 차 또는 속도측정기기탐지용 장치를 한 차, 그

밖의 행정자치부령이 정하는 기준에 적합하지 아니한 장치를 한 차를 운전하여서는 아니된다.

5. 도로에서 자동차 등을 세워둔 채로 시비·다툼 등의 행위를 함으로써 다른 차마의 통행을 방해하여서는 아니된다.

6. 운전자가 운전석으로부터 떠나는 때에는 원동기의 발동을 끄고 제동장치를 철저하게 하는 등 그 차의 정지상태를 안전하게 유지하고 다른 사람이 함부로 운전하지 못하도록 필요한 조치를 하여야 한다.

7. 운전자는 안전을 확인하지 아니하고 차의 문을 열거나 내려서는 아니되며, 승차자가 교통의 위험을 일으키지 아니하도록 필요한 조치를 하여야 한다.

8. 삭제〈1990. 8. 1〉

9. 운전자는 정당한 사유 없이 다른 사람에게 피해를 주는 소음을 발생시키는 방법으로 자동차 등을 급히 출발시키거나 그 속도를 급격히 높이거나 자동차 등의 원동기의 동력을 차륜에 전달시키지 아니하고 원동기의 회전수를 증가시키는 행위 또는 반복적이거나 연속적으로 경음기를 울리는 행위를 하여서는 아니된다.

10. 운전자는 승객이 차내에서 안전운전에 현저히 장해가 될 정도로 춤을 추는 등 소란행위를 하도록 방치하고 차를 운행하여서는 아니된다.

11. 운전자는 자동차 등의 운전중에는 휴대용 전화(자동차용 전화를 포함한다)를 사용하여서는 아니된다. 다만 다음 각목의 1에 해당하는 경우에는 그러하지 아니하다.

    가. 자동차 등이 정지하고 있는 경우

    나. 긴급자동차를 운전하는 경우

    다. 각종 범죄 및 재해 신고 등 긴급을 요하는 경우

    라. 안전운전에 장애를 주지 아니하는 장치로서 대통령령이 정하는 장치를 이용하는 경우

12. 지방경찰청장이 교통안전과 교통질서 유지상 필요하다고 인정하여 정한 사항에 따라야 한다.

② 사업용 승용자동차의 운전자는 합승행위 또는 승차거부를 하거나 인가된 요금을 초과하는 요금을 받아서는 아니된다.〈신설 1995. 1. 5〉

③ 삭제〈1999. 1. 29〉

④ 제1항 제4호의 규정에 위반한 차를 발견한 경찰공무원은 현장에서 그 운전자에게 위반사항을 제거하게 하거나 필요한 조치를 명할 수 있으며, 운전자가 이에 응하지 아니하는 때에는 경찰공무원이 직접 이를 제거하거나 필요한 조치를 할 수 있다.〈신설 1995. 1. 5〉

제48조의2【운전자의 특별한 준수사항】 ① 행정자치부령이 정하는 자동차의 운전자는 그 자동차를 운전할 때에는 좌석안전띠를 매어야 하며, 그 옆좌석의 승차자에게도 좌석

안전띠(유아인 경우에는 유아보호용장구를 장착한 후의 좌석안전띠를 말한다. 이하 같다)를 매도록 하여야 한다. 다만 질병 등으로 인하여 좌석안전띠를 매는 것이 곤란하거나 행정자치부령이 정하는 사유가 있는 때에는 그러하지 아니하다. 〈개정 1999. 1. 29〉

② 자동차의 운전자는 그 옆좌석 외의 좌석의 승차자에게도 좌석안전띠를 매도록 주의를 환기하여야 하며, 승용자동차에 있어서 유아가 그 옆좌석 외의 좌석에 승차하는 경우에는 좌석안전띠를 매도록 하여야 한다. 〈개정 1997. 8. 30〉

③ 이륜자동차(원동기장치자전거를 포함한다)의 운전자는 행정자치부령이 정하는 인명보호장구를 착용하고 운행하여야 하며, 승차자에게도 이를 착용하도록 하여야 한다. 〈개정 1999. 1. 29〉

④ 행정자치부령이 정하는 자동차의 운전자는 그 자동차를 운전할 때에는 다음 각 호의 1에 해당하는 행위를 하여서는 아니된다. 〈신설 2001. 12. 31〉

1. 운행기록계가 설치되어 있지 아니하거나 고장 등으로 사용할 수 없는 운행기록계가 설치된 자동차를 운전하는 행위

2. 운행기록계를 원래의 목적대로 사용하지 아니하는 행위 [본조 신설 1990. 8. 1]

제48조의3 【어린이통학버스의 특별보호】 ① 어린이통학버스가 도로에 정차하여 점멸등 등 어린이 또는 유아가 타고 내리는 중임을 표시하는 장치를 가동중인 때에는 어린이통학버스가 정차한 차로와 그 차로의 바로 옆차로를 통행하는 차의 운전자는 어린이통학버스에 이르기 전에 일시정지하여 안전을 확인한 후 서행하여야 한다.

② 제1항의 경우 중앙선이 설치되지 아니한 도로와 편도 1차로인 도로에서는 반대방향에서 진행하는 차의 운전자도 어린이통학버스에 이르기 전에 일시정지하여 안전을 확인한 후 서행하여야 한다.

③ 어린이통학버스가 어린이 또는 유아를 태우고 있다는 표시를 하고 도로를 통행하는 때에는 모든 차는 어린이통학버스를 앞지르지 못한다. [본조 신설 1997. 8. 30]

제48조의4 【어린이통학버스의 신고 등】 ① 어린이의 통학 등에 이용되는 승합자동차를 운영하는 자가 제48조의3의 규정에 의한 보호를 받고자 하는 때에는 미리 관할경찰서장에게 신고하고 신고필증을 교부받아야 한다. 〈개정 2001. 12. 31〉

② 어린이통학버스를 운행하는 자는 제1항의 규정에 의하여 교부받은 신고필증을 어린이통학버스 안에 항상 갖추어 두어야 한다. 〈신설 2001. 12. 31〉

③ 제1항의 규정에 의하여 어린이통학버스로 신고할 수 있는 자동차는 행정자치부령이 정하는 승합자동차에 한하되, 도장이나 표지·보험가입·소유관계 등 행정자치부령이 정하는 요건을 갖추어야 한다. 〈개정 1999. 1. 29〉

④ 누구든지 제1항의 규정에 의한 신고를 하지 아니하고 어린이통학버스와 유사한 도장 및 표지를 하여서는 아니되며, 이러한 도장 및 표지를 한 자동차를 운전하여서는 아니된다.

〈신설 2001. 12. 31〉 [본조 신설 1997. 8. 30]

제48조의5 【어린이통학버스 운전자의 의무】 ① 어린이통학버스의 운전자는 어린이 또는 유아가 타고 내리는 경우를 제외하고는 제48조의3 제1항의 규정에 의한 장치를 가동하여서는 아니되며, 어린이 또는 유아를 태우고 운행중인 경우를 제외하고는 제48조의3 제3항의 규정에 의한 표시를 하여서는 아니된다.

② 어린이통학버스의 운전자는 어린이 또는 유아가 어린이통학버스를 타고 내리는 때에 어린이 또는 유아가 좌석에 앉은 것과 보도 · 길가장자리구역 등 자동차로부터 안전한 장소에 도착한 것을 확인한 후에 어린이통학버스를 출발시켜야 한다. 〈신설 2001. 12. 31〉 [본조 신설 1997. 8. 30]

제48조의6 【어린이통학버스 운행자의 의무】 어린이통학버스를 운행하는 자는 어린이 또는 유아를 태운 어린이통학버스에 초 · 중등교육법의 규정에 의한 유치원 · 초등학교 · 특수학교의 교직원, 영유아보육법 제2조 제4호의 규정에 의한 보육시설종사자, 학원의설립 · 운영및과외교습에관한법률 제13조 제1항의 규정에 의한 강사, 체육시설의설치 · 이용에관한법률의 규정에 의한 체육시설의 종사자 등 어린이 또는 유아를 보호할 수 있는 사람을 탑승하게 하여야 한다. [본조 신설 2001. 12. 31]

제49조 【교통안전교육】 ① 운전면허를 받고자 하는 사람은 대통령령이 정하는 바에 의하여 제71조 제1항 제2호의 규정에 의한 시험에 응시하기 전에 다음 각 호의 사항에 대한 교통안전교육을 받아야 한다. 다만 제71조의2 제1항의 규정에 의한 자동차운전전문학원에서 학과교육을 수료한 사람은 그러하지 아니하다.

1. 운전자로서의 기본예절
2. 도로교통에 관한 법령 · 지식
3. 안전운전능력
4. 그 밖에 교통안전의 확보를 위하여 필요한 사항

② 자동차 등의 운전자로서 이 법 또는 이 법에 의한 명령을 위반한 사람은 대통령령이 정하는 바에 의하여 특별한 교통안전교육을 받아야 한다. [전문개정 2001. 12. 31]

제50조 【사고발생시의 조치】 ① 차의 교통으로 인하여 사람을 사상하거나 물건을 손괴(이하 "교통사고"라 한다)한 때에는 그 차의 운전자, 그 밖의 승무원(이하 "운전자 등"이라 한다)은 곧 정차하여 사상자를 구호하는 등 필요한 조치를 하여야 한다.

② 제1항의 경우 그 차의 운전자 등은 경찰공무원이 현장에 있는 때에는 그 경찰공무원에게, 경찰공무원이 현장에 없는 때에는 가장 가까운 경찰관서(경찰지서 · 파출소 · 출장소를 포함한다. 이하 같다)에 지체 없이 사고가 일어난 곳, 사상자수 및 부상정도, 손괴한 물건 및 손괴정도, 그 밖의 조치상황 등을 신속히 신고하여야 한다. 다만 운행중인 차만이 손괴된 것이 분명하고 도로에서의 위험방지와 원활한 소통을 위하여 필요한 조치를 한 때에는 그러하

지 아니하다. 〈개정 1995. 1. 5〉

③ 제2항의 신고를 받은 경찰공무원은 부상자의 구호, 그 밖에 교통위험 방지상 필요하다고 인정하는 때에는 그 신고를 한 운전자 등에 대하여 경찰공무원이 현장에 도착할 때까지 현장에서 대기할 것을 명할 수 있다.

④ 경찰공무원은 현장에서 교통사고를 낸 차의 운전자 등에 대하여 부상자구호와 교통안전상 필요한 지시를 명할 수 있다.

⑤ 긴급자동차 또는 부상자를 운반중인 차 및 우편물자동차 등의 운전자는 긴급한 경우에는 승무원으로 하여금 제1항과 제2항에 규정된 조치 또는 신고를 하게 하고 운전을 계속할 수 있다. [89헌가118, 1990. 8. 27 도로교통법(1984. 8. 4. 법률 제3744호) 제50조 제2항 및 동 법 제111조 제3호는 피해자의 구호 및 교통질서의 회복을 위한 조치가 필요한 상황에만 적용되는 것이고 형사책임과 관련되는 사항에는 적용되지 아니하는 것으로 해석하는 한 헌법에 위반되지 아니한다.]

제51조【사고발생시의 조치방해의 금지】 교통사고가 일어난 경우에 그 차의 승차자는 제50조 제1항 및 제2항의 규정에 의한 운전자 등의 조치 또는 신고행위를 방해하여서는 아니된다.

제52조【고용주 등의 의무】 ① 차의 운전자를 고용하고 있는 사람이나 직접 이를 관리하는 지위에 있는 사람 또는 차의 사용자(이하 "고용주 등"이라 한다)는 운전자에게 이 법 또는 이 법에 의한 명령을 지키도록 항상 주의시키고 감독하여야 한다. 〈개정 1990. 8. 1〉

② 고용주 등은 제40조 내지 제42조의 규정에 의하여 운전을 하지 못할 운전자가 자동차 등을 운전하는 것을 알고도 이를 말리지 아니하거나 그러한 운전자에게 자동차 등을 운전하도록 시켜서는 아니된다.

제5장 고속도로 등에 있어서의 특례

제53조【통칙】 고속도로 및 자동차전용도로에서의 자동차 또는 보행자의 통행방법 등은 이 장이 정하는 바에 의하고 이 장에 규정이 없는 경우에는 제1장 내지 제4장이 정하는 바에 의한다.

제54조【위해방지 등의 조치】 경찰공무원은 도로의 파손이나 교통사고의 발생, 그 밖의 사정으로 고속도로 또는 자동차전용도로에서 교통이 위험·혼잡거나 또는 그러할 염려가 있는 때에는 이의 방지와 교통의 안전 및 원활한 소통을 확보하기 위하여 필요한 한도 안에서 진행중인 자동차의 통행을 일시 금지 또는 제한하거나 그 자동차의 운전자에게 필요

한 조치를 명할 수 있다.

제55조【신호기 등의 설치관리】 ① 고속도로의 관리자는 고속도로에서의 위험을 방지하고 교통의 안전과 원활한 소통을 확보하기 위하여 신호기 및 안전표지를 설치하고 관리하여야 한다.

② 고속도로의 관리자는 제1항의 규정에 의하여 신호기 및 안전표지를 설치하고자 하는 때에는 경찰청장과 협의하여야 한다. 〈개정 1991. 5. 31〉

③ 경찰청장은 고속도로의 관리자에게 신호기 및 안전표지의 관리에 관하여 필요한 사항을 지시할 수 있다. 〈개정 1991. 5. 31〉

제56조【갓길통행금지 등】 ① 자동차는 고속도로에서 앞지르기를 하거나 도로상황, 그 밖의 사정으로 부득이한 경우를 제외하고는 행정자치부령이 정하는 차로에 따라 통행하여야 하며 갓길(노견 또는 도로법에 의한 길어깨를 말한다. 이하 같다)로 통행하여서는 아니된다. 다만 긴급자동차와 고속도로의 보수 · 유지 등의 작업을 하고 있는 자동차는 그러하지 아니하다. 〈개정 1991. 12. 14, 1995. 1. 5, 1999. 1. 29〉

② 자동차는 고속도로에서 앞지르고자 하는 때에는 방향지시기 · 등화 또는 경음기를 사용하여 행정자치부령이 정하는 차로로 안전하게 통행하여야 한다. 〈개정 1995. 1. 5, 1999. 1. 29〉

제56조의2【고속도로 전용차로의 설치】 ① 경찰청장은 고속도로의 원활한 소통을 위하여 특히 필요한 때에는 고속도로에 전용차로를 설치할 수 있다.

② 제13조의2 제2항 및 제3항의 규정은 제1항의 규정에 의한 전용차로에 대하여 이를 준용한다. [본조 신설 1997. 8. 30]

제57조【횡단 등의 금지】 자동차는 고속도로 또는 자동차전용도로를 횡단하거나 유턴 또는 후진하여서는 아니된다. 다만 긴급자동차 또는 도로의 보수 · 유지 등의 작업을 하는 자동차 중 고속도로 또는 자동차전용도로에서의 교통상의 위험을 방지 · 제거하거나 또는 교통사고에 대한 응급조치작업에 사용되는 자동차로서 그 목적을 위하여 부득이한 경우에는 그러하지 아니하다. 〈개정 1995. 1. 5〉

제58조【통행 등의 금지】 보행자 또는 자동차(이륜자동차는 긴급자동차에 한한다) 외의 차마는 고속도로 또는 자동차전용도로를 통행하거나 횡단하여서는 아니된다. 〈개정 1991. 12. 14〉

제59조【정거 및 주거의 금지】 자동차는 고속도로 또는 자동차전용도로에서 다음 각 호의 1에 해당하는 경우를 제외하고는 정차 또는 주차하여서는 아니된다. 다만 법령의 규정 또는 경찰공무원의 지시에 따르거나 위험을 방지하기 위하여 일시 정지하는 때에는 그러하지 아니하다. 〈개정 1991. 12. 14〉

1. 정차 또는 주차할 수 있도록 경계를 나타낸 곳이나 정류장에서 정차 또는 주차하는

경우

2. 고장이나 그 밖의 부득이한 사유로 길가장자리(갓길을 포함한다)에 정차 또는 주차하는 경우

3. 통행료를 지불하기 위하여 통행료를 받는 곳에서 정차하는 경우

4. 도로의 관리자가 그 고속도로 또는 자동차전용도로를 보수 · 유지 또는 순회하기 위하여 정차 또는 주차하는 경우

5. 경찰용 긴급자동차가 고속도로 또는 자동차전용도로에서의 범죄수사 · 교통단속, 그 밖의 경찰임무수행을 위하여 정차 또는 주차하는 경우

제60조 【고속도로진입시의 우선순위】 ① 자동차(긴급자동차를 제외한다)는 고속도로에 들어가고자 하는 때에는 그 고속도로를 통행하고 있는 다른 자동차의 통행을 방해하여서는 아니된다.

② 긴급자동차 외의 자동차는 긴급자동차가 고속도로에 들어가는 때에는 그 진입을 방해하여서는 아니된다.

제61조 【고장 등의 경우의 조치】 자동차의 운전자는 고장이나 그 밖의 사유로 고속도로나 자동차전용도로에서 그 자동차를 운행할 수 없게 된 때에는 행정자치부령이 정하는 표지를 하여야 하며, 그 자동차를 고속도로 또는 자동차전용도로 외의 곳으로 이동하는 등의 필요한 조치를 하여야 한다. 〈개정 1999. 1. 29〉

제62조 【운전자 및 승거자의 특별한 준수사항】 ① 고속도로 또는 자동차전용도로를 운행하는 자동차 중 행정자치부령이 정하는 자동차의 운전자는 제48조의2 제2항의 규정에 불구하고 모든 승차자에게 좌석안전띠를 매도록 하여야 한다. 다만 질병 등으로 인하여 좌석안전띠를 매는 것이 곤란하거나 행정자치부령이 정하는 사유가 있는 때에는 그러하지 아니하다. 〈개정 1990. 8. 1, 1999. 1. 29〉

② 고속도로 및 자동차전용도로에서 운전자와 그 승차자가 교통의 안전과 원활한 소통을 확보하기 위하여 특별히 지켜야 할 사항은 행정자치부령으로 정한다. 〈개정 1999. 1. 29〉

제6장 도로의 사용

제63조 【금지행위】 ① 누구든지 함부로 신호기를 조작하거나 신호기 또는 안전표지를 철거 · 이전하거나 손괴하지 못하며 신호기 · 안전표지, 그 밖의 이와 비슷한 공작물을 설치하여 도로의 효용을 방해하여서는 아니된다.

② 누구든지 교통에 방해될 만한 물건을 함부로 도로에 방치하여서는 아니된다.

③ 누구든지 다음 각 호에 해당하는 행위를 하여서는 아니된다. 〈개정 1991. 5. 31〉

1. 도로에서 술에 취하여 갈팡질팡하는 행위

2. 도로에서 교통에 방해되는 방법으로 눕거나 앉거나 또는 서 있는 행위

3. 교통이 빈번한 도로에서 공받기, 썰매타기 등의 놀이를 하는 행위

4. 돌·유리병·쇳조각, 그 밖의 도로상의 사람이나 차마를 손상시킬 염려가 있는 물건을 던지거나 발사하는 행위

5. 도로를 진행하고 있는 차마로부터 물건을 던지는 행위

6. 도로를 진행하고 있는 차마에 뛰어 오르거나 매달리거나 차마에서 뛰어 내리는 행위

7. 지방경찰청장이 교통상의 위험을 방지하기 위하여 필요하다고 인정하여 지정한 행위

제64조【도로공사 신고 및 안전조치 등】 ① 도로관리청, 그 밖의 공사시행청의 명령에 따라 도로를 파거나 뚫는 등 공사를 하고자 하는 사람은 3일 이전에 그 일시·구간·공사기간·시행방법, 그 밖의 필요한 사항을 경찰서장에게 신고하여야 한다. 다만 산사태·수도관 파열 등 긴급한 시공이 필요한 경우에는 그에 알맞는 안전조치를 하고 공사를 시작한 후에 지체 없이 신고하여야 한다. 〈개정 1999. 1. 29〉

② 제1항의 규정에 의한 공사시행자는 공사기간중 차마의 통행을 유도하거나 지시 등을 할 필요가 있는 때에는 관할경찰서장의 지시에 따라 신호기 또는 안전표지를 설치하여야 한다. 〈신설 1995. 1. 5〉

③ 제1항의 규정에 의한 공사시행자는 공사로 인하여 신호기 또는 안전표지를 훼손한 때에는 행정자치부령이 정하는 바에 의하여 이를 원상회복하여야 한다. 〈신설 1995. 1. 5, 1999. 1. 29〉

제65조【도로의 점용허가 등에 관한 협의】 ① 도로관리청이 다음 각 호의 1에 해당하는 행위를 하고자 하는 때에는 그 도로관리청이 건설교통부장관인 경우에는 경찰청장, 도로관리청이 특별시장·광역시장·도지사(이하 "시·도지사"라 한다) 또는 시장이나 군수인 경우에는 관할경찰서장의 의견을 들어야 한다. 〈개정 1991. 5. 31, 1995. 1. 5, 1997. 8. 30, 1999. 1. 29〉

1. 도로법 제40조의 규정에 의하여 도로의 점용허가를 하고자 하는 때. 다만 보도의 일부에 대한 점용허가로서 행정자치부령이 정하는 경우에는 그러하지 아니하다.

2. 도로법 제53조 또는 제54조의 규정에 의하여 통행을 금지시키거나 제한하고자 하는 때

② 제1항 제1호 단서의 경우에는 도로관리청은 보도점용허가 후 즉시 그 내용을 경찰청장 또는 관할경찰서장에게 통보하여야 한다. 〈신설 1995. 1. 5〉

③ 제2항의 규정에 의하여 통보를 받은 경찰청장 또는 관할경찰서장은 교통의 안전과 원활한 소통을 확보하기 위하여 필요하다고 인정하는 때에는 도로관리청에게 필요한 조치를 요구할 수 있다. 〈신설 1995. 1. 5〉

제66조【위법공작물에 대한 조치】 ① 경찰서장은 다음 각 호의 1에 해당하는 사람에 대하여 그 위반행위를 시정하도록 하거나 그 위반행위로 인하여 생긴 교통장해를 제거할 것을 명할 수 있다.

1. 제63조 제1항의 규정을 위반하여 신호기 · 안전표지, 그 밖의 이와 비슷한 공작물을 함부로 설치한 사람
2. 제63조 제2항의 규정을 위반하여 물건을 방치한 사람
3. 도로법 제40조의 규정을 위반하여 공작물 등을 설치하거나 공사 등을 한 사람

② 경찰서장은 제1항 제1호 내지 제3호에 해당한 사람의 성명 · 주소를 알지 못하여 제1항의 규정에 의한 조치를 명할 수 없는 때에는 스스로 그 조치를 할 수 있다. 이 경우 제거한 공작물 등은 경찰서장이 보관하여야 한다.

③ 제2항 후단의 규정에 의한 공작물 등의 보관 및 처리에 관하여 필요한 사항은 대통령령으로 정한다.

제67조【연도공작물 등의 위험방지조치】 ① 경찰서장은 길가의 지상공작물이나 그 밖의 시설 또는 물건이 교통에 위험을 일으키게 하거나 교통에 뚜렷이 방해될 염려가 있는 때에는 그 공작물 등의 소유자나 점유자 또는 관리자에게 그것을 제거하도록 하거나 그 밖의 교통안전에 필요한 조치를 명할 수 있다.

② 제1항의 경우 그 공작물 등의 소유자나 점유자 또는 관리자의 성명 · 주소를 알지 못하여 제1항의 규정에 의한 조치를 명할 수 없는 때에는 경찰서장이 스스로 그 조치를 할 수 있다. 이 경우 제거한 공작물 등은 경찰서장이 보관하여야 한다.

③ 제2항 후단의 규정에 의한 공작물 등의 보관 및 처리에 관하여 필요한 사항은 대통령령으로 정한다.

제7장 운전면허

제68조【운전면허】 ① 자동차 등을 운전하고자 하는 사람은 지방경찰청장의 운전면허를 받아야 한다. 〈개정 1991. 5. 31〉

② 제1항의 규정에 의한 운전면허는 다음 각 호와 같이 구분한다. 〈개정 1995. 1. 5〉

1. 제1종 운전면허
   대형면허
   보통면허
   소형면허

특수면허
2. 제2종 운전면허
보통면허
소형면허
원동기장치자전거면허
3. 연습운전면허
제1종 보통연습면허
제2종 보통연습면허

③ 지방경찰청장은 운전면허를 받을 사람의 신체상태 또는 운전능력에 따라 행정자치부령이 정하는 바에 의하여 운전할 수 있는 자동차 등의 구조를 한정하는 등 운전면허에 필요한 조건을 붙일 수 있다.〈신설 1995. 1. 5, 1999. 1. 29〉

④ 지방경찰청장은 제74조 및 제74조의2의 규정에 의하여 적성검사를 받은 사람의 신체상태, 그 밖의 운전능력에 따라 제3항의 규정에 의한 조건을 새로이 붙이거나 바꿀 수 있다.〈신설 1995. 1. 5, 1999. 1. 29〉

⑤ 제2종 운전면허를 받은 사람은 여객자동차운수사업법 또는 화물자동차운수사업법에서 규정한 사업용 자동차를 운전할 수 없다. 다만 여객자동차운수사업법에 의한 대여사업용 자동차를 임차하여 운전하는 경우에는 그러하지 아니하다.〈개정 1999. 8. 31, 2001. 1. 26〉

⑥제1항 및 제2항의 규정에 의하여 운전면허(연습운전면허를 제외한다)를 받은 사람이 운전할 수 있는 자동차 등의 종류는 자동차관리법 및 건설기계관리법에서 정한 자동차 등의 종류에 따라 행정자치부령으로 정한다.〈개정 1986. 12. 31, 1992. 12. 8, 1993. 6. 11, 1995. 1. 5, 1999. 1. 29〉

제68조의2【연습운전면허】 ① 연습운전면허는 그 면허를 받은 날부터 1년의 효력을 가진다. 다만 그 이전이라도 연습운전면허를 받은 사람이 제1종 보통면허 또는 제2종 보통면허를 받은 경우에는 연습운전면허의 효력이 상실된다.〈개정 1999. 1. 29〉

② 연습운전면허를 받은 사람이 운전할 수 있는 자동차의 종류, 그 밖의 필요한 사항은 행정자치부령으로 정한다.〈개정 1999. 1. 29〉[본조 신설 1995. 1. 5]

제69조【면허증 교부 등】 ① 운전면허를 받고자 하는 사람은 운전면허시험에 합격하여야 하며, 그 합격한 사람에 대하여는 행정자치부령이 정하는 바에 의하여 운전면허증을 교부한다.〈개정 1995. 1. 5, 1999. 1. 29〉

② 운전면허의 효력은 제1항의 규정에 의한 운전면허증을 본인 또는 그 대리인에게 교부한 때부터 발생한다.〈신설 1995. 1. 5〉

제70조【운전면허의 결격사유】 ① 다음 각 호의 1에 해당하는 사람은 운전면허를 받을 자격이 없다.〈개정 1991. 12. 14, 1992. 12. 8, 1995. 1. 5, 1999. 1. 29〉

1. 18세 미만인 사람. 다만 원동기장치자전거는 16세 미만인 사람

2. 정신병자 · 정신미약자 · 간질병자

3. 듣지 못하는 사람(제1종 운전면허에 한한다), 앞을 보지 못하는 사람, 그 밖의 대통령령이 정하는 신체장애인

4. 양팔의 팔꿈치관절 이상을 잃은 사람 또는 양팔을 전혀 쓸 수 없는 사람. 다만 본인의 신체장애 정도에 적합하게 제작된 자동차를 이용하여 정상적인 운전을 할 수 있는 경우에는 예외로 한다.

5. 마약 · 대마 · 향정신성의약품 또는 알코올중독자

6. 제1종 대형면허 또는 제1종 특수면허를 받고자 하는 사람이 20세 미만이거나 자동차 등(이륜자동차와 원동기장치자전거를 제외한다)의 운전경험이 1년 미만인 사람

7. 삭제 〈1995. 1. 5〉

② 다음 각 호의 1에 해당하는 사람은 당해 각 호에 규정된 기간이 지나지 아니하면 운전면허를 받을 자격이 없다. 이 경우 제1호 내지 제4호에 있어서는 벌금 이상의 형(집행유예를 포함한다)의 선고를 받은 자에 한한다.

〈신설 1995. 1. 5, 1999. 1. 29, 1999. 8. 31, 2001. 1. 26〉

1. 제40조 제1항 또는 제2항의 규정에 위반하여 자동차 등을 운전한 경우에는 그 위반한 날(운전면허의 효력이 정지된 기간중 운전으로 인하여 취소된 경우에는 그 취소된 날)부터 2년(원동기장치자전거면허를 받고자 하는 경우에는 6월). 다만 사람을 사상한 후 제50조 제1항 및 제2항을 위반한 경우에는 그 위반한 날부터 5년으로 한다.

2. 제41조 또는 제42조의 규정에 위반하여 사람을 사상한 후 제50조 제1항 및 제2항의 규정에 위반한 경우에는 운전면허가 취소된 날부터 5년

3. 제40조 내지 제42조 외의 사유로 사람을 사상한 후 제50조 제1항 및 제2항의 규정에 의한 필요한 조치 및 신고를 하지 아니한 경우에는 운전면허가 취소된 날부터 4년

4. 제41조 제1항의 규정에 위반하여 운전하다가 3회 이상 교통사고를 일으킨 경우에는 운전면허가 취소된 날부터, 자동차 등을 이용하여 범죄행위를 하거나 다른 사람의 자동차 등을 훔치거나 빼앗은 사람이 제40조 제1항의 규정에 위반하여 그 자동차 등을 운전한 경우에는 그 위반한 날부터 각각 3년

5. 제41조 제1항 또는 제2항의 규정을 3회 이상 위반하여 취소되거나 제78조 제1항 제2호 · 제5호 또는 제6호의 사유로 취소된 경우에는 운전면허가 취소된 날부터 2년

6. 제1호 내지 제5호에 정한 경우 외의 사유로 운전면허가 취소된 경우에는 취소된 날부터 1년(원동기장치자전거면허를 받고자 하는 경우에는 6월). 다만 적성검사를 받지 아니하거나 운전면허증을 갱신하지 아니하여 운전면허가 취소된 사람 또는 제1종 운전면허를 받은 사람이 적성검사에 불합격되어 다시 제2종 운전면허를 받고자 하는 사람

의 경우에는 그러하지 아니하다.

7. 운전면허의 효력의 정지처분을 받고 있는 경우에는 그 정지처분기간

제70조의2【자동차운전학원의 등록】 자동차운전학원(이하 "학원"이라 한다)을 설립·운영하고자 하는 자는 제70조의4의 규정에 의한 시설 및 설비 등을 갖추어 대통령령이 정하는 바에 따라 지방경찰청장에게 등록하여야 한다. 등록한 사항 중 대통령령이 정하는 사항을 변경하고자 하는 경우에도 또한 같다. [본조 신설 2001. 1. 26]

제70조의3【조건부 등록】 ① 지방경찰청장은 제70조의2의 규정에 의한 학원의 등록에 있어 대통령령이 정하는 기간 내에 제70조의4의 규정에 의한 시설 및 설비 등을 갖출 것을 조건으로 하여 학원의 등록을 받을 수 있다.

② 지방경찰청장은 제1항의 규정에 의하여 등록을 한 자가 정당한 사유 없이 그 기간 내에 시설 및 설비 등을 갖추지 아니한 때에는 그 등록을 취소하여야 한다. [본조 신설 2001. 1. 26]

제70조의4【시설기준 등】 학원에는 대통령령이 정하는 기준에 따라 강의실·기능교육장·부대시설 등 교육에 필요한 시설 및 설비 등을 갖추어야 한다. [본조 신설 2001. 1. 26]

제70조의5【결격사유 등】 ① 다음 각 호의 1에 해당하는 자는 제70조의2의 규정에 의한 학원의 등록을 할 수 없다. 〈개정 2001. 12. 31〉

1. 금치산자·한정치산자

2. 파산자로서 복권되지 아니한 자

3. 금고 이상의 형의 선고를 받고 그 형의 집행이 종료되거나 그 집행을 받지 아니하기로 확정된 후 3년이 경과되지 아니한 자 또는 그 집행유예기간중에 있는 자

4. 법원의 판결에 의하여 자격이 정지 또는 상실된 자

5. 제71조의15 제1항 제1호·제5호 내지 제11호, 동 조 제2항 및 제4항의 규정에 의하여 학원의 등록이 취소된 날부터 1년이 경과되지 아니한 자

6. 법인으로서 그 임원 중에 제1호 내지 제5호의1에 해당하는 자가 있는 법인

② 학원을 설립·운영하는 자가 제1항 각 호의 1에 해당하게 된 경우에는 당해 등록은 효력을 잃는다. 다만 제1항 제6호의 경우로서 법인의 임원 중에 그 사유에 해당하는 자가 있는 경우 그 사유가 발생한 날부터 3월 이내에 임원을 해임하거나 개임한 때에는 그러하지 아니하다. [본조 신설 2001. 1. 26]

제70조의6【휴·폐원 신고】 학원 또는 자동차운전전문학원을 설립·운영하는 자가 당해 학원을 폐원하거나 1월 이상의 기간 동안 휴원하는 경우에는 휴원 또는 폐원일부터 7일 이내에 행정자치부령이 정하는 바에 따라 지방경찰청장에게 이를 신고하여야 한다.

[본조 신설 2001. 1. 26]

제70조의7【교육과정 등】 학원의 교육과정·교육방법 및 운영기준 등에 관하여 필요

한 사항은 대통령령으로 정한다. [본조 신설 2001. 1. 26]

제70조의8【강사 등】 ① 학원에서 교육을 담당하는 강사(자동차 등의 운전에 필요한 도로교통에 관한 법령·지식 및 기능교육을 실시하는 사람을 말한다. 이하 같다)의 자격요건·정원 및 배치기준 등에 관하여 필요한 사항은 대통령령으로 정한다.

② 지방경찰청장은 학원 또는 자동차운전전문학원을 설립·운영하는 자, 학원 또는 자동차운전전문학원의 강사 및 제71조의4의 규정에 의한 기능검정원에 대하여 그 자질을 향상시키기 위하여 필요한 경우에는 대통령령이 정하는 바에 따라 연수를 실시할 수 있다.

③ 학원 또는 자동차운전전문학원을 설립·운영하는 자는 강사의 성명·연령·경력 등 인적사항과 교육과목을 행정자치부령이 정하는 바에 따라 게시하여야 한다. [본조 신설 2001. 1. 26]

제70조의9【수강료 등】 ① 학원 또는 자동차운전전문학원을 설립·운영하는 자는 교육생으로부터 수강료, 제71조의6의 규정에 의한 기능검정에 소요되는 경비 또는 이용료 등(이하 "수강료 등"이라 한다)을 받을 수 있다.

② 학원 또는 자동차운전전문학원을 설립·운영하는 자는 교육내용 및 교육시간 등을 고려하여 수강료 등을 정하고 행정자치부령이 정하는 바에 따라 이를 게시하여야 한다.

③ 학원 또는 자동차운전전문학원을 설립·운영하는 자는 제2항의 규정에 의하여 게시한 수강료 등을 초과한 금액을 받아서는 아니된다. [본조 신설 2001. 1. 26]

제70조의10【수강료 등의 반환 등】 ① 학원 또는 자동차운전전문학원을 설립·운영하는 자는 교육생이 수강을 계속할 수 없는 경우 또는 학원 또는 자동차운전전문학원의 등록취소·이전·운영정지 또는 지정취소 등으로 교육을 계속할 수 없는 경우에는 교육생으로부터 받은 수강료 등을 반환하거나 교육생이 다른 학원 또는 자동차운전전문학원에 편입할 수 있도록 하는 등 교육생의 보호를 위하여 필요한 조치를 하여야 한다.

② 제1항의 규정에 의한 수강료 등의 반환사유 및 반환금액과 교육생 편입조치 등에 관하여 필요한 사항은 대통령령으로 정한다.

③ 제1항의 규정에 의하여 교육생이 다른 학원 또는 자동차운전전문학원에 편입한 경우에 종전의 학원 또는 자동차운전전문학원에서 이수한 교육시간은 편입한 학원 또는 자동차운전전문학원에서 이수한 것으로 본다. [본조 신설 2001. 1. 26]

제70조의11 삭제 〈2001. 12. 31〉

제71조【운전면허시험 등】 ① 운전면허시험(제1종 보통면허시험 및 제2종 보통면허시험을 제외한다)은 지방경찰청장 또는 책임운영기관의설치·운영에관한법률 제4조의 규정에 의하여 설치된 책임운영기관으로서 운전면허를 관리하는 기관의 소속기관의 장(이하 "운전면허시험기관의 장"이라 한다)이 다음 각 호의 사항에 대하여 운전면허의 종류별로 실시한다. 다만 지방경찰청장이 실시하는 운전면허시험은 대통령령이 정하는 면허에 한한

다. 〈개정 1995. 1. 5, 1999. 8. 31〉

1. 자동차 등의 운전에 관하여 필요한 적성

2. 자동차 등의 운전에 관하여 필요한 기능

3. 자동차 등 및 도로교통에 관한 법령에 대한 지식

4. 자동차 등의 취급방법 및 안전운전에 필요한 점검요령

② 제1종 보통면허시험과 제2종 보통면허시험은 제1종 보통연습면허 또는 제2종 보통연습면허를 받은 사람에 대하여 운전면허시험기관의 장이 자동차의 운전에 관하여 필요한 도로상 운전능력에 대하여 운전면허의 종류별로 실시한다. 〈신설 1995. 1. 5, 1999. 1. 29, 1999. 8. 31〉

1. 삭제 〈1999. 1. 29〉

2. 삭제 〈1999. 1. 29〉

③ 제70조의 규정에 의하여 운전면허를 받을 자격이 없는 사람은 운전면허시험에 응시할 수 없다. 〈신설 1999. 1. 29〉

④ 제1항 제2호의 규정에 의한 운전면허시험에 응시하고자 하는 사람은 그 운전면허시험에 응시하기 전에 제49조 제1항의 규정에 의한 교통안전교육을 받거나 제71조의2 제1항의 규정에 의한 전문학원에서 학과교육을 수료하여야 한다. 〈신설 2001. 12. 31〉

⑤ 제1항 및 제2항의 운전면허시험에 관한 방법·절차, 그 밖의 필요한 사항은 대통령령으로 정한다. 〈개정 1995. 1. 5〉

제71조의2 【자동차운전전문학원의 지정 등 〈개정 2001. 1. 26〉】 ① 지방경찰청장은 자동차운전에 관한 교육수준을 높이고 운전자의 자질향상을 도모하기 위하여 제70조의2의 규정에 의하여 등록된 학원으로서 다음 각 호의 기준에 적합한 학원을 행정자치부령이 정하는 바에 의하여 자동차운전전문학원(이하 "전문학원"이라 한다)으로 지정할 수 있다. 〈개정 1999. 1. 29, 2001. 1. 26〉

1. 제71조의3의 규정에 의한 자격요건을 갖춘 학감(전문학원의 학과 및 기능에 관한 교육과 학사운영을 담당하는 사람을 말한다. 이하 같다)을 두어야 한다. 다만 학원을 설립·운영하는 자가 그 자격요건을 갖춘 경우에는 학감을 겸임할 수 있다. 이 경우 학감을 보좌하는 부학감을 두어야 한다.

2. 대통령령이 정하는 기준에 따라 제71조의4의 규정에 의한 기능검정원(제71조의6의 규정에 의한 기능검정을 실시하는 사람을 말한다. 이하 같다) 및 제71조의5의 규정에 의한 강사를 두어야 한다.

3. 대통령령이 정하는 기준에 적합한 시설·설비 등을 갖추어야 한다.

4. 교육방법, 졸업자의 운전능력 등 당해 전문학원의 운영이 대통령령이 정하는 기준에 적합하여야 한다.

② 지방경찰청장은 다음 각 호의 1에 해당하는 학원을 전문학원으로 지정할 수 없다. 〈개정 2001. 1. 26〉

1. 제71조의15(제1항 제2호 내지 제4호를 제외한다)의 규정에 의하여 등록이 취소된 학원 또는 전문학원을 설립·운영하는 자, 학감 또는 부학감이었던 자가 그 등록이 취소된 날부터 3년 이내에 설립·운영하는 학원

2. 제71조의15(제1항 제2호 내지 제4호를 제외한다)의 규정에 의하여 등록이 취소된 경우 그 취소된 날부터 3년 이내에 같은 장소에서 설립·운영되는 학원

③ 제1항의 규정에 의하여 지정 받은 전문학원이 대통령령이 정하는 중요사항을 변경하고자 하는 때에는 그 소재지를 관할하는 지방경찰청장의 승인을 얻어야 한다. [본조 신설 1995. 1. 5]

제71조의3 【학감 등】 학감 또는 부학감은 다음 각 호에 해당하는 사람으로 한다. 〈개정 1999. 1. 29, 2001. 1. 26, 2001. 12. 31〉

1. 30세 이상 65세 이하인 사람

2. 도로교통에 관한 업무에 3년 이상 근무한 경력(관리직 경력에 한한다)이 있는 사람 또는 학원 또는 전문학원의 운영·관리에 관한 업무에 3년 이상 근무한 경력이 있는 사람으로서 다음 각목의 1에 해당되지 아니하는 사람

　가. 제89조 각 호의 1에 해당하는 사람

　나. 제107조의2 제1호 내지 제7호의 규정에 위반하여 벌금 이상의 실형의 선고를 받고 그 집행이 종료되거나 집행이 면제된 날부터 3년이 지나지 아니한 사람

3. 제71조의15 제1항 제1호·제5호 내지 제11호, 동 조 제2항 및 제4항의 규정에 의하여 그 등록이 취소된 학원 또는 전문학원을 설립·운영한 자, 학감 또는 부학감이었던 경우에는 그 등록이 취소된 날부터 3년이 지난 사람 [본조 신설 1995. 1. 5]

제71조의4 【기능검정원】 ① 기능검정원의 자격기준은 다음 각 호의 1과 같다. 〈개정 1999. 1. 29〉

1. 행정자치부령이 정하는 바에 의하여 기능검정원 자격시험에 합격하고 경찰청장이 지정하는 전문기관에서 자동차운전 기능검정에 관한 연수교육을 수료한 사람

2. 기능검정에 관하여 제1호와 동등 이상의 자격이 있다고 행정자치부령이 정하는 사람으로서 경찰청장이 지정하는 전문기관에서 자동차운전 기능검정에 관한 연수교육을 수료한 사람

② 경찰청장은 제1항의 규정에 의한 연수교육을 수료한 사람에게 행정자치부령이 정하는 바에 의하여 기능검정원자격증을 교부하여야 한다. 〈개정 1999. 1. 29〉

③ 다음 각 호의 1에 해당하는 사람은 기능검정원이 될 수 없다. 〈개정 2001. 1. 26〉

1. 27세 미만인 사람

2. 교통사고처리특례법 제3조 제1항 또는 특정범죄가중처벌등에관한법률 제5조의3의 규정에 위반하여 금고 이상의 형의 선고를 받고 그 집행이 종료되거나 집행이 면제된 날부터 2년이 지나지 아니한 사람

3. 교통사고처리특례법 제3조 제1항 또는 특정범죄가중처벌등에관한법률 제5조의3의 규정에 위반하여 금고 이상의 형의 선고를 받고 그 집행유예기간중에 있는 사람

4. 제4항의 규정에 의하여 기능검정원의 자격이 취소된 경우에는 그 자격이 취소된 날부터 3년이 지나지 아니한 사람

5. 기능검정에 사용되는 자동차를 운전할 수 있는 운전면허를 받지 아니하거나 운전면허를 받은 날부터 3년이 지나지 아니한 사람

④ 지방경찰청장은 기능검정원이 다음 각 호의 1에 해당하는 때에는 행정자치부령이 정하는 기준에 의하여 기능검정원자격을 취소하거나 1년의 범위 내에서 기간을 정하여 그 자격의 효력을 정지시킬 수 있다. 다만 제1호 내지 제6호에 해당하는 경우에는 그 자격을 취소하여야 한다. 〈개정 1999. 1. 29〉

1. 허위로 제71조의6 제4항의 규정에 의한 기능검정합격 사실을 증명한 때

2. 허위 또는 부정한 방법으로 기능검정원자격증을 교부받은 때

3. 교통사고처리특례법 제3조 제1항 또는 특정범죄가중처벌등에관한법률 제5조의3의 규정에 위반하여 금고 이상의 형(집행유예를 포함한다)의 선고를 받은 때

4. 기능검정원의 자격정지 기간중에 기능검정을 실시한 때

5. 기능검정원의 자격증을 다른 사람에게 빌려 준 때

6. 기능검정에 사용되는 자동차를 운전할 수 있는 운전면허가 취소된 때

7. 기능검정에 사용되는 자동차를 운전할 수 있는 운전면허의 효력이 정지된 때

8. 기능검정원의 업무에 관하여 부정한 행위를 한 때 [본조 신설 1995. 1. 5]

제71조의5【전문학원의 강사 〈개정 2001. 1. 26〉】

① 강사(전문학원의 강사를 말한다. 이하 이 조에서·같다)의 자격기준은 다음 각 호의 1과 같다.
〈개정 1999. 1. 29, 2001. 1. 26〉

1. 행정자치부령이 정하는 바에 의하여 강사자격시험에 합격하고 경찰청장이 지정하는 전문기관에서 자동차운전교육에 관한 연수교육을 수료한 사람

2. 자동차운전에 관한 기능 및 지식에 관하여 제1호와 동등 이상의 자격이 있다고 행정자치부령이 정하는 사람으로서 경찰청장이 지정하는 전문기관에서 자동차운전교육에 관한 연수교육을 수료한 사람

② 경찰청장은 제1항의 규정에 의한 연수교육을 수료한 사람에게 행정자치부령이 정하는 바에 의하여 강사자격증을 교부하여야 한다. 〈개정 1999. 1. 29〉

③ 다음 각 호의 1에 해당하는 사람은 강사가 될 수 없다. 〈개정 2001. 1. 26〉

1. 20세 미만인 사람

2. 교통사고처리특례법 제3조 제1항 또는 특정범죄가중처벌등에관한법률 제5조의3의 규정에 위반하여 금고 이상의 형의 선고를 받고 그 집행이 종료되거나 집행이 면제된 날부터 2년이 지나지 아니한 사람

3. 교통사고처리특례법 제3조 제1항 또는 특정범죄가중처벌등에관한법률 제5조의3의 규정에 위반하여 금고 이상의 형의 선고를 받고 그 집행유예기간중에 있는 사람

4. 제4항의 규정에 의하여 강사자격증이 취소된 날부터 3년이 지나지 아니한 사람

5. 기능교육에 사용되는 자동차를 운전할 수 있는 운전면허를 받지 아니하거나 운전면허를 받은 날부터 2년이 지나지 아니한 사람

④ 지방경찰청장은 제2항의 규정에 의하여 강사자격증을 교부받은 사람이 다음 각 호의 1에 해당하는 때에는 행정자치부령이 정하는 기준에 의하여 그 강사의 자격을 취소하거나 1년의 범위 안에서 기간을 정하여 그 자격의 효력을 정지시킬 수 있다. 다만 제1호 내지 제5호에 해당하는 경우에는 그 자격을 취소하여야 하고, 제5호 및 제6호의 규정은 학과교육을 담당하는 강사에 대하여는 이를 적용하지 아니한다.〈개정 1999. 1. 29, 2001. 12. 31〉

1. 허위 또는 부정한 방법으로 강사자격증을 교부받은 때

2. 교통사고처리특례법 제3조 제1항 또는 특정범죄가중처벌등에관한법률 제5조의3의 규정에 위반하여 금고 이상의 형(집행유예를 포함한다)의 선고를 받은 때

3. 강사의 자격정지 기간중에 교육을 실시한 때

4. 강사의 자격증을 다른 사람에게 빌려 준 때

5. 기능교육에 사용되는 자동차를 운전할 수 있는 운전면허가 취소된 때

6. 기능교육에 사용되는 자동차를 운전할 수 있는 운전면허의 효력이 정지된 때

7. 강사의 업무에 관하여 부정한 행위를 한 때

8. 제71조의16의 규정을 위반한 때

⑤ 전문학원의 학감은 강사가 아닌 사람으로 하여금 자동차운전에 관한 학과 또는 기능교육을 하게 하여서는 아니된다. [본조 신설 1995. 1. 5]

제71조의6【기능검정】 ① 지방경찰청장은 전문학원의 학감으로 하여금 대통령령이 정하는 바에 의하여 당해 전문학원의 교육생에 대하여 제71조 제1항 제2호 및 동 조 제2항의 규정에 의한 운전기능 또는 도로상 운전능력이 있는지에 관하여 검정(이하 "기능검정" 이라 한다)을 실시하게 할 수 있다.〈개정 2001. 12. 31〉

② 전문학원의 학감은 자동차운전에 관한 학과교육 및 제71조 제1항 제2호의 자동차 등의 운전에 관하여 필요한 기능을 익히기 위한 기능교육(이하 "장내기능교육" 이라 한다)을 수료하거나, 제71조 제2항의 도로상 운전능력을 익히기 위한 기능교육(이하 "도로주행교육" 이라 한다)을 수료한 사람에 한하여 기능검정원으로 하여금 행정자치부령이 정하는 바

에 의하여 기능검정을 실시하게 하여야 한다. 〈개정 1999. 1. 29〉

③ 전문학원의 학감은 기능검정원이 아닌 사람으로 하여금 기능검정을 실시하게 하여서는 아니된다.

④ 기능검정원은 자기가 실시한 기능검정에 합격한 사람에 대하여 그 합격사실을 행정자치부령이 정하는 바에 의하여 서면으로 증명하여야 한다. 〈개정 1999. 1. 29〉

⑤ 전문학원의 학감은 제4항의 규정에 의하여 기능검정원이 합격한 사실을 서면으로 증명한 사람에 대하여 행정자치부령이 정하는 바에 의하여 기능검정의 종류에 따라 수료증 또는 졸업증을 교부하여야 한다. 〈개정 1999. 1. 29〉 [본조 신설 1995. 1. 5]

제71조의7 삭제 〈1999. 1. 29〉

제71조의8 삭제 〈2001. 1. 26〉

제71조의9 삭제 〈2001. 1. 26〉

제71조의10 삭제 〈2001. 1. 26〉

제71조의11【공무원의 의제】 전문학원의 학감·부학감은 기능검정 및 수강사실 확인업무에 관하여, 기능검정원은 기능검정업무에 관하여, 강사는 수강사실 확인업무에 관하여 형법 기타 법률에 의한 벌칙의 적용에 있어서 이를 공무원으로 본다. 〈개정 2001. 1. 26〉 [본조 신설 1995. 1. 5]

제71조의12 삭제 〈2001. 1. 26〉

제71조의13【유사명칭 등 사용금지 〈개정 2001. 1. 26〉】 ① 이 법에 의한 전문학원이 아닌 학원은 그 명칭 중에 "전문학원" 또는 이와 유사한 용어를 사용하지 못한다. 〈개정 2001. 1. 26〉

② 제70조의2의 규정에 의한 학원의 등록을 하지 아니한 자는 학원 또는 전문학원과 유사한 명칭을 사용하여 상호를 게시하거나 광고를 하여서는 아니된다. 〈신설 2001. 1. 26〉

③ 제70조의2의 규정에 의한 학원의 등록을 하지 아니한 자는 그가 소유하거나 임차한 자동차에 학원 또는 전문학원의 도로주행교육용 자동차와 유사한 표시를 하지 못한다. 〈신설 2001. 1. 26〉 [본조 신설 1995. 1. 5]

제71조의14【자동차운전전문학원연합회】 ① 전문학원의 설립자는 전문학원의 건전한 육성발전과 전문학원간의 상호협조 및 공동이익의 증진을 위하여 자동차운전전문학원연합회(이하 "연합회"라 한다)를 설립할 수 있다.

② 연합회는 법인으로 한다.

③ 연합회의 정관에는 다음 각 호의 사항을 기재하여야 한다.

1. 목적

2. 명칭

3. 주된 사무소의 소재지

4. 이사회 및 회원에 관한 사항

5. 임원 및 직원에 관한 사항

6. 사업에 관한 사항

7. 재산 및 회계에 관한 사항

8. 정관의 변경에 관한 사항

④ 제3항의 규정에 의한 정관은 경찰청장의 인가를 받아야 한다. 정관을 변경하는 경우에도 또한 같다.

⑤ 연합회는 다음 각 호의 사업을 한다.

1. 전문학원제도의 발전을 위한 연구

2. 전문학원의 교육시설 및 교재의 개발

3. 전문학원에서 실시하는 교육 및 기능검정방법의 연구개발

4. 전문학원의 학감 · 부학감 · 기능검정원 및 강사의 교육훈련과 복지증진사업

5. 경찰청장으로부터 위탁받은 사항

6. 기타 연합회의 목적달성에 필요한 사업

⑥ 경찰청장은 대통령령이 정하는 바에 의하여 연합회를 감독하며, 연합회의 건전한 운영을 위하여 필요한 명령을 할 수 있다.

⑦ 연합회에 관하여 이 법에 규정된 것을 제외하고는 민법 중 사단법인에 관한 규정을 준용한다. [본조 신설 1995. 1. 5]

제71조의15【행정처분】 ① 지방경찰청장은 학원 또는 전문학원이 다음 각 호의 1에 해당하는 때에는 행정자치부령이 정하는 기준에 의하여 그 등록을 취소하거나 1년 이내의 기간을 정하여 운영의 정지를 명할 수 있다. 다만 제1호에 해당하는 경우에는 그 등록을 취소하여야 한다. 〈개정 2001. 12. 31〉

1. 허위, 기타 부정한 방법으로 제70조의2의 규정에 의한 등록을 하거나 제71조의2 제1항의 규정에 의한 지정을 받은 때

2. 제70조의4의 규정에 의한 시설기준에 미달하게 된 때

3. 정당한 사유 없이 개원예정일부터 2월이 지날 때까지 개원하지 아니한 때

4. 정당한 사유 없이 계속하여 2월 이상 휴원한 때

5. 등록한 사항에 관하여 변경등록을 하지 아니하고 이를 변경하는 등 부정한 방법으로 학원을 운영한 때

6. 제70조의7 또는 제71조의2 제1항 제4호의 규정에 의한 교육과정 · 교육방법 및 운영기준 등에 위반하여 교육을 실시하거나 교육사실을 허위로 증명한 때

7. 제70조의8 제1항의 규정에 의한 강사배치기준 또는 제71조의2 제1항 제2호의 규정에 의한 기능검정원 및 강사배치기준을 위반한 때

8. 제101조 제3항의 규정에 의한 자료제출 또는 보고를 하지 아니하거나 허위의 자료를 제출 또는 보고한 때

9. 제101조 제3항의 규정에 의한 관계공무원의 출입·검사를 거부·방해 또는 기피한 때

10. 제101조 제3항의 규정에 의한 시설·설비의 개선, 그 밖에 필요한 명령에 따르지 아니한 때

11. 기타 이 법 또는 이 법에 의한 명령이나 처분에 위반한 때

② 지방경찰청장은 전문학원이 다음 각 호의 1에 해당하는 때에는 행정자치부령이 정하는 기준에 의하여 학원의 등록을 취소하거나 1년 이내의 기간을 정하여 운영의 정지를 명할 수 있다. 〈개정 2001. 12. 31〉

1. 삭제 〈2001. 12. 31〉

2. 삭제 〈2001. 12. 31〉

3. 제71조의2 제3항의 규정에 위반하여 승인을 얻지 아니한 때

4. 제71조의5 제5항 또는 제71조의6 제3항의 규정에 위반한 때

5. 제71조의6 제2항의 규정에 위반하여 자동차운전에 관한 학과 및 기능교육을 수료하지 아니한 사람 또는 도로주행교육을 수료하지 아니한 사람에게 기능검정을 실시한 때

6. 기능검정원이 제71조의6 제4항의 규정에 위반하여 허위로 기능검정시험의 합격사실을 증명한 때

7. 학감이 제71조의6 제5항의 규정에 위반하여 기능검정에 합격하지 아니한 사람에게 수료증 또는 졸업증을 교부한 때

8. 당해 전문학원을 졸업하고 운전면허를 받은 사람 중 교통사고를 일으키거나 중요 교통법규를 위반한 사람의 비율이 대통령령이 정하는 비율을 초과한 때

9. 제72조의2 제1항의 규정에 의한 교통안전교육을 실시하지 아니하는 때

③ 지방경찰청장은 전문학원이 다음 각 호의 1에 해당하는 때에는 행정자치부령이 정하는 기준에 의하여 그 지정을 취소할 수 있다.

1. 제71조의2 제1항 제1호 내지 제3호의 규정에 의한 지정기준에 적합하지 아니하게 된 때

2. 제1항 및 제2항의 규정에 의하여 전문학원의 운영이 정지된 때

④ 지방경찰청장은 학원 또는 전문학원이 제1항 또는 제2항의 규정에 의한 운영정지명령에 위반하여 계속 운영행위를 하는 때에는 행정자치부령이 정하는 기준에 의하여 그 등록을 취소하거나 1년 이내의 기간을 정하여 추가로 운영의 정지를 명할 수 있다. [본조 신설 2001. 1. 26]

제71조의16【무등록 유상 운전교육 등의 금지】 제70조의2의 규정에 의한 학원의 등록을 하지 아니한 사람은 대가를 받고 다음 각 호의 1에 해당하는 행위를 하여서는 아니된다.

1. 학원 또는 전문학원 밖이나 그 명의를 대여받아 학원 또는 전문학원 안에서 실시하는 자동차운전교육
2. 자동차 운전연습을 할 수 있는 시설을 갖추고 이를 이용하게 하는 행위 [전문개정 2001. 12. 31]

제71조의17【학원 등에 대한 조치】 ① 지방경찰청장은 제70조의2 또는 제71조의2 제1항의 규정에 의한 등록 또는 지정을 받지 아니하고 학원 또는 전문학원을 설립·운영하거나, 제71조의15의 규정에 의하여 그 등록이 취소되거나 운영정지처분을 받은 학원 또는 전문학원이 계속하여 자동차운전교육을 하는 경우에는 당해 학원 또는 전문학원을 폐쇄하거나 운영을 중지시키기 위하여 다음 각 호의 조치를 할 수 있다.

1. 당해 학원 또는 전문학원의 간판, 기타 표지물을 제거하거나 교육생의 출입을 제한하기 위한 시설물의 설치
2. 당해 학원 또는 전문학원이 등록 또는 지정을 받지 아니한 시설이거나 제71조의15의 규정에 의한 행정처분을 받은 시설임을 알리는 게시문의 부착

② 제1항의 규정에 의한 조치는 그 목적을 달성하기 위하여 필요한 최소한의 범위 안에서 행하여야 한다.

③ 제1항의 규정에 의하여 조치를 하는 관계공무원은 그 권한을 나타내는 증표를 지니고 관계자의 요구가 있을 때에는 이를 내보여야 한다. [본조 신설 2001. 1. 26]

제72조【운전면허시험의 면제】 다음 각 호의 1에 해당하는 사람에 대하여는 대통령령이 정하는 바에 의하여 운전면허시험의 일부를 면제한다. 〈개정 1995. 1. 5, 1997. 8. 30, 1999. 1. 29, 2001. 1. 26, 2004. 2. 9〉

1. 대학교·전문대학교 또는 공업고등학교의 기계과 또는 자동차에 관한 학과를 졸업한 사람으로서 재학중 자동차에 관한 과목을 배운 사람
2. 국가기술자격법 제10조의 규정에 의하여 자동차정비나 검사에 관한 기술자격시험에 합격한 사람
3. 외국의 권한 있는 기관에서 교부한 자동차운전면허증을 가진 사람
4. 군복무중 6월 이상 군의 자동차 등을 운전한 경험이 있는 사람
5. 제74조 제1항의 규정에 의한 적성검사를 받지 아니하거나 동 조 제4항의 규정에 의한 면허증 갱신을 하지 아니하여 운전면허가 취소된 후 다시 면허를 받고자 하는 사람
6. 이미 받은 운전면허와 다른 종류의 운전면허를 받고자 하는 사람
7. 제71조의6 제5항의 규정에 의한 전문학원의 수료증 또는 졸업증을 소지한 사람
8. 군사분계선 이북지역에서 운전면허를 받은 사실이 인정되는 사람
9. 제78조 제1항 제9호 내지 제11호 또는 제13호의 규정에 의하여 운전면허가 취소된 후 다시 운전면허를 받고자 하는 사람

제72조의2【교통안전교육기관의 지정 등】 ① 제49조 제1항의 규정에 의하여 운전면허를 받고자 하는 사람이 받아야 하는 교통안전교육(이하 "교통안전교육"이라 한다)은 전문학원과 제2항의 규정에 의하여 지방경찰청장이 지정한 기관 또는 시설에서 실시한다.

② 지방경찰청장은 교통안전교육을 실시하기 위하여 다음 각 호의 1에 해당하는 기관 또는 시설이 대통령령이 정하는 시설·설비 및 강사 등의 요건을 갖추어 신청하는 때에는 당해 기관 또는 시설을 교통안전교육을 실시하는 기관(이하 "교통안전교육기관"이라 한다)으로 지정할 수 있다.

1. 제70조의2의 규정에 의한 학원
2. 제83조 및 제84조의 규정에 의한 도로교통안전관리공단, 그 지부·지소 및 교육기관
3. 평생교육법 제25조 제4항의 규정에 의한 평생교육과정이 개설된 대학부설 시설
4. 책임운영기관의설치·운영에관한법률 제4조의 규정에 의하여 설치된 책임운영기관으로서 운전면허를 관리하는 기관의 교육시설
5. 시·군 또는 자치구에서 운영하는 교육시설

③ 지방경찰청장은 제2항의 규정에 의하여 교통안전교육기관을 지정한 때에는 행정자치부령이 정하는 지정증을 교부하여야 한다.

④ 지방경찰청장은 다음 각 호의 1에 해당하는 기관을 교통안전교육기관으로 지정하여서는 아니된다.

1. 제72조의7의 규정에 의하여 지정이 취소된 교통안전교육기관을 설립·운영한 자가 그 지정이 취소된 날부터 3년이 지나지 아니하고 설립·운영하는 기관
2. 제72조의7의 규정에 의하여 지정이 취소된 날부터 3년 이내에 같은 장소에서 설립·운영되는 기관 [본조 신설 2001. 12. 31]

제72조의3【교통안전교육기관의 운영책임자】 ① 교통안전교육기관의 장은 교육업무를 효율적으로 관리하기 위하여 필요하다고 인정하는 때에는 당해 기관의 소속직원(제72조의4 제1항의 규정에 의한 교통안전교육강사를 제외한다) 중에서 교통안전교육기관의 운영책임자를 임명할 수 있다.

② 교통안전교육기관의 장(교통안전교육기관의 장이 제1항의 규정에 의하여 교통안전교육기관의 운영책임자를 임명한 때에는 그 운영책임자를 말한다. 이하 같다)은 교통안전교육을 담당하는 강사(이하 "교통안전교육강사"라 한다)를 지도·감독하고 교통안전교육업무가 공정하게 이루어지도록 관리하여야 한다. [본조 신설 2001. 12. 31]

제72조의4【교통안전교육강사의 자격기준 등】 ① 교통안전교육기관에는 교통안전교육강사를 두어야 한다.

② 제1항의 규정에 의한 교통안전교육강사는 다음 각 호의 1에 해당하는 사람이어야 한다.
1. 제71조의5 제2항의 규정에 의하여 경찰청장이 교부한 학과교육 강사자격증을 소지한

사람

2. 고등교육법에 의한 수업연한이 4년 이상인 대학을 졸업한 사람(이와 동등 이상의 학력이 인정되는 사람을 포함한다)이나 초·중등교육법 제21조 제2항의 규정에 의한 1급 또는 2급 정교사의 자격을 취득한 사람으로서 다음 각목의 1에 해당하는 사람

가. 도로교통 관련 행정 또는 교육업무에 2년 이상 종사한 경력이 있는 사람

나. 경찰청장이 정하는 교통안전에 관한 교육과정을 이수한 사람

③ 제71조의5 제3항 각 호의 1에 해당하는 사람은 교통안전교육강사가 될 수 없다.

④ 교통안전교육기관의 장은 교통안전교육강사가 아닌 사람으로 하여금 교통안전교육을 하게 하여서는 아니된다.

⑤ 지방경찰청장은 도로교통 관련 법령이 개정되거나 효과적인 교통안전교육을 위하여 필요하다고 인정하는 때에는 교통안전교육강사에 대하여 대통령령이 정하는 바에 의하여 연수교육을 실시할 수 있다. [본조 신설 2001. 12. 31]

제72조의5 【교통안전교육의 수강확인 등】 ① 교통안전교육강사는 제49조 제1항의 규정에 의한 교통안전교육을 실시하여 교육을 마친 때에는 개인별 수강내역을 교통안전교육기관의 장에게 보고하여야 한다.

② 교통안전교육기관의 장은 제1항의 규정에 의한 보고를 받은 경우 대통령령이 정하는 기준에 해당하는 교육을 받은 사람에게 교육필증을 교부하고 지체 없이 관할 지방경찰청장에게 그 사실을 보고하여야 한다. [본조 신설 2001. 12. 31]

제72조의6 【교통안전교육기관 운영의 정지 또는 폐지의 신고】 교통안전교육기관의 장은 당해 교통안전교육기관의 운영을 1월 이상 정지하거나 폐지하고자 하는 때에는 정지 또는 폐지 예정일 7일 전까지 행정자치부령이 정하는 바에 의하여 지방경찰청장에게 이를 신고하여야 한다. [본조 신설 2001. 12. 31]

제72조의7 【교통안전교육기관의 지정취소 등】 지방경찰청장은 교통안전교육기관이 다음 각 호의 1에 해당하는 때에는 그 지정을 취소하여야 한다.

1. 교통안전교육기관이 제72조의2 제2항의 규정에 의한 지정기준에 적합하지 아니하여 시정명령을 받고 30일 이내에 이를 시정하지 아니한 때

2. 교통안전교육기관의 장이 제72조의5 제2항의 규정을 위반하여 교통안전교육과정을 이수하지 아니한 사람에게 교육필증을 교부한 때

3. 교통안전교육기관의 장이 제101조 제3항의 규정을 위반하여 자료제출 또는 보고를 하지 아니하거나 허위의 자료를 제출 또는 보고한 때

4. 교통안전교육기관의 장이 제101조 제3항의 규정을 위반하여 관계공무원의 출입·검사를 거부·방해 또는 기피한 때 [본조 신설 2001. 12. 31]

제73조 【면허증의 재교부】 운전면허증을 잃어버렸거나 그 운전면허증이 헐어 못쓰게

된 때에는 행정자치부령이 정하는 바에 의하여 지방경찰청장에게 신고하여 다시 교부받을 수 있다. 〈개정 1991. 5. 31, 1995. 1. 5, 1999. 1. 29〉

제74조【정기적성검사 및 면허증의 갱신】 ① 운전면허(연습운전면허를 제외한다. 이하 이 조 및 제74조의2에서 같다)를 받은 사람은 제2항의 규정에 의한 기간 내에 대통령령이 정하는 바에 의하여 운전면허시험기관의 장이 실시하는 정기적성검사를 받아야 한다. 다만 제2종 운전면허를 받은 사람은 그러하지 아니하다. 〈개정 1999. 8. 31〉

② 제1종 운전면허의 정기적성검사기간은 다음 각 호와 같다.

1. 최초의 정기적성검사기간은 제71조 제1항 또는 동 조 제2항의 규정에 의한 운전면허시험에 합격한 날부터 기산하여 7년(65세 이상인 사람은 5년)이 되는 날부터 3월 이내

2. 제1호 외의 정기적성검사기간은 직전의 정기적성검사기간이 시작되는 날부터 기산하여 7년(65세 이상인 사람은 5년)이 되는 날부터 3월 이내

③ 지방경찰청장은 제1종 운전면허를 받은 사람이 정기적성검사에 합격한 경우에는 운전면허증을 갱신교부하여야 한다.

④ 제2종 운전면허를 받은 사람은 다음 각 호의 규정에 의한 운전면허증 갱신기간 내에 지방경찰청장으로부터 운전면허증을 갱신교부받아야 한다. 〈개정 2001. 1. 26〉

1. 최초의 운전면허증 갱신기간은 제71조 제1항 또는 제2항의 규정에 의한 운전면허시험에 합격한 날부터 기산하여 9년이 되는 날부터 3월 이내

2. 제1호 외의 운전면허증 갱신기간은 직전의 운전면허증 갱신기간이 시작되는 날부터 기산하여 9년이 되는 날부터 3월 이내 [전문개정 1999. 1. 29]

제74조의2【수시적성검사】 ① 운전면허를 받은 사람(국제운전면허증을 받은 사람을 포함한다)이 안전운전에 장애가 되는 후천적 신체장애 등 대통령령이 정하는 사유에 해당되는 때에는 운전면허시험기관의 장이 실시하는 수시적성검사를 받아야 한다. 〈개정 1999. 8. 31〉

② 제1항의 규정에 의한 수시적성검사의 기간·통지, 그 밖에 필요한 사항은 대통령령으로 정한다. [본조 신설 1999. 1. 29]

제74조의3【개인정보의 통보】 ① 제74조의2 제1항의 규정에 의하여 수시적성검사를 받아야 하는 사람의 후천적 신체장애 등에 관한 개인정보를 가지고 있는 기관 중 대통령령이 정하는 기관의 장은 수시적성검사와 관련이 있는 개인정보를 경찰청장에게 통보하여야 한다.

② 제1항의 규정에 의하여 경찰청장에게 통보하여야 하는 개인정보의 내용·통보방법, 그 밖에 필요한 사항은 대통령령으로 정한다. [본조 신설 1999. 1. 29]

제75조 삭제 〈1999. 1. 29〉

제76조【임시운전증명서】 ① 지방경찰청장은 다음 각 호의 1에 해당하는 사람이 임시

운전증명서 교부를 신청한 때에는 행정자치부령이 정하는 바에 의하여 임시운전증명서를 교부하여야 한다. 다만 제3호의 경우에는 소지하고 있는 운전면허증에 행정자치부령이 정하는 사항을 기재하여 교부함으로써 임시운전증명서의 교부에 갈음할 수 있다. 〈개정 2001. 12. 31〉

1. 운전면허시험응시자가 운전면허시험에 합격한 경우
2. 운전면허증을 받은 사람이 제73조의 규정에 의한 신고를 한 경우
3. 제74조의 규정에 의한 적성검사 또는 운전면허증 갱신교부의 신청을 하거나 제74조의 2의 규정에 의한 수시적성검사를 신청한 경우
4. 제78조의 규정에 의한 운전면허의 취소 또는 정지 처분대상자가 운전면허증을 제출한 경우

② 제1항의 임시운전증명서는 그 유효기간중 운전면허증과 같은 효력이 있다.

제77조【면허증휴대 및 제시의무】 ① 자동차 등을 운전하는 때에는 운전면허증(제80조의 규정에 의한 국제운전면허증 및 건설기계관리법에 의한 건설기계조종사면허증을 포함한다. 이하 "운전면허증 등"이라 한다)이나 운전면허증 등에 갈음하는 증명서(제76조의 규정에 의한 임시운전증명서, 제99조의 규정에 의한 출석지시서 및 범칙금납부통고서, 제102조의2 제2항의 규정에 의한 고지서를 말한다. 이하 같다)를 지니고 있어야 한다. 〈개정 1995. 1. 5, 1999. 1. 29〉

② 제1항의 운전자는 운전중에 경찰공무원으로부터 운전면허증 등이나 이에 갈음하는 증명서의 제시요구를 받은 때에는 이를 내보여야 한다. 〈개정 1995. 1. 5〉

제78조【면허의 취소·정지】 ① 지방경찰청장은 운전면허(연습운전면허를 제외한다. 이하 이 조에서 같다)를 받은 사람이 다음 각 호의 1에 해당하는 때에는 행정자치부령이 정하는 기준에 의하여 운전면허를 취소하거나 1년의 범위 안에서 그 운전면허의 효력을 정지시킬 수 있다. 다만 제1호, 제2호, 제3호(정기적성검사기간이 경과된 때를 제외한다), 제5호 내지 제8호, 제10호, 제11호, 제13호 및 제14호에 해당하는 때에는 그 운전면허를 취소하여야 한다. 〈개정 1990. 8. 1, 1991. 5. 31, 1991. 12. 14, 1995. 1. 5, 1997. 8. 30, 1999. 1. 29, 1999. 8. 31, 2001. 1. 26, 2001. 12. 31〉

1. 제70조 제1항 제2호 내지 제5호에 해당하게 된 때
2. 제70조의 규정에 의하여 운전면허를 받을 자격이 없는 사람이 운전면허를 받거나 허위 또는 부정한 수단으로 운전면허를 받은 때, 운전면허효력의 정지기간중 운전면허증 또는 운전면허증에 갈음하는 증명서를 교부받은 사실이 드러난 때
3. 제74조 제1항 또는 제74조의2 제1항의 규정에 의한 적성검사를 받지 아니하거나 그 적성검사에 불합격된 때
4. 운전중 고의 또는 과실로 교통사고를 일으킨 때

5. 운전면허를 받은 사람이 자동차 등을 이용하여 범죄행위를 한 때

6. 다른 사람의 자동차 등을 훔치거나 빼앗은 때

7. 다른 사람이 부정하게 운전면허를 받도록 하기 위하여 제71조의 규정에 의한 운전면허 시험에 응시한 때

8. 제41조 제2항의 규정에 위반하여 술에 취한 상태에 있다고 인정할 만한 상당한 이유가 있음에도 불구하고 경찰공무원의 측정에 응하지 아니한 때

8의2. 제41조 제1항의 규정에 위반하여 술에 취한 상태에서 운전을 한 때

8의3. 제42조의 규정에 위반하여 약물의 영향으로 인하여 정상적으로 운전하지 못할 염려가 있는 상태에서 자동차 등을 운전한 때

9. 이 법에 의한 교통단속임무를 수행하는 경찰공무원 등 및 시·군 공무원에 대하여 폭행한 때

10. 운전면허증을 다른 사람에게 빌려주어 운전하게 하거나 다른 사람의 운전면허증을 빌려 이를 행사한 때

11. 자동차관리법의 규정에 의하여 등록되지 아니하거나 임시운행허가를 받지 아니한 자동차(이륜자동차를 제외한다)를 운전한 때

12. 교통사고로 사람을 사상한 후 제50조 제1항 또는 제2항의 규정에 의한 필요한 조치 또는 신고를 하지 아니한 때

13. 제1종 보통면허 및 제2종 보통면허를 받기 이전에 연습운전면허의 취소사유가 있었던 때

14. 제41조 제1항 또는 제2항의 규정을 2회 이상 위반한 사람이 다시 제41조 제1항의 규정을 위반하여 운전면허 정지사유에 해당된 때

15. 제74조 제4항의 규정에 의한 기간 내에 운전면허증을 갱신하지 아니하고 1년이 경과된 때

16. 다른 법률의 규정에 의하여 관계행정기관의 장이 운전면허의 취소 또는 정지의 처분을 요청한 때

17. 이 법 및 이 법에 의하여 도로교통의 안전과 원활한 소통을 확보하기 위하여 행하는 명령이나 처분을 위반한 때

② 지방경찰청장은 연습운전면허를 교부받은 사람이 운전중 고의 또는 과실로 교통사고를 일으키거나 이 법 또는 이 법에 의한 명령에 위반한 때에는 그 면허를 취소하여야 한다. 다만 본인에게 귀책사유가 없는 경우 등 대통령령이 정하는 경우에는 그러하지 아니하다. 〈신설 1995. 1. 5〉

③ 지방경찰청장은 제1항의 규정에 의하여 운전면허를 취소하거나 정지한 때 또는 제2항의 규정에 의하여 연습운전면허를 취소한 때에는 그 운전면허 또는 연습운전면허를 받은 사

람에게 행정자치부령이 정하는 바에 의하여 그 사실을 통지하여야 한다. 다만 소재불명으로 통지를 할 수 없는 때에는 그 면허증에 기재된 주소지를 관할하는 경찰관서에 10일간 공고함으로써 통지에 갈음할 수 있다. 〈신설 1999. 1. 29〉

제79조【면허증의 반납】 ① 운전면허증을 받은 사람이 다음 각 호의 1에 해당하는 때에는 그 사유가 발생한 날로부터 7일 이내에 주소지를 관할하는 지방경찰청장에게 그 운전면허증을 반납하여야 한다. 〈개정 1991. 5. 31, 1995. 1. 5, 2001. 1. 26〉

1. 운전면허가 취소된 때
2. 운전면허증을 잃어버리고 다시 교부받은 후 그 잃어버린 운전면허증을 찾은 때
3. 연습운전면허증을 받은 사람이 제1종 보통면허증 또는 제2종 보통면허증을 받은 때
4. 운전면허의 효력이 정지된 때

② 지방경찰청장이 제1항 제4호의 규정에 의하여 운전면허증을 반납 받은 때에는 이를 보관하였다가 정지기간이 끝난 즉시 돌려주어야 한다. 〈개정 1991. 5. 31, 2001. 1. 26〉

제8장 국제운전면허증

제80조【국제운전면허증에 의한 자동차 등의 운전】 ① 국제운전면허증을 외국에서 발급 받은 사람은 제68조 제1항의 규정에 불구하고 입국한 날로부터 1년의 기간에 한하여 국내에서 그 국제운전면허증으로 자동차 등을 운전할 수 있다. 이 경우에 운전할 수 있는 차종은 그 국제운전면허증에 기재된 것에 한한다. 〈개정 2001. 1. 26〉

② 국제운전면허를 외국에서 발급 받은 사람은 여객자동차운수사업법 또는 화물자동차 운수사업법에 의한 사업용 자동차를 운전할 수 없다. 다만 여객자동차운수사업법에 의한 대여사업용 자동차를 임차하여 운전하는 경우에는 그러하지 아니하다. 〈개정 1999. 8. 31, 2001. 1. 26〉

제81조【자동차 등의 운전금지】 ① 제80조의 규정에 의하여 국제운전면허증을 가지고 국내에서 자동차 등을 운전하는 사람이 다음 각 호의 1에 해당하는 때에는 그 사람의 주소지를 관할하는 지방경찰청장은 행정자치부령이 정한 기준에 따라 1년을 넘지 아니하는 범위 내에서 그 국제운전면허증에 의한 자동차 등의 운전을 금지할 수 있다. 〈개정 1991. 5. 31, 1997. 8. 30, 1999. 1. 29〉

1. 제74조의2 제1항의 규정에 의한 적성검사를 받지 아니하였거나 그 적성검사에 불합격된 때
2. 운전중 고의 또는 과실로 교통사고를 일으킨 때

3. 대한민국 국적을 가진 사람이 제78조 제1항의 규정에 의하여 운전면허가 취소되거나 그 효력이 정지된 후 제70조 제2항 각 호에 규정된 기간이 지나지 아니한 때

4. 자동차 등의 운전에 관하여 이 법 또는 이 법에 의한 명령이나 처분을 위반한 때

② 제1항의 규정에 의하여 자동차 등의 운전이 금지된 사람은 지체 없이 그 국제운전면허증을 금지한 지방경찰청장에게 제출하여야 한다. 〈개정 1991. 5. 31〉

③ 지방경찰청장은 제1항의 규정에 의한 금지기간이 만료된 경우 또는 금지처분을 받은 사람이 그 금지기간중에 출국하는 경우에 그 사람의 반환청구가 있는 때에는 지체 없이 그 보관중인 국제운전면허증을 돌려주어야 한다. 〈개정 1991. 5. 31〉

제82조【국제운전면허증의 교부 등】 ① 제68조의 규정에 의하여 운전면허를 받은 사람이 국외에서 운전하기 위하여 국제협약에 의한 국제운전면허증을 교부받고자 하는 때에는 지방경찰청장에게 신청하여야 한다. 〈개정 1991. 5. 31〉

② 제1항의 규정에 의한 국제운전면허증의 유효기간은 교부받은 날로부터 1년으로 한다.

③ 제1항의 규정에 의한 국제운전면허증은 이를 교부받은 사람의 국내운전면허의 효력이 없어지거나 취소된 때에는 그 효력도 없어진다.

④ 제1항의 규정에 의한 국제운전면허증은 이를 교부받은 사람의 국내운전면허의 효력이 정지된 때에는 그 정지기간중 효력이 정지된다.

⑤ 제1항의 규정에 의한 국제운전면허증의 교부에 관하여 필요한 사항은 행정자치부령으로 정한다. 〈개정 1999. 1. 29〉

제9장 도로교통안전관리공단 〈개정 1999. 1. 29〉

제83조【도로교통안전관리공단의 설립 〈개정 1999. 1. 29〉】 ① 도로에서의 교통안전계몽 및 교육과 교통안전에 관한 기술개발 등을 통하여 교통질서를 확립하고 교통의 안전성을 높임으로써 도로에서 일어나는 교통상의 위험과 장해를 예방하는데 이바지하기 위하여 도로교통안전관리공단(이하 "공단"이라 한다)을 설립한다. 〈개정 1999. 1. 29, 1999. 8. 31〉

② 공단은 법인으로 한다. 〈개정 1999. 1. 29〉

③ 공단의 설립과 등기에 관하여 필요한 사항은 대통령령으로 정한다.
〈개정 1999. 1. 29〉

제84조【지부 등의 설치】 공단은 정관이 정하는 바에 의하여 지부 또는 지소와 연구원·교통사고분석센터 및 교육기관을 둘 수 있다. 〈개정 1990. 8. 1, 1995. 1. 5, 1999. 1.

29〉

제85조 【정관】 ① 공단의 정관에는 다음 각 호의 사항을 기재하여야 한다. 〈개정 1999. 1. 29, 2001. 12. 31〉

1. 목 적
2. 명 칭
3. 주된 사무소의 소재지
4. 사업에 관한 사항
5. 이사회에 관한 사항
6. 임원 및 직원에 관한 사항
7. 재산 및 회계에 관한 사항
8. 운영자금에 관한 사항
9. 공고에 관한 사항
10. 정관의 변경에 관한 사항

② 공단이 정관을 변경하고자 하는 때에는 경찰청장의 인가를 받아야 한다. 〈개정 1991. 5. 31, 1999. 1. 29〉

제86조 【사업】 공단은 다음 각 호의 사업을 한다. 〈개정 1990. 8. 1, 1995. 1. 5, 1999. 1. 29, 1999. 8. 31, 2001. 12. 31〉

1. 도로교통안전대책에 관한 조사 및 연구
2. 도로교통안전기술의 연구 · 개발 · 보급 및 기술용역
3. 도로교통안전에 관한 홍보 및 방송
4. 도로교통안전에 관한 교육 · 훈련
5. 도로교통안전시설 및 교통단속장비의 시험 · 검사 · 운영 · 관리 및 기술지원
6. 도로교통안전에 관한 자료의 수집과 출판 및 배포
7. 도로교통관계법령의 시행상 문제점에 대한 건의
8. 도로교통안전에 관한 외국의 기술도입 및 도로교통안전관계단체와의 국제협력
9. 도로교통안전행정업무에 관한 기술지원 및 도로교통행정관련 공무원에 대한 교육훈련 지원
10. 도로교통사고의 조사 · 분석 및 그 지원에 관한 업무
11. 국가 또는 지방자치단체가 위탁하는 도로교통안전에 관한 업무
12. 제1호 내지 제11호에 규정된 사업의 부대사업
13. 그 밖의 공단의 목적 달성에 필요한 사업

제86조의2 【비용 등의 부담】 공단은 법인 · 단체 또는 개인으로부터 제86조의 규정에 의한 사업과 관련된 업무의 의뢰를 받은 때에는 그 의뢰를 한 자에게 업무의 수행에 필요한

비용을 받을 수 있다. [본조 신설 2001. 12. 31]

제87조【임원】 ① 공단에 이사장 1명을 포함한 5인 이내의 이사와 감사 1인을 둔다. 〈개정 1999. 1. 29〉

② 이사장 및 감사의 임명과 해임은 경찰청장이 하고, 이사는 이사장이 경찰청장의 승인을 얻어 임명 또는 해임한다. 〈개정 1991. 5. 31〉

③ 이사장·이사 및 감사의 임기는 2년으로 한다. 〈개정 1997. 8. 30〉

제88조【임원의 직무】 ① 이사장은 공단을 대표하고 공단의 사무를 통할한다. 〈개정 1999. 1. 29〉

② 감사는 공단의 회계와 업무를 감사한다. 〈개정 1999. 1. 29〉

제89조【임원의 결격사유】 ① 다음 각 호의 1에 해당하는 사람은 공단의 임원이 될 수 없다.

1. 미성년자·금치산자 또는 한정치산자
2. 파산자로서 복권되지 아니한 자
3. 금고 이상의 실형의 선고를 받고 그 집행이 종료(종료된 것으로 보는 경우를 포함한다) 되거나 집행이 면제된 날부터 2년이 경과되지 아니한 자
4. 금고 이상의 형의 집행유예를 받고 그 유예기간중에 있는 자
5. 금고 이상의 형의 선고유예기간중에 있는 사람
6. 법률 또는 판결에 의하여 자격이 상실 또는 정지된 사람
7. 국가공무원법 또는 경찰공무원법 등 관련 법률에 의하여 징계면직의 처분을 받은 때부터 2년이 경과되지 아니한 사람

② 임원이 제1항 각 호의 1에 해당하게 되거나 임명 당시 그에 해당하는 자이었음이 판명된 때에는 당연 퇴임한다.

③ 제2항의 규정에 의하여 퇴임된 임원이 퇴임 전에 관여한 행위는 그 효력을 잃지 아니한다. [전문 개정 2001. 12. 31]

제90조【이사회】 ① 공단의 중요사항을 결정하기 위하여 공단에 이사회를 둔다. 〈개정 1999. 1. 29〉

② 이사회는 이사장을 포함한 이사로 구성한다.

③ 이사장은 이사회를 소집하며, 그 의장이 된다.

④ 이사회는 재직이사 과반수의 출석과 출석이사 과반수의 찬성으로 의결한다.

⑤ 감사는 이사회에 출석하여 의견을 진술할 수 있다.

제91조【직원】 공단의 직원은 정관이 정하는 바에 의하여 이사장이 임명 또는 해임한다. 〈개정 1999. 1. 29〉

제92조【운영자금 등】 ① 공단의 운영 및 도로교통안전에 관한 사업에 소요되는 자금

은 다음 각 호의 재원으로 충당한다.

1. 정부 및 지방자치단체 또는 그 밖의 자의 출연금 또는 기부금

2. 제86조의 규정에 의한 사업의 수행에 의한 수입금

3. 자산의 관리 · 운용에 따른 수익금

4. 보조금 · 융자금 또는 차입금(외국으로부터 차입한 자금과 도입한 물자를 포함한다)

5. 그 밖의 수입금

② 공단은 제86조의 규정에 의한 사업의 수행을 위하여 필요하다고 인정되는 경우에는 경찰청장의 승인을 얻어 자금(국제기구 · 외국정부 또는 외국인으로부터 차입한 자금과 도입한 물자를 포함한다)을 차입할 수 있다.

③ 공단은 매 사업연도말의 결산결과 잉여금이 있는 때에는 이월손실을 보전하고 그 나머지는 다음 연도의 세입에 이입한다.

④ 제1항 제4호의 규정에 의한 보조금 · 융자금 또는 차입금의 사용용도 및 사용절차 등에 관하여 필요한 사항은 대통령령으로 정한다. [전문개정 2001. 12. 31]

제92조의2 【출자 등】 ① 공단은 사업을 효율적으로 수행하기 위하여 필요한 경우에는 제86조의 규정에 의한 사업과 관련된 사업에 출자하거나 출연할 수 있다.

② 제1항의 규정에 의한 출자 또는 출연과 그 운영에 관하여 필요한 사항은 대통령령으로 정한다. [전문개정 2001. 12. 31]

제93조 【공유재산의 무상대부】 지방자치단체는 공단의 시설과 운영을 위하여 필요한 때에는 공단에 공유재산을 무상으로 대부할 수 있다. 〈개정 1999. 1. 29〉

제94조 【사업연도】 공단의 사업연도는 정부의 회계연도에 따른다. 〈개정 1999. 1. 29〉

제95조 【사업계획의 승인】 공단은 사업연도마다 미리 사업계획서를 작성하여 경찰청장의 승인을 얻어야 한다. 이를 변경하고자 하는 때에도 또한 같다. 〈개정 1991. 5. 31, 1999. 1. 29〉

제96조 【결산서의 제출】 공단은 사업연도마다 세입세출결산서를 작성하여 경찰청장이 지정하는 공인회계사의 회계감사를 받아 다음 연도의 2월말까지 경찰청장에게 제출하여야 한다. 〈개정 1991. 5. 31, 1999. 1. 29〉

제97조 삭제 〈2001. 12. 31〉

제98조 【민법의 준용】 공단에 관하여 이 법에 규정된 것을 제외하고는 민법 중의 재단법인에 관한 규정을 준용한다. 〈개정 1999.1.29〉

제10장 보 칙

제99조【면허증 보관】 ① 경찰공무원은 자동차 등의 운전자가 교통사고를 일으키거나 제78조의 규정에 의한 운전면허의 취소 또는 정지처분의 대상이 된다고 인정되는 때에는 현장에서 제119조의 규정에 의한 범칙금납부통고서 또는 출석지시서를 교부하고, 운전면허증등의 제출을 요구하여 이를 보관할 수 있다. 이 경우 그 범칙금납부통고서 또는 출석지시서에 운전면허증 등의 보관사실을 기록하여야 한다. 〈개정 1995. 1. 5〉

② 제1항의 출석지시서 또는 범칙금납부통고서는 그 출석기일 또는 범칙금의 납부기일까지 운전면허증 등(연습운전면허증을 제외한다)과 같은 효력이 있다. 〈개정 1995. 1. 5〉

제100조【수수료】 이 법에 의한 운전면허시험(전문학원의 기능검정을 포함한다), 운전면허증교부·재교부 등과 지정·증명·허가·적성검사를 신청하거나 교통 및 운전면허와 관련된 각종 증명을 받고자 하는 사람과 기능검정원 또는 강사자격시험에 응시하고자 하는 사람은 행정자치부령이 정하는 바에 의하여 수수료를 납부하여야 한다. 〈개정 1997. 3. 7, 1999. 1. 29〉 [전문개정 1995. 1. 5]

제100조의2【교통안전교육기관의 수강료 등】 제49조 제1항의 규정에 의한 교통안전교육 및 동 조 제2항의 규정에 의한 특별한 교통안전교육을 실시하는 자는 교육생으로부터 소정의 수강료를 받을 수 있다. [본조 신설 2001. 12. 31]

제101조【지도 및 감독 등】 ① 경찰청장은 공단의 업무를 감독하여야 하며, 공단의 설립목적의 달성에 필요한 명령을 할 수 있다.

② 지방경찰청장은 학원·전문학원 또는 교통안전교육기관의 건전한 육성·발전을 위하여 적절한 지도·감독을 하여야 한다.

③ 지방경찰청장은 필요하다고 인정하는 때에는 다음 각 호의 자에 대하여 시설·설비와 교육에 관한 사항 또는 각종 통계자료를 보고하게 하거나 관계공무원으로 하여금 당해 시설에 출입하여 그 시설·설비, 장부, 그 밖의 서류를 검사하게 할 수 있다. 이 경우 지방경찰청장은 시설·설비의 개선, 그 밖에 필요하다고 판단되는 사항에 대하여 명령을 할 수 있다.

1. 학원 또는 전문학원을 설립·운영하는 자

2. 제71조의2 제1항 제1호의 규정에 의한 전문학원의 학감

3. 교통안전교육기관의 장

④ 제3항의 규정에 의하여 학원·전문학원 또는 교통안전교육기관에 출입·검사하는 관계공무원은 그 권한을 나타내는 증표를 지니고 이를 관계인에게 내보여야 한다. [본조 신설 2001. 12. 31]

제101조의2【청문】 지방경찰청장은 제71조의15의 규정에 의하여 학원 또는 전문학원의 등록 또는 지정을 취소하고자 하는 경우에는 청문을 실시하여야 한다. [전문개정 2001.

1. 26]

제101조의3【행정소송과의 관계】 이 법에 의한 처분으로서 당해 처분에 대한 행정소송은 행정심판의 재결을 거치지 아니하면 이를 제기할 수 없다. [본조 신설 1999. 1. 29]

제102조 삭제 〈1997. 8. 30〉

제102조의2【시·군공무원의 전용차로운행 및 주·정차 위반단속】 ① 시·군공무원은 제13조의2 제3항·제28조 내지 제30조의 규정을 위반한 운전자가 있는 때에는 행정자치부령이 정하는 바에 의하여 그 현장에서 위반행위의 요지와 경찰서장에게 출석할 기일 및 장소 등을 명시한 고지서를 교부하고, 운전면허증의 제출을 요구하여 이를 보관할 수 있다. 이 경우 그 고지서는 출석기일까지 운전면허증과 같은 효력이 있다. 〈개정 1997. 8. 30, 1999. 1. 29〉

② 시·군공무원은 제1항의 규정에 의하여 고지서를 교부한 때에는 지체 없이 관할경찰서장에게 운전면허증을 첨부하여 통보하여야 한다. 〈개정 1997. 8. 30〉

③ 제2항의 통보를 받은 경찰서장은 위반행위를 확인하여야 한다. 〈신설 1997. 8. 30〉

④ 시·군공무원은 제1항의 규정에 의하여 고지서를 교부하거나 조치를 함에 있어서는 본래의 목적에서 벗어나 그 직무상의 권한을 남용하여서는 아니된다. 〈신설 1997. 8. 30〉 [본조 신설 1990. 8. 1]

제103조【교통안전수칙의 제정】 ① 경찰청장은 교통안전수칙을 제정하여 이를 보급하여야 한다.

② 제1항의 교통안전수칙에는 다음 사항이 포함되어야 한다.

1. 도로교통의 안전에 관한 법령의 규정

2. 도로에서 일어나는 교통상의 위험과 장해를 방지·제거하여 교통의 안전과 원활한 소통을 확보하기 위하여 필요한 사항

3. 제1호 및 제2호에 정한 사항 외에 자동차 등의 취급방법 및 안전운전에 필요한 지식

[전문개정 1995. 1. 5]

제103조의2【교통정보의 제공】 지방경찰청장은 교통의 안전과 원활한 소통을 확보하기 위하여 필요한 정보를 수집·분석하고 그 결과를 신속하게 일반에게 제공하여야 한다. [본조 신설 1997. 8. 30]

제104조【권한의 위임 및 위탁】 ① 시장 등은 이 법에 의한 권한의 일부를 대통령령이 정하는 바에 의하여 지방경찰청장 또는 경찰서장에게 위임 또는 위탁할 수 있다. 〈신설 1992. 12. 8, 1995. 1. 5, 1997. 8. 30〉

② 특별시장 및 광역시장은 이 법에 의한 권한의 일부를 대통령령이 정하는 바에 의하여 관할구역 안의 구청장 및 군수에게 위임할 수 있다. 〈신설 1997. 8. 30〉

③ 지방경찰청장은 이 법에 의한 권한의 일부를 대통령령이 정하는 바에 의하여 관할경

찰서장에게 위임하거나 교통관련 전문교육기관 또는 전문연구기관 등에 위탁할 수 있다. 〈개정 1991. 5. 31, 1992. 12. 8, 1995. 1. 5, 1999. 1. 29, 2001. 12. 31〉

④ 지방경찰청장 또는 경찰서장은 제1항의 규정에 의하여 시장 등으로부터 위임 또는 위탁받은 사무의 일부를 대통령령이 정하는 바에 의하여 교통관련 전문교육기관 또는 전문연구기관에 위탁할 수 있다. 〈신설 1995. 1. 5, 1997. 8. 30, 2001. 12. 31〉

⑤ 지방경찰청장은 이 법에 의한 운전면허와 관련된 권한의 일부를 대통령령이 정하는 바에 의하여 운전면허시험기관의 장에게 위탁할 수 있다. 〈신설 1999. 8. 31〉

제105조 삭제 〈1997. 8. 30〉

제11장 벌 칙

제106조 【벌칙】 제50조 제1항의 규정에 의한 교통사고 발생시의 조치를 하지 아니한 사람은 5년 이하의 징역이나 1천500만 원 이하의 벌금의 형으로 벌한다. 〈개정 1990. 8. 1, 1999. 1. 29〉

제107조 【벌칙】 ① 제63조 제1항의 규정을 위반하여 함부로 신호기를 조작하거나 신호기 또는 안전표지를 철거·이전·손괴한 사람은 3년 이하의 징역이나 700만 원 이하의 벌금의 형으로 벌한다. 〈개정 1990. 8. 1, 1999. 1. 29〉

② 제1항의 행위로 인하여 도로에서 교통상의 위험을 일으키게 한 사람은 5년 이하의 징역이나 1천500만 원 이하의 벌금의 형으로 벌한다. 〈개정 1990. 8. 1, 1999. 1. 29〉

제107조의2 【벌칙】 다음 각 호의 1에 해당하는 사람은 2년 이하의 징역이나 500만 원 이하의 벌금의 형으로 벌한다. 〈개정 1992. 12. 8, 1995. 1. 5, 1999. 1. 29, 2001. 1. 26, 2001. 12. 31〉

1. 제41조 제1항의 규정에 위반하여 술에 취한 상태에서 자동차 등을 운전한 사람
2. 술에 취한 상태에 있다고 인정할 만한 상당한 이유가 있는 사람으로서 제41조 제2항의 규정에 의한 경찰공무원의 측정에 응하지 아니한 사람
3. 제71조의2 제1항의 규정에 의한 전문학원의 지정을 받지 아니하고 제71조의6 제5항의 규정에 의한 수료증 또는 졸업증을 교부한 사람
4. 허위, 기타 부정한 방법으로 제70조의2의 규정에 의한 학원의 등록을 하거나 제71조의2 제1항의 규정에 의한 전문학원의 지정을 받은 사람
5. 제71조의16의 규정에 위반하여 대가를 받고 자동차운전교육을 한 사람
6. 제72조의5 제1항의 규정에 의한 수강내역을 허위로 보고한 교통안전교육강사

7. 제72조의5 제2항의 규정을 위반하여 교통안전교육을 받지 아니하거나 기준에 미달하는 사람에게 교육필증을 교부한 교통안전교육기관의 장 [본조 신설 1990. 8. 1]

제108조 【벌칙】 차의 운전자가 업무상 필요한 주의를 게을리하거나 중대한 과실로 다른 사람의 건조물이나 그 밖의 재물을 손괴한 때에는 2년 이하의 금고나 500만 원 이하의 벌금의 형으로 벌한다. 〈개정 1995. 1. 5, 1999. 1. 29〉

제109조 【벌칙】 다음 각 호의 1에 해당하는 사람은 1년 이하의 징역이나 300만 원 이하의 벌금의 형으로 벌한다. 〈개정 1990. 8. 1, 1995. 1. 5, 1997. 8. 30, 1999. 1. 29, 2001. 1. 26, 2001. 12. 31〉

1. 제40조 제1항의 규정을 위반하여 제68조의 규정에 의한 운전면허(원동기장치자전거 면허를 제외한다. 이하 이 조에서 같다)를 받지 아니하거나(운전면허의 효력이 정지된 경우를 포함한다) 또는 제80조의 규정에 의한 국제운전면허증을 받지 아니하고(운전이 금지된 경우와 유효기간이 지난 경우를 포함한다) 자동차를 운전한 사람
2. 제40조 제2항의 규정을 위반하여 자동차 등을 운전한 사람
3. 제52조 제2항의 규정을 위반하여 운전면허를 받지 아니한 사람(운전면허의 효력이 정지된 사람을 포함한다)에게 자동차를 운전하도록 시킨 고용주 등
4. 허위 또는 부정한 수단으로 운전면허를 받거나 운전면허증 또는 운전면허증에 갈음하는 증명서를 교부받은 사람
5. 제63조 제2항의 규정을 위반하여 교통에 방해가 될 만한 물건을 함부로 도로에 방치한 사람
6. 제71조의13의 규정을 위반한 사람
7. 제72조의4 제4항의 규정을 위반하여 교통안전교육강사가 아닌 사람으로 하여금 교통안전교육을 하게 한 교통안전교육기관의 장

제110조 【벌칙】 다음 각 호의 1에 해당하는 사람은 6월 이하의 징역이나 200만 원 이하의 벌금 또는 구류의 형으로 벌한다. 〈개정 1990. 8. 1, 1992. 12. 8, 1995. 1. 5, 1999. 1. 29〉

1. 제37조·제42조의2 또는 제51조의 규정을 위반한 사람
2. 제38조·제43조 또는 제54조의 규정에 의한 경찰공무원의 요구·조치 또는 명령에 따르지 아니하거나 이를 거부 또는 방해한 사람
3. 삭제 〈1999. 1. 29〉
4. 삭제 〈1999. 1. 29〉
5. 제63조 제1항의 규정을 위반하여 함부로 신호기 또는 안전표지, 그 밖의 이와 비슷한 공작물을 설치한 사람
6. 제68조 제3항 또는 동 조 제4항의 규정에 의한 조건에 위반하여 운전한 사람

제111조 【벌칙】 다음 각 호의 1에 해당하는 사람은 30만 원 이하의 벌금이나 구류의 형

으로 벌한다. 〈개정 1995. 1. 5〉

1. 제39조 또는 제42조의 규정을 위반한 사람

2. 제40조의 규정을 위반하여 제68조의 규정에 의한 원동기장치자전거면허를 받지 아니 하고 원동기장치자전거를 운전한 사람

3. 제50조 제2항의 규정에 의한 신고를 하지 아니한 사람

4. 제52조 제2항의 규정을 위반하여 원동기장치자전거의 면허를 받지 아니한 사람에게 원동기장치자전거를 운전하도록 시킨 고용주

5. 제58조의 규정을 위반한 사람

6. 제64조 제1항의 규정에 의한 신고를 하지 아니하거나 제2항의 규정에 의한 신호기 또는 안전표지를 설치하지 아니한 사람 또는 제3항의 규정에 위반하여 신호기 또는 안전 표지를 원상회복하지 아니한 사람

7. 제66조 제1항의 규정에 의한 경찰서장의 명령을 위반한 사람 [89헌가118, 1990. 8. 27 도로교통법(1984. 8. 4. 법률 제3744호) 제50조 제2항 및 동 법 제111조 제3호는 피해 자의 구호 및 교통질서의 회복을 위한 조치가 필요한 상황에만 적용되는 것이고 형사 책임과 관련되는 사항에는 적용되지 아니하는 것으로 해석하는 한 헌법에 위반되지 아 니한다.]

제112조 【벌칙】 제77조 제2항의 규정을 위반한 사람은 20만 원 이하의 벌금이나 구류 의 형으로 벌한다. 〈개정 1995. 1. 5, 1997. 8. 30, 1999. 1. 29〉

제113조 【벌칙】 다음 각 호의 1에 해당하는 사람은 20만 원 이하의 벌금이나 구류 또는 과료의 형으로 벌한다. 〈개정 1990. 8. 1, 1991. 5. 31, 1995. 1. 5, 1997. 8. 30, 1999. 1. 29, 2001. 1. 26, 2001. 12. 31, 2002. 12. 18〉

1. 제5조·제12조 제1항 내지 제3항 및 제5항·제13조 제2항 내지 제4항·제13조의2 제 3항(제56조의2 제2항에서 준용되는 경우를 포함한다)·제14조·제15조 제3항·제16 조 내지 제19조의2·제21조·제22조 내지 제24조의2·제28조·제29조·제32조·제 33조 제1항·제35조 제1항 내지 제4항·제44조·제48조·제48조의2 제3항 및 제4 항·제48조의3·제48조의5·제49조 제2항·제57조 또는 제77조 제1항의 규정을 위 반한 차마의 운전자

2. 제6조 제1항 내지 제3항 또는 제7조의 규정에 의한 금지·제한 또는 조치를 위반한 차 의 운전자

3. 제27조·제27조의2·제30조 또는 제48조의4 제2항·제4항의 규정을 위반하거나 제 31조 제1항의 규정에 의한 명령을 위반한 사람

4. 제35조 제5항의 규정에 의한 지방경찰청장의 제한을 위반한 사람

5. 제20조 내지 제20조의3·제25조 제4항 및 제5항·제48조의6·제56조 제1항 및 제2

항 · 제59조 내지 제61조의 규정을 위반한 사람

5의2. 제48조의2 제1항의 규정을 위반하여 좌석안전띠를 매지 아니한 운전자

6. 제62조 제2항의 규정에 의한 고속도로 또는 자동차전용도로에서의 준수사항을 위반한 운전자

7. 제74조 제1항 · 제74조의2 제1항 또는 제79조 제1항의 규정을 위반한 사람

제114조【벌칙】 다음 각 호의 1에 해당하는 사람은 20만 원 이하의 벌금이나 구류 또는 과료의 형으로 벌한다. 〈개정 1995. 1. 5, 2001. 12. 31〉

1. 제5조 · 제8조 제1항 및 제2항 또는 제10조 제2항 내지 제5항의 규정을 위반한 보행자

2. 제6조 제1항 내지 제3항 또는 제7조의 규정에 의한 금지 · 제한 또는 조치를 위반한 보행자

3. 제9조 제1항의 규정을 위반한 행렬의 지휘자 또는 보행자

4. 제11조 제1항의 규정을 위반하여 유아의 보호를 게을리한 보호자

5. 삭제 〈1999. 1. 29〉

6. 제63조 제3항의 규정을 위반한 사람

제115조【형의 병과】 이 장의 죄를 범한 사람에 대하여는 정상에 따라 벌금 또는 과료와 구류의 형을 함께 과할 수 있다.

제115조의2【과태료】 ① 다음 각 호의 1에 해당하는 사람은 500만 원 이하의 과태료에 처한다. 〈신설 1995. 1. 5, 1999. 1. 29, 2001. 1. 26, 2001. 12. 31〉

1. 제70조의6 또는 제72조의6의 규정에 의한 신고를 하지 아니한 사람

2. 제70조의8 제3항의 규정에 의한 강사의 인적사항과 교육과목을 게시하지 아니한 사람

3. 제70조의9 제2항의 규정에 위반하여 수강료 등을 게시하지 아니하거나 동 조 제3항의 규정에 위반하여 게시된 수강료 등을 초과한 금액을 받은 사람

4. 제70조의10의 규정에 의한 수강료 등의 반환 등 교육생 보호를 위한 조치를 하지 아니한 사람

5. 삭제 〈2001. 12. 31〉

6. 삭제 〈2001. 12. 31〉

7. 제71조의17 제1항의 규정에 의한 간판, 기타 표지물의 제거 또는 시설물의 설치를 거부 · 방해 또는 기피하거나 게시문을 임의로 제거하거나 못쓰게 만든 사람

② 다음 각 호의 1에 해당하는 사람은 20만 원 이하의 과태료에 처한다. 〈개정 2002. 12. 18〉

1. 제48조의2 제1항 또는 제62조 제1항의 규정을 위반하여 승차자로 하여금 좌석안전띠를 매도록 하지 아니한 운전자

2. 제74조 제4항의 규정을 위반하여 운전면허증 갱신기간 내에 운전면허를 갱신하지 아

니한 사람

③ 차가 제5조·제12조 제3항·제13조의2 제3항(제56조의2 제2항에서 준용되는 경우를 포함한다)·제15조 제3항·제28조 내지 제30조 또는 제56조 제1항의 규정에 위반한 사실이 사진·비디오테이프, 기타 영상기록매체에 의하여 입증되는 경우에 당해 위반행위를 한 운전자를 확인할 수 없어 제102조의2 제1항의 규정에 의하여 고지서를 교부할 수 없는 때(제13조의2 제3항 또는 제28조 내지 제30조의 규정에 위반한 경우에 한한다) 또는 제118조의 규정에 의하여 통고처분을 할 수 없는 때(제5조·제12조 제3항·제15조 제3항 또는 제56조 제1항이나 제56조의2 제2항의 규정에 의하여 준용되는 제13조의2 제3항의 규정에 위반한 경우에 한한다)에는 제52조 제1항의 규정에 의한 고용주 등에 대하여 20만 원 이하의 과태료에 처한다. 다만 다음 각 호의 1에 해당하는 경우에는 그러하지 아니하다. 〈개정 1997. 8. 30, 2001. 1. 26, 2001. 12. 31〉

1. 그 차가 도난 당하였거나 기타 부득이한 사유가 있는 경우
2. 운전자가 당해 위반행위로 제113조의 규정에 의하여 처벌된 경우(제118조의 규정에 의하여 범칙금의 통고처분을 받은 경우를 포함한다)
3. 제5항의 규정에 의한 의견진술결과 위반행위를 한 운전자가 밝혀진 경우
4. 그 자동차가 자동차운수사업법에 의한 자동차대여사업자가 대여한 자동차로서 자동차만을 임대한 것이 명백한 경우

④ 제1항 내지 제3항의 규정에 의한 과태료의 부과징수권자는 다음 각 호와 같다. 〈개정 1997. 8. 30, 2001. 1. 26〉

1. 제1항·제2항 및 제3항(제5조·제12조 제3항·제15조 제3항 또는 제56조 제1항이나 제56조의2 제2항의 규정에 의하여 준용되는 제13조의2 제3항의 규정에 위반한 경우에 한한다)의 과태료 : 지방경찰청장
2. 제3항(제13조의2 제3항 및 제28조 내지 제30조의 규정에 위반한 경우에 한한다)의 과태료 : 시장 등

⑤ 제3항의 규정에 의하여 과태료를 부과할 때에는 10일 이상의 기간을 정하여 과태료처분대상자에게 의견을 진술할 기회를 주어야 한다. 이 경우 지정된 기일까지 의견진술이 없는 경우에는 의견이 없는 것으로 본다. 〈신설 1997. 8. 30〉

⑥ 제5항의 규정에 의한 의견진술결과 위반행위를 한 운전자가 밝혀진 때에는 지방경찰청장 또는 시장 등은 이를 입증하는 자료를 첨부하여 관할경찰서장에 그 사실을 통보하여야 한다. 〈신설 1997. 8. 30〉

⑦ 제1항 내지 제3항의 규정에 의한 과태료처분에 불복이 있는 사람은 그 처분의 고지를 받은 날부터 30일 이내에 지방경찰청장 또는 시장등에게 이의를 제기할 수 있다. 〈개정 1995. 1. 5, 1997. 8. 30〉

⑧ 제1항 내지 제3항의 규정에 의하여 과태료처분을 받은 사람이 제7항의 규정에 의한 이의를 제기한 때에는 지방경찰청장 또는 시장 등은 지체 없이 관할법원에 그 사실을 통보하여야 하며, 그 통보를 받은 법원은 비송사건절차법에 의한 과태료의 재판을 한다. 〈개정 1995. 1. 5, 1997. 8. 30〉

⑨ 제7항의 규정에 의한 기간 내에 이의를 제기하지 아니하고 과태료를 납부하지 아니한 때에는 국세 또는 지방세체납처분의 예에 의하여 이를 징수한다. 〈개정 1995. 1. 5, 1997. 8. 30〉 [본조 신설 1990. 8. 1]

제116조【양벌규정】 법인의 대표자 또는 법인이나 개인의 대리인, 사용인, 그 밖의 종업원이 그 법인 또는 개인의 업무에 관하여 이 법을 위반한 때에는 그 행위자를 벌하는 외에 그 법인 또는 개인에 대하여도 각 해당 조항의 벌금 또는 과료의 형을 과한다.

제12장 범칙행위에 관한 처리의 특례

제117조【통칙】 ① 이 장에서 "범칙행위"라 함은 제113조 각 호 또는 제114조 각 호의 죄에 해당하는 위반행위를 말하며, 그 구체적인 범위는 대통령령으로 정한다.

② 이 장에서 "범칙자"라 함은 범칙행위를 한 사람으로서 다음 각 호의 1에 해당하지 아니하는 사람을 말한다.

1. 범칙행위 당시 운전면허증을 제시하지 못한 자동차 등의 운전자
2. 범칙행위로 교통사고를 일으킨 사람. 다만 교통사고처리특례법 제3조 제2항 및 제4조의 규정에 의하여 업무상과실치상죄·중과실치상죄 또는 이 법 제108조의 죄에 대한 벌을 받지 아니하게 된 사람은 제외한다.
3. 제80조의 규정에 의한 국제운전면허증을 가진 사람

③ 이 장에서 "범칙금"이라 함은 범칙자가 제118조의 규정에 의한 통고처분에 의하여 국고에 납부하여야 할 금전을 말하며, 그 범칙금의 액수는 범칙행위의 종류·지역·차종에 따라 대통령령으로 정한다.

제118조【통고처분】 경찰서장은 범칙자로 인정되는 사람에 대하여는 그 이유를 명시한 범칙금납부통고서로 범칙금을 납부할 것을 통고할 수 있다. 다만 다음 각 호의 1에 해당하는 사람에 대하여는 그러하지 아니하다.

1. 성명 또는 주소가 확실하지 아니한 사람
2. 달아날 염려가 있는 사람
3. 범칙금납부통고서를 받기를 거부한 사람

제119조 【범칙금의 납부】 ① 제118조의 규정에 의하여 범칙금납부통고서를 받은 사람은 10일 이내에 경찰청장이 지정하는 국고은행, 그 지점이나 대리점 또는 우체국에 납부하여야 한다. 다만 천재ㆍ지변, 그 밖의 부득이한 사유로 말미암아 그 기간 내에 범칙금을 납부할 수 없는 때에는 그 부득이한 사유가 없어지게 된 날로부터 5일 이내에 납부하여야 한다. 〈개정 1990. 8 .1, 1991. 5. 31〉

② 제1항의 규정에 의한 납부기간 내에 범칙금을 납부하지 아니한 사람은 납부기간이 만료되는 날의 다음 날부터 20일 이내에 통고 받은 범칙금에 그 100분의 20을 더한 금액을 납부하여야 한다. 〈신설 1991. 12. 14〉

③ 제1항 또는 제2항의 규정에 의하여 범칙금을 납부한 사람은 그 범칙행위에 대하여 다시 벌받지 아니한다. 〈개정 1991. 12. 14〉

제120조 【통고처분불이행자 등의 처리】 ① 경찰서장은 다음 각 호의 1에 해당하는 사람에 대하여는 지체 없이 즉결심판을 청구하여야 한다. 다만 제2호에 해당하는 사람으로서 즉결심판이 청구되기 전까지 통고 받은 범칙금액에 그 100분의 50을 더한 금액을 납부한 사람에 대하여는 그러하지 아니하다. 〈개정 1991. 12. 14, 2001. 12. 31〉

1. 제118조 각 호의 1에 해당하는 사람

2. 제119조 제2항의 규정에 의한 납부기간 내에 범칙금을 납부하지 아니한 사람

② 제1항 제2호의 규정에 의하여 즉결심판이 청구된 피고인이 즉결심판의 선고 전까지 통고받은 범칙금액에 그 100분의 50을 더한 금액을 납부하고 증빙서류를 제출한 때에는 경찰서장은 그 피고인에 대한 즉결심판 청구를 취소하여야 한다. 〈신설 2001. 12. 31〉

③ 제1항 각 호 외의 부분 단서 또는 제2항의 규정에 의하여 범칙금을 납부한 사람은 그 범칙행위에 대하여 다시 벌받지 아니한다. 〈신설 2001. 12. 31〉

제121조 【직권남용의 금지】 이 장의 규정에 의한 통고처분을 함에 있어서 교통을 단속하는 경찰공무원은 본래의 목적에서 벗어나 직무상의 권한을 함부로 남용해서는 아니된다.

교통사고처리특례법

[일부개정 2003. 5. 29 법률 제06891호]

제1조 【목적】 이 법은 업무상과실 또는 중대한 과실로 교통사고를 일으킨 운전자에 관한 형사처벌 등의 특례를 정함으로써 교통사고로 인한 피해의 신속한 회복을 촉진하고 국민생활의 편익을 증진함을 목적으로 한다.

제2조 【정의】 이 법에서 사용하는 용어의 정의는 다음과 같다. 〈개정 1984. 8. 4, 1993. 6. 11, 1996. 8. 14〉

1. "차"라 함은 도로교통법 제2조 제13호의 규정에 의한 차와 건설기계관리법 제2조 제1호의 규정에 의한 건설기계를 말한다.
2. "교통사고"라 함은 차의 교통으로 인하여 사람을 사상하거나 물건을 손괴하는 것을 말한다.

제3조 【처벌의 특례】 ① 차의 운전자가 교통사고로 인하여 형법 제268조의 죄를 범한 때에는 5년 이하의 금고 또는 2천만 원 이하의 벌금에 처한다. 〈개정 1984. 8. 4, 1993. 6. 11, 1996. 8. 14〉

② 차의 교통으로 제1항의 죄 중 업무상과실치상죄 또는 중과실치상죄와 도로교통법 제108조의 죄를 범한 운전자에 대하여는 피해자의 명시한 의사에 반하여 공소를 제기할 수 없다. 다만 차의 운전자가 제1항의 죄 중 업무상과실치상죄 또는 중과실치상죄를 범하고 피해자를 구호하는 등 도로교통법 제50조 제1항의 규정에 의한 조치를 하지 아니하고 도주하거나 피해자를 사고장소로부터 옮겨 유기하고 도주한 경우와 다음 각 호의 1에 해당하는 행위로 인하여 동 죄를 범한 때에는 그러하지 아니하다. 〈개정 1984. 8. 4, 1993. 6. 11, 1995. 1. 5, 1996. 8. 14〉

1. 도로교통법 제5조의 규정에 의한 신호기 또는 교통정리를 하는 경찰공무원 등의 신호나 통행의 금지 또는 일시정지를 내용으로 하는 안전표지가 표시하는 지시에 위반하여 운전한 경우
2. 도로교통법 제12조 제3항의 규정에 위반하여 중앙선을 침범하거나 동 법 제57조의 규

정에 위반하여 횡단 · 유턴 또는 후진한 경우

3. 도로교통법 제15조 제1항 또는 제2항의 규정에 의한 제한속도를 매시 20킬로미터를 초과하여 운전한 경우

4. 도로교통법 제19조 제1항 · 제20조 내지 제20조의3 또는 제56조 제2항의 규정에 의한 앞지르기의 방법 · 금지시기 · 금지장소 또는 끼어들기의 금지에 위반하여 운전한 경우

5. 도로교통법 제21조의 규정에 의한 건널목 통과방법을 위반하여 운전한 경우

6. 도로교통법 제24조 제1항의 규정에 의한 횡단보도에서의 보행자보호의무를 위반하여 운전한 경우

7. 도로교통법 제40조 제1항, 건설기계관리법 제26조 또는 도로교통법 제80조의 규정에 위반하여 운전면허 또는 건설기계조종사면허를 받지 아니하거나 국제운전면허증을 소지하지 아니하고 운전한 경우. 이 경우 운전면허 또는 건설기계조종사면허의 효력이 정지중에 있거나 운전의 금지중에 있는 때에는 운전면허 또는 건설기계조종사면허를 받지 아니하거나 국제운전면허증을 소지하지 아니한 것으로 본다.

8. 도로교통법 제41조제1항의 규정에 위반하여 주취중에 운전을 하거나 동 법 제42조의 규정에 위반하여 약물의 영향으로 정상한 운전을 하지 못할 염려가 있는 상태에서 운전한 경우

9. 도로교통법 제12조 제1항의 규정에 위반하여 보도가 설치된 도로의 보도를 침범하거나 동 법 제12조 제2항의 규정에 의한 보도횡단방법에 위반하여 운전한 경우

10. 도로교통법 제35조 제2항의 규정에 의한 승객의 추락방지의무를 위반하여 운전한 경우

제4조 【보험 등에 가입된 경우의 특례】 ① 교통사고를 일으킨 차가 보험업법 제4조 및 제126조 내지 제128조, 육운진흥법 제8조 또는 화물자동차운수사업법 제36조의 규정에 의하여 보험 또는 공제에 가입된 경우에는 제3조 제2항 본문에 규정된 죄를 범한 당해 차의 운전자에 대하여 공소를 제기할 수 없다. 다만 제3조 제2항 단서에 해당하는 경우나 보험계약 또는 공제계약이 무효 또는 해지되거나 계약상의 면책규정 등으로 인하여 보험사업자 또는 공제사업자의 보험금 또는 공제금 지급의무가 없게 된 경우에는 그러하지 아니하다. 〈개정 1984. 8. 4, 1997. 8. 30, 2003. 5. 29〉

② 제1항에서 "보험 또는 공제"라 함은 교통사고의 경우 보험업법에 의한 보험사업자나 육운진흥법 또는 화물자동차운수사업법에 의한 공제사업자가 인가된 보험약관 또는 승인된 공제약관에 의하여 피보험자 또는 공제조합원과 피해자간의 손해배상에 관한 합의 여부에 불구하고 피보험자 또는 공제조합원에 갈음하여 피해자의 치료비에 관하여는 통상비용의 전액을, 기타의 손해에 관하여는 보험약관 또는 공제약관에서 정한 지급기준금액을 대통령령이 정하는 바에 의하여 우선 지급하되, 종국적으로는 확정판결, 기타 이에 준하는 채무명의상 피보험자 또는 공제조합원의 교통사고로 인한 손해배상금 전액을 보상하는 보험 또

는 공제를 말한다. 〈개정 1997. 8. 30〉

③ 제1항의 보험 또는 공제에 가입된 사실은 보험사업자 또는 공제사업자가 제2항의 취지를 기재한 서면에 의하여 증명되어야 한다.

제5조【벌칙】 ① 보험회사 또는 공제조합의 사무를 처리하는 자가 제4조 제3항의 서면을 허위로 작성한 때에는 3년 이하의 징역 또는 1천만 원 이하의 벌금에 처한다.
〈개정 1996. 8. 14〉

② 제1항의 허위로 작성된 문서를 그 정을 알고 행사한 자도 제1항의 형과 같다.

③ 보험사업자 또는 공제사업자가 정당한 사유 없이 제4조 제3항의 서면을 발급하지 아니한 때에는 1년 이하의 징역 또는 300만 원 이하의 벌금에 처한다. 〈개정 1996. 8. 14〉

제6조【양벌규정】 법인의 대리자 · 대리인 · 사용인, 기타의 종업원이 그 법인의 업무에 관하여 제5조의 위반행위를 한 때에는 행위자를 벌하는 외에 그 법인에 대하여도 동 조의 벌금형을 과한다.

교통사고처리특례법시행령

[일부개정 1999. 5. 24 대통령령 제16337호]

제1조【목적】 이 영은 교통사고처리특례법(이하 "법"이라 한다)에서 위임된 사항과 그 시행에 관하여 필요한 사항을 규정함을 목적으로 한다.

제2조【우선 지급할 치료비에 관한 통상비용의 범위】 ① 법 제4조 제2항의 규정에 의하여 우선 지급해야 할 치료비에 관한 통상비용의 범위는 다음 각 호와 같다.

1. 진찰료
2. 일반병실의 입원료. 다만 진료상 필요로 일반 병실보다 입원료가 비싼 병실에 입원한 경우에는 그 병실의 입원료
3. 처치·투약·수술 등 치료에 필요한 모든 비용
4. 의지·의치·안경·보청기·보철구, 기타 치료에 부수하여 필요한 기구 등의 비용
5. 호송·전원·퇴원 및 통원에 필요한 비용
6. 보험약관 또는 공제약관에서 정하는 환자식대·간병료 및 기타 비용

② 치료비에 관한 통상비용의 계산에 있어서 피해자가 외국에서 치료를 받은 경우의 제1항 각 호의 비용은 국내의료기관에서 동일한 치료를 하는 경우 그에 상당한 비용으로 한다. 다만 국내의료기관에서 치료가 불가능하여 외국에서 치료를 받은 경우에는 그에 소요되는 비용으로 한다.

제3조【우선 지급할 치료비 외의 손해배상금의 범위】 ① 법 제4조 제2항의 규정에 의하여 우선 지급해야 할 치료비 외의 손해배상금의 범위는 다음 각 호와 같다.

1. 부상의 경우
   보험약관 또는 공제약관에서 정한 지급기준에 의하여 산출한 위자료의 전액과 휴업손해액의 100분의 50에 해당하는 금액
2. 후유장애의 경우
   보험약관 또는 공제약관에서 정한 지급기준에 의하여 산출한 위자료 전액과 상실수익액의 100분의 50에 해당하는 금액

3. 대물손해의 경우

　보험약관 또는 공제약관에서 정한 지급기준에 의하여 산출한 대물배상액의 100분의 50에 해당하는 금액

② 제1항 제1호 및 제2호의 규정에 의한 위자료가 중복되는 경우에는 보험약관 또는 공제약관이 정하는 바에 의하여 지급한다.

제4조【손해배상금의 우선 지급절차】 ① 피해자가 제2조 및 제3조의 규정에 의한 손해배상금의 우선지급을 받고자 하는 때에는 금융감독위원회 또는 건설교통부장관이 정하는 바에 의하여 보험사업자 또는 공제사업자에게 손해배상금우선지급의 청구를 해야 한다. 〈개정 1994. 12. 23, 1999. 5. 24〉

② 제1항의 규정에 의하여 손해배상금우선지급의 청구를 받은 보험사업자 또는 공제사업자는 그 청구를 받은 날로부터 7일 이내에 이를 지급해야 한다.

③ 피해자가 자동차손해배상보장법 제12조 또는 제14조(제22조에 의하여 준용되는 경우를 포함한다)의 규정에 의하여 손해배상액 또는 가불금을 지급 받은 때에는 보험사업자 또는 공제사업자는 손해배상금의 우선 지급액에서 이를 공제할 수 있다.

제5조【피해자에 대한 성실보호】 보험사업자 및 공제사업자는 보험 또는 공제와 관련된 교통사고 피해자의 보호관리업무를 성실히 수행해야 한다.

제6조【법 제4조 내지 제6조의 시행일】 법 제4조 내지 제6조의 규정은 1982년 6월 30일부터 시행한다.

자동차손해배상보장법

[일부개정 2004. 1. 20 법률 제07100호]

제1장 총칙

제1조【목적】 이 법은 자동차의 운행으로 사람이 사망 또는 부상하거나 재물이 멸실 또는 훼손된 경우에 있어서의 손해배상을 보장하는 제도를 확립함으로써 피해자를 보호하고 자동차운송의 건전한 발전을 촉진함을 목적으로 한다. 〈개정 2003. 8. 21〉

제2조【정의】 이 법에서 사용하는 용어의 정의는 다음 각 호와 같다.

1. "자동차"라 함은 자동차관리법의 적용을 받는 자동차와 건설기계관리법의 적용을 받는 건설기계 중 대통령령이 정하는 것을 말한다.
2. "운행"이라 함은 사람 또는 물건의 운송여부에 관계없이 자동차를 그 용법에 따라 사용 또는 관리하는 것을 말한다.
3. "자동차보유자"라 함은 자동차의 소유자 또는 자동차를 사용할 권리가 있는 자로서 자기를 위하여 자동차를 운행하는 자를 말한다.
4. "운전자"라 함은 다른 사람을 위하여 자동차의 운전이나 운전의 보조에 종사하는 자를 말한다.
5. "책임보험"이라 함은 자동차 보유자와 보험업법에 의하여 허가를 받아 보험업을 영위하는 자(이하 "보험사업자"라 한다)가 자동차의 운행으로 다른 사람이 사망하거나 부상한 경우 이 법을 의한 손해배상책임을 보장하는 내용을 약정하는 보험을 말한다.
6. "책임공제"라 함은 사업용 자동차의 보유자와 여객자동차운수사업법·화물자동차운수사업법 및 건설기계관리법에 의하여 공제사업을 하는 자(이하 "공제사업자"라 한다)가 자동차의 운행으로 다른 사람이 사망하거나 부상한 경우 이 법에 의한 손해배상책임을 보장하는 내용을 약정하는 공제를 말한다.
7. "자동차보험 진료수가"라 함은 자동차의 운행으로 인하여 사고를 당한 자(이하 "교통사고환자"라 한다)가 의료법에 의한 의료기관(이하 "의료기관"이라 한다)에서 진료를

307

받음으로 인하여 발생하는 비용을 보험사업자(공제사업자를 포함한다. 이하 "보험사업자 등"이라 한다)의 보험금(공제금을 포함한다. 이하 "보험금 등"이라 한다) 또는 제26조의 규정에 의한 자동차손해배상보장사업의 보상금에 의하여 변제하는 금액을 말한다.

제3조【자동차손해배상책임】 자기를 위하여 자동차를 운행하는 자는 그 운행으로 인하여 다른 사람을 사망하게 하거나 부상하게 한 때에는 그 손해를 배상할 책임을 진다. 다만 다음 각 호의 1에 해당하는 때에는 그러하지 아니하다.

1. 승객이 아닌 자가 사망하거나 부상한 경우에 있어서 자기와 운전자가 자동차의 운행에 관하여 주의를 게을리 하지 아니하고, 피해자 또는 자기 및 운전자 외의 제3자에게 고의 또는 과실이 있으며, 자동차의 구조상의 결함 또는 기능에 장해가 없었다는 것을 증명한 때
2. 승객이 사망하거나 부상한 경우에 있어서 그 사망 또는 부상이 그 승객의 고의나 자살행위로 인한 것인 때

제4조【민법의 적용】 자기를 위하여 자동차를 운행하는 자의 손해배상책임에 관하여는 제3조의 규정에 의한 경우 외에는 민법의 규정에 의한다.

제2장 손해배상을 위한 보험가입 등

제5조【보험 등에의 가입의무〈개정 2003. 8. 21〉】 ① 자동차 보유자는 자동차의 운행으로 다른 사람이 사망하거나 부상한 경우에 피해자(피해자가 사망한 경우에는 손해배상을 받을 권리를 가진 자를 말한다. 이하 같다)에게 대통령령이 정하는 금액을 지급할 책임을 지는 책임보험 또는 책임공제(이하 "책임보험 등"이라 한다)에 가입해야 한다. 〈개정 2003. 8. 21〉

② 자동차 보유자는 제1항의 규정에 의한 책임보험 등에 가입하는 외에 자동차의 운행으로 다른 사람의 재물이 멸실 또는 훼손된 경우에 피해자에게 대통령령이 정하는 금액을 지급할 책임을 지는 보험업법에 의한 보험이나 여객자동차운수사업법·화물자동차운수사업법 및 건설기계관리법에 의한 공제에 가입해야 한다. 〈신설 2003. 8. 21〉

③ 다음 각 호의 1에 해당하는 자는 제1항의 규정에 의한 책임보험 등에 가입하는 외에 자동차의 운행으로 인하여 다른 사람이 사망 또는 부상한 경우에 피해자에게 책임보험 등의 배상책임한도를 초과하여 대통령령이 정하는 금액을 지급할 책임을 지는 보험업법에 의한 보험이나 여객자동차운수사업법·화물자동차운수사업법 및 건설기계관리법에 의한 공제

에 가입해야 한다. 〈개정 2004. 1. 20〉

1. 여객자동차운수사업법 제5조 제1항의 규정에 의하여 면허를 받거나 등록을 한 여객자동차운송사업자

2. 여객자동차운수사업법 제29조 제1항의 규정에 의하여 등록한 자동차대여사업자

3. 화물자동차운수사업법 제3조 및 제24조의2의 규정에 의하여 등록을 한 화물자동차운송사업자

4. 건설기계관리법 제21조 제1항의 규정에 의하여 신고를 한 건설기계대여업자

④ 제1항 및 제2항의 규정은 대통령령이 정하는 자동차와 도로(도로교통법 제2조 제1호의 규정에 의한 도로를 말한다. 이하 같다)가 아닌 장소에 한하여 운행하는 자동차에 대하여는 이를 적용하지 아니한다. 〈개정 2003. 8. 21〉

⑤ 제1항의 책임보험 등과 제2항 및 제3항의 보험 또는 공제에의 가입은 각 자동차별로 해야 한다. 〈개정 2003. 8. 21〉

제6조【의무보험의 미가입자에 대한 조치 등 〈개정 2003. 8. 21〉】 ① 보험사업자 등은 자기와 제5조 제1항 내지 제3항의 규정에 의하여 자동차 보유자가 가입해야 하는 보험 또는 공제(이하 "의무보험" 이라 한다)의 계약을 체결하고 있는 자동차 보유자에 대하여 당해 계약종료일 30일 전까지 당해 계약이 종료된다는 사실을 통지해야 한다. 〈개정 2003. 8. 21〉

② 보험사업자 등은 자기와 의무보험의 계약을 체결한 자가 당해 계약이 종료된 후 새로운 계약을 체결하지 아니한 경우에는 건설교통부령이 정하는 바에 의하여 당해 자동차 보유자가 다른 보험사업자 등과 계약을 체결하였는지의 여부를 확인하여 계약을 체결하지 아니한 사실을 안 때에는 당해 사실을 지체 없이 시장·군수 또는 구청장(자치구의 구청장을 뜻한다. 이하 같다)에게 통지해야 한다. 〈개정 2001. 1. 29, 2003. 8. 21〉

③ 제2항의 규정에 의한 통지를 받은 시장·군수 또는 구청장은 의무보험에 가입하지 아니한 자동차 보유자에 대하여 지체 없이 10일 이상 15일 이하의 기간을 정하여 의무보험에 가입하고 그 사실을 증명할 수 있는 서류를 제출할 것을 명해야 한다. 〈개정 2001. 1. 29, 2003. 8. 21〉

④ 제1항 및 제2항의 규정에 의한 통지의 방법 및 절차에 관하여 필요한 사항은 건설교통부령으로 정한다.

제6조의2【의무보험가입관리전산망의 구성·운영 등】 ① 건설교통부장관은 의무보험에 가입하지 아니한 자동차 보유자를 효율적으로 관리하기 위하여 자동차관리법 제69조 제1항의 규정에 의한 전산정보처리조직과 보험업법 제176조의 규정에 의한 보험료율산출기관(이하 "보험료율산출기관" 이라 한다)이 관리·운영하는 전산정보처리조직을 연계하여 의무보험가입관리전산망(이하 "가입관리전산망" 이라 한다)을 구성·운영할 수 있다.

② 건설교통부장관은 지방자치단체의 장, 보험사업자 및 보험관련단체의 장에게 가입관리전산망의 구성·운영을 위하여 대통령령이 정하는 자료의 제공을 요청할 수 있다. 이 경우 관련자료의 제공을 요청 받은 자는 특별한 사유가 없는 한 이에 응해야 한다.

③ 정부는 제29조의 규정에 의한 자동차손해배상보장사업분담금으로 가입관리전산망의 운영에 소요되는 경비를 지원할 수 있다.

④ 제1항의 규정에 의한 가입관리전산망의 운영에 관하여 필요한 사항은 대통령령으로 정한다. [본조 신설 2003. 8. 21]

제7조【운행의 금지】 의무보험에 가입되어 있지 아니한 자동차는 도로에서 운행을 하여서는 아니된다. 다만 제5조 제4항의 규정에 의하여 대통령령이 정하는 자동차는 그러하지 아니하다. 〈개정 2003. 8. 21〉

제8조【의무보험의 가입증명서 발급청구 〈개정 2003. 8. 21〉】 의무보험에 가입한 자와 당해 의무보험 계약의 피보험자(이하 "보험가입자 등"이라 한다) 및 이해관계인은 권리의무 또는 사실관계를 증명하기 위하여 필요한 경우에는 보험사업자 등에 대하여 의무보험에 가입한 사실을 증명하는 서류의 발급을 청구할 수 있다. 〈개정 2003. 8. 21〉

제9조【보험금 등의 청구】 ① 보험가입자 등에게 제3조의 규정에 의한 손해배상책임이 발생한 경우 그 피해자는 대통령령이 정하는 바에 의하여 보험사업자 등에 대하여 상법 제724조 제2항의 규정에 의하여 보험금 등을 자기에게 직접 지급할 것을 청구할 수 있다. 이 경우 피해자는 자동차보험 진료수가에 해당하는 금액은 진료를 한 의료기관에 직접 지급할 것을 청구할 수 있다.

② 보험가입자 등은 보험사업자 등이 보험금 등을 지급하기 전에 피해자에게 손해에 대한 배상금을 지급한 경우에는 보험사업자 등에 대하여 보험금 등의 보상한도 안에서 그가 피해자에게 지급한 금액의 지급을 청구할 수 있다.

제10조【피해자에 대한 가불금】 ① 보험가입자 등이 자동차의 운행으로 다른 사람을 사망하게 하거나 부상하게 한 때에는 피해자는 대통령령이 정하는 바에 의하여 보험사업자 등에게 자동차보험 진료수가에 관하여는 그 전액을, 그 외의 보험금 등에 대하여는 대통령령이 정하는 금액을 제9조의 규정에 의한 보험금 등의 지급을 위한 가불금으로 지급할 것을 청구할 수 있다.

② 보험사업자 등은 제1항의 규정에 의한 청구가 있는 때에는 건설교통부령이 정하는 기간 이내에 그 청구한 가불금을 지급해야 한다. 〈개정 2003. 8. 21〉

③ 보험사업자 등은 제2항의 규정에 의하여 지급한 가불금이 지급해야 할 보험금 등을 초과한 경우에는 가불금을 지급 받은 자에게 그 초과액의 반환을 청구할 수 있다.

④ 보험사업자 등은 제2항의 규정에 의하여 가불금을 지급한 경우 보험가입자 등의 손해배상책임이 없는 것으로 판명된 때에는 가불금을 지급 받은 자에게 그 지급액의 반환을 청

구할 수 있다.

⑤ 보험사업자 등은 제3항 및 제4항의 규정에 의한 반환청구에도 불구하고 가불금을 반환 받지 못하는 경우로서 분담금 재원 등 대통령령이 정하는 요건을 갖춘 때에는 반환 받지 못한 가불금액의 100분의 70 이내의 범위에서 정부에 대하여 보상을 청구할 수 있다. 〈신설 2003. 8. 21〉

제11조【자동차보험 진료수가의 청구 및 지급】① 보험사업자 등은 보험가입자 등의 청구 또는 제9조 제1항 후단의 규정에 의한 피해자의 청구가 있거나 기타의 원인에 의하여 교통사고환자의 발생을 안 때에는 지체 없이 그 교통사고환자를 진료하는 의료기관에게 당해 진료에 따른 자동차보험 진료수가의 지급의사유무 및 지급한도를 통지해야 한다.

② 제1항의 규정에 의하여 보험사업자 등으로부터 자동차보험 진료수가의 지급의사 및 지급한도의 통지를 받은 의료기관은 당해 보험사업자 등에게 제13조의 규정에 의하여 건설교통부장관이 고시한 기준에 따라 자동차보험 진료수가를 청구할 수 있다.

③ 의료기관이 제2항의 규정에 의하여 보험사업자 등에게 자동차보험 진료수가를 청구하는 때에는 의료법 제21조의 규정에 의한 진료기록부의 진료기록에 따라 청구해야 한다.

④ 제2항의 규정에 의하여 의료기관이 자동차보험 진료수가를 청구한 경우 보험사업자 등은 30일 이내에 그 청구액을 지급해야 한다. 다만 제15조 제1항의 규정에 의하여 심사청구를 하는 경우에는 그러하지 아니하다.

⑤ 의료기관은 제2항의 규정에 의하여 보험사업자 등에게 자동차보험 진료수가를 청구할 수 있는 경우에는 교통사고환자(환자의 보호자를 포함한다)에게 이에 해당하는 진료비를 청구하여서는 아니된다. 다만 다음 각 호의 1에 해당하는 경우에는 그러하지 아니하다.

1. 보험사업자 등이 지급의사가 없다는 사실의 통지를 하거나 지급의사를 철회한 경우
2. 보험사업자 등의 보상대상이 아닌 비용의 경우
3. 제1항의 규정에 의하여 보험사업자 등이 통지한 지급한도를 초과한 진료비의 경우
4. 제9조 제1항 또는 제10조 제1항의 규정에 의하여 피해자가 보험사업자 등에 대하여 자동차보험 진료수가를 자기에게 직접 지급할 것을 청구한 경우
5. 기타 건설교통부령이 정하는 사유에 해당하는 경우

제12조【진료기록의 열람 등】① 보험사업자 등은 의료기관으로부터 제11조 제2항의 규정에 의한 자동차보험 진료수가의 청구를 받은 경우에는 당해 의료기관에 대하여 관계진료기록의 열람을 청구할 수 있다. 이 경우 의료기관은 정당한 사유가 없는 한 이에 응해야 한다.

② 보험사업 등에 종사하거나 종사한 자는 제1항의 규정에 의하여 진료기록의 열람으로 인하여 알게 된 다른 사람의 비밀을 누설하여서는 아니된다.

제3장 자동차보험 진료수가기준 등 및 분쟁조정
〈개정 2003. 8. 21〉

제13조【자동차보험 진료수가 등】 ① 건설교통부장관은 교통사고환자에 대한 적절한 진료를 보장하고 보험사업자 등과 의료기관 간의 교통사고환자의 진료비에 관한 분쟁을 방지하기 위하여 자동차보험 진료수가에 관한 기준(이하 "자동차보험 진료수가기준"이라 한다)을 정하여 고시할 수 있다.

② 자동차보험 진료수가기준에는 자동차보험 진료수가의 인정범위 · 청구절차 및 지급절차, 기타 건설교통부령이 정하는 사항이 포함되어야 한다.

③ 건설교통부장관은 자동차보험 진료수가기준을 정하거나 변경할 때에는 제14조의 규정에 의한 자동차보험 진료수가분쟁심의회의 의견을 들어야 한다.

제13조의2【정비요금에 대한 조사 · 연구】 ① 건설교통부장관은 보험사업자 등과 자동차정비업자간 정비요금에 대한 분쟁을 예방하기 위하여 적정 정비요금(표준작업시간과 공임 등을 포함한다)에 대한 조사 · 연구를 하여 그 결과를 공표한다.

② 제1항의 규정에 의한 조사 · 연구의 범위 및 절차 등에 관하여 필요한 사항은 대통령령으로 정한다. [본조 신설 2003. 8. 21]

제14조【자동차보험진료수가분쟁심의회】 ① 보험사업자 등과 의료기관은 서로 협의하여 자동차보험 진료수가와 관련된 분쟁의 예방 및 신속한 해결을 위한 다음 각 호의 업무를 수행하기 위하여 자동차보험진료수가분쟁심의회(이하 "심의회"라 한다)를 구성하여야 한다.

1. 자동차보험 진료수가에 관한 분쟁의 심사 · 조정

2. 자동차보험 진료수가기준 조정에 대한 건의

3. 제1호 및 제2호의 업무와 관련된 조사 · 연구

② 심의회는 위원장을 포함한 18인의 위원으로 구성한다.

③ 위원은 건설교통부장관이 위촉하되 6인은 보험사업자 등의 단체가 추천한 자 중에서, 6인은 의료사업자단체가 추천한 자 중에서, 6인은 대통령령이 정하는 요건을 갖춘 자 중에서 각각 위촉한다.

④ 위원장은 위원 중에서 호선한다.

⑤ 위원의 임기는 2년으로 하되 연임할 수 있다. 다만 보궐위원의 임기는 전임자의 잔임기간으로 한다.

⑥ 심의회의 구성 · 운영 등에 관하여 필요한 세부사항은 대통령령으로 정한다. [전문개정 2003. 8. 21]

제14조의2【운영비용】 심의회의 운영을 위하여 필요한 운영비용은 보험사업자 등과

의료기관이 부담한다. [본조 신설 2003. 8. 21]

제15조【자동차보험 진료수가의 심사청구 등】 ① 보험사업자 등은 제11조 제2항의 규정에 의한 지급청구가 자동차보험 진료수가기준을 부당하게 적용한 것으로 판단되는 경우에는 그 지급청구일부터 60일 이내에 심의회에 그 심사를 청구할 수 있다.

② 보험사업자 등은 제1항의 규정에 의해 심사를 청구하는 경우에는 당해 의료기관에 대통령령이 정하는 금액을 미리 지급하고 나머지 금액은 심의회의 심사의 결과에 따라 이자를 가산해 지급해야 한다. 이 경우 미리 지급한 금액이 심사결과에 따른 자동차보험 진료수가를 초과한 때에는 이를 받은 의료기관은 그 초과한 금액에 이자를 가산하여 반환해야 한다.

③ 제11조 제2항의 규정에 의한 진료수가의 지급청구를 받은 보험사업자 등이 제1항의 규정에 의한 기간 내에 심사청구를 하지 아니한 경우에는 그 기간이 만료된 날에 의료기관의 지급청구내용에 합의한 것으로 본다.

④ 보험사업자 등은 제1항의 규정에 의한 심사청구를 하지 아니하고는 제11조 제2항의 규정에 의한 의료기관의 지급청구액을 삭감하여서는 아니된다.

⑤ 제2항의 규정에 의한 이자율은 대통령령으로 정한다.

제16조【심사·결정절차 등】 ① 심의회는 제15조 제1항의 규정에 의한 심사청구가 있는 경우에는 자동차보험 진료수가기준에 따라 이를 심사·결정해야 한다. 다만 당해 심사청구사건이 자동차보험 진료수가기준에 의하여 심사·결정할 수 없는 것인 때에는 당사자에 대하여 합의를 권고할 수 있다.

② 심의회의 심사·결정절차 등에 관하여 필요한 사항은 심의회가 정하여 건설교통부장관의 승인을 얻어야 한다.

제17조【심사·결정의 효력 등】 ① 심의회는 제15조 제1항의 심사청구에 대한 결정이 있는 때에는 지체 없이 그 결과를 당사자에게 통지해야 한다.

② 제1항의 규정에 의하여 통지를 받은 당사자가 심의회의 결정내용을 수락한 경우에는 그 수락의 의사표시를 한 날에, 통지를 받은 날부터 30일 이내에 소를 제기하지 아니한 경우에는 그 30일이 경과한 날의 다음날에 당사자간에 결정내용과 동일한 내용의 합의가 성립된 것으로 본다.

제18조【심의회의 권한】 심의회는 제16조 제1항의 규정에 의한 심사·결정을 위하여 필요하다고 인정하는 때에는 보험사업자 등·의료기관·보험사업자단체 또는 의료사업자단체에 대하여 필요한 서류의 제출, 의견의 진술 또는 보고를 하게 하거나 관계전문가에게 진단이나 검안 등을 하게 할 수 있다.

제19조【위법사실의 통보 등】 심의회는 심사청구사건의 심사, 기타 업무를 처리함에 있어서 당사자 또는 관계인의 법령위반의 사실이 확인된 때에는 관계기관에 이를 통보해야 한다.

제4장 책임보험 등 사업

제20조【계약의 체결의무〈개정 2003. 8. 21〉】 ① 보험사업자 등은 자동차 보유자가 제5조 제1항 및 제2항의 규정에 의한 보험 또는 공제에 가입하고자 하는 때에는 대통령령이 정하는 사유가 있는 경우 외에는 계약의 체결을 거부하지 못한다.〈개정 2003. 8. 21〉

② 자동차 보유자가 교통사고를 발생시킬 개연성이 높은 경우 등 건설교통부령이 정하는 사유에 해당하는 경우에는 제1항의 규정에 불구하고 다수의 보험사업자가 공동으로 제5조 제1항 및 제2항의 규정에 의한 보험 또는 공제의 계약을 체결할 수 있다.〈개정 2003. 8. 21〉

제21조【보험계약의 해제 등】 보험가입자 및 보험사업자 등은 다음 각 호의 1에 해당하는 경우 외에는 의무보험의 계약을 해제 또는 해지하여서는 아니된다.〈개정 2003. 8. 21〉

1. 자동차관리법 제13조 또는 건설기계관리법 제6조의 규정에 의하여 자동차의 말소등록을 한 경우
2. 당해 자동차가 제5조 제4항의 규정에 의한 자동차로 된 경우
3. 당해 자동차가 다른 의무보험에 이중으로 가입되어 하나의 가입계약을 해제 또는 해지하고자 하는 경우
4. 당해 자동차를 양도한 경우
5. 천재지변·교통사고·화재·도난, 기타의 사유로 인하여 자동차를 더 이상 운행할 수 없게 된 사실을 증명하는 경우
6. 기타 건설교통부령이 정하는 경우

제22조【의무보험 계약의 승계〈개정 2003. 8. 21〉】 ① 의무보험에 가입된 자동차가 양도된 경우 당해 자동차의 양도일(양수인이 매매대금을 지급하고 현실적으로 자동차의 점유를 이전받은 날을 말한다)부터 자동차관리법 제12조의 규정에 의한 자동차소유권 이전등록신청기간이 만료되는 날(자동차소유권 이전등록신청기간 만료 전에 양수인이 새로운 책임보험 등의 계약을 체결한 경우에는 그 계약체결일)까지의 기간 동안은 상법 제726조의 4의 규정에 불구하고 자동차의 양수인이 의무보험의 계약에 관한 양도인의 권리의무를 승계한다.〈개정 2003. 8. 21〉

② 제1항의 경우 양도인은 양수인에 대하여 그 승계기간에 해당하는 의무보험의 보험료(공제계약의 경우에는 공제분담금을 말한다. 이하 같다)의 반환을 청구할 수 있다.〈개정 2003. 8. 21〉

③ 제2항의 규정에 의하여 양수인이 의무보험의 승계기간에 해당하는 보험료를 양도인에게 반환한 경우에는 그 금액의 범위 안에서 양수인은 보험사업자 등에 대하여 보험료의 지급의무를 면한다.〈개정 2003. 8. 21〉

제23조【의무보험 사업의 구분경리〈개정 2003. 8. 21〉】 보험사업자 등은 의무보험

에 따른 사업에 대하여는 다른 보험사업·공제사업, 기타의 사업과 구분하여 경리해야 한다. 〈개정 2003. 8 .21〉

제24조【보험료 인가 등의 협의】 금융감독위원회는 책임보험에 해당하는 보험료 또는 보험약관에 관하여 보험업법에 의한 인가 등의 처분을 하고자 하는 때에는 건설교통부장관과 미리 협의해야 한다.

제25조【보험금 등의 지급 등 〈개정 2003. 8. 21〉】 ① 도로교통법 제41조 제1항의 규정에 의한 주취중 운전금지 위반 등 대통령령이 정하는 사유로 인하여 다른 사람이 사망 또는 부상하거나 다른 사람의 재물이 멸실 또는 훼손되어 보험사업자 등이 피해자에게 보험금 등을 지급한 때에는 보험사업자 등은 법률상 손해배상책임이 있는 자에게 건설교통부령이 정하는 금액을 구상할 수 있다. 〈신설 2003. 8. 21〉

② 제5조 제1항의 규정에 의한 책임보험 등의 보험금 등을 변경하는 것을 내용으로 하는 대통령령을 개정함에 있어서 그 변경내용이 보험가입자 등에게 유리하게 되는 경우에는 그 변경 전에 체결된 계약의 내용에 불구하고 보험사업자 등으로 하여금 변경된 보험금 등을 지급하도록 하는 다음 각 호의 사항을 규정할 수 있다.

1. 종전의 계약을 새로운 계약으로 갱신하지 아니하더라도 이미 계약된 종전의 보험금 등을 변경된 보험금 등으로 볼 수 있도록 하는 사항
2. 기타 보험금 등의 변경에 수반된 사항이나 변경된 보험금 등의 지급에 필요한 사항

제5장 자동차손해배상보장사업

제26조【자동차손해배상보장사업】 ① 정부는 다음 각 호의 1에 해당하는 경우에는 피해자의 청구에 따라 책임보험의 보험금의 한도 안에서 그가 입은 피해를 보상한다. 〈개정 2003. 8. 21〉

1. 자동차 보유자를 알 수 없는 자동차의 운행으로 인하여 사망하거나 부상한 경우
2. 보험가입자 등이 아닌 자가 제3조의 규정에 의한 손해배상의 책임을 지게 되는 경우. 다만 제5조 제4항의 규정에 의한 자동차의 운행으로 인한 경우를 제외한다.

② 정부는 자동차의 운행으로 인한 사망자나 대통령령이 정하는 중증후유장해인의 유자녀 및 피부양가족의 경제적 어려움으로 인한 생계곤란, 학업중단 등의 문제를 해결하고 중증후유장해인의 재활을 위하여 지원할 수 있다. 〈개정 2000. 1. 28, 2002. 1. 26〉

③ 정부는 제10조 제5항의 규정에 의한 보험사업자 등의 청구에 의하여 보상을 실시한다. 〈신설 2003. 8. 21〉

④ 제1항 내지 제3항의 규정에 의한 정부의 보상 또는 지원의 금액·방법 및 절차 등에 관하여 필요한 사항은 대통령령으로 정한다. 〈개정 2003. 8. 21〉

⑤ 제1항 내지 제3항의 규정에 의한 정부의 보상사업(이하 "자동차손해배상보장사업"이라 한다)에 관한 업무는 건설교통부장관이 행한다. 〈개정 2003. 8. 21〉

제26조의2 【후유장해인단체의 재활사업 지원】 ① 건설교통부장관은 자동차사고 후유장해인의 재활을 위하여 다음 각 호의 사업을 수행할 수 있다.

1. 자동차사고 후유장해인의 사회복귀를 지원하기 위한 필요시설(이하 "재활시설"이라 한다)의 건립

2. 자동차사고 후유장해인의 의료재활 및 직업재활사업

② 제1항의 규정에 의한 재활시설의 건립 및 운영 등에 필요한 재원은 제29조의 규정에 의한 손해배상보장사업분담금 중에서 제26조 제2항 및 제26조의2 제1항의 규정에 의한 업무를 위하여 교부하는 금액의 100분의 20으로 한다.

③ 건설교통부장관이 제1항 제1호의 사업을 하는 때에는 재활시설의 규모와 설계 등에 대하여 자동차사고 후유장해인단체의 의견을 들어야 한다.

④ 건설교통부장관은 재활시설의 운영 및 관리 등을 위하여 민법 제32조 및 공익법인의 설립·운영에관한법률에 의하여 건설교통부장관의 허가를 받은 자동차사고 후유장해인단체 중에서 대통령령이 정하는 요건을 구비한 단체를 선정해야 한다.

⑤ 제1항의 규정에 의한 재활사업을 수행할 수 있는 후유장해인단체의 선정, 이에 대한 감독 및 그 절차 등에 관하여 필요한 사항은 대통령령으로 정한다. [본조 신설 2002. 1. 26]

제27조 【준용】 ① 제9조 내지 제12조의 규정은 제26조 제1항의 규정에 의한 피해자의 보상금 청구에 관하여 이를 준용한다. 이 경우 제9조 내지 제12조 중 "보험사업자 등"은 "자동차손해배상보장사업을 하는 자(이하 "자동차손해배상보장사업자"라 한다)"로, "보험금 등"은 "보상금"으로 본다.

② 제15조 및 제16조의 규정은 제26조 제1항의 규정에 의한 보상금 중 피해자의 진료수가에 대한 심사청구 등에 관하여 이를 준용한다. 이 경우 "보험사업자 등"은 "자동차손해배상보장사업자"로 본다.

제28조 【다른 법률에 의한 배상 등과의 조정】 ① 정부는 피해자가 국가배상법·산업재해보상보험법, 그 밖의 대통령령이 정하는 법률에 의하여 제26조 제1항의 규정에 의한 손해에 대하여 배상 또는 보상을 받는 경우에는 그가 배상 또는 보상받는 금액의 범위 안에서 제26조 제1항의 규정에 의한 보상책임을 면한다.

② 피해자가 제3조의 규정에 의한 손해배상책임이 있는 자로부터 제26조 제1항의 규정에 의한 손해에 대하여 배상을 받는 때에는 정부는 그가 배상 받는 금액의 범위 안에서 제26조 제1항의 규정에 의한 보상책임을 면한다.

③ 제26조 제2항의 규정에 의하여 지원을 받을 자가 다른 법률에 의하여 동일한 사유로 지원을 받는 경우에는 그 지원을 받는 범위 안에서 제26조 제2항의 규정에 의한 지원을 하지 아니할 수 있다.

제29조【손해배상보장사업분담금】 ① 제5조 제1항의 규정에 의하여 책임보험 등에 가입해야 하는 자와 제5조 제4항의 규정에 의한 자동차 중 대통령령이 정하는 자동차의 보유자는 자동차손해배상보장사업을 위한 분담금을 정부에 납부해야 한다. 〈개정 2003. 8. 21〉

② 제1항의 규정에 의하여 분담금을 납부해야 할 자 중 제5조 제1항의 규정에 의하여 책임보험 등에 가입해야 하는 자의 분담금은 당해 납부의무자와 책임보험 등의 계약을 체결하는 보험사업자 등이 계약체결시에 이를 징수하여 정부에 납부해야 한다.

③ 제1항의 규정에 의한 분담금은 정부의 세입세출예산외로 운용하며, 그 금액과 납부방법·관리 등에 관하여 필요한 사항은 대통령령으로 정한다.

제30조【분담금의 체납처분】 ① 건설교통부장관은 제29조의 규정에 의한 분담금을 납부기간 내에 납부하지 아니한 자에 대하여는 10일 이상의 기간을 정하여 분담금을 납부할 것을 독촉해야 한다.

② 건설교통부장관은 제1항의 규정에 의하여 분담금 납부의 독촉을 받은 자가 그 기한까지 분담금을 납부하지 아니한 때에는 국세체납처분의 예에 따라 이를 징수한다.

제31조【청구권 등의 대위 〈개정 2003. 8. 21〉】 ① 정부는 제26조 제1항의 규정에 의하여 피해를 보상한 경우에는 그 보상금액의 한도 안에서 제3조의 규정에 의하여 손해배상책임이 있는 자에 대한 피해자의 손해배상청구권을 대위행사할 수 있다.

② 정부는 제26조 제3항의 규정에 의하여 보험사업자 등에게 보상을 한 경우 제10조 제3항 및 제4항의 규정에 의하여 가불금을 지급받은 자에 대한 보험사업자 등의 반환청구권을 대위행사할 수 있다. 〈신설 2003. 8. 21〉

제6장 보 칙

제32조【압류 등의 금지】 제9조 제1항 · 제10조 제1항 또는 제26조 제1항의 규정에 의한 청구권은 이를 압류 또는 양도할 수 없다.

제33조【시효】 제9조 · 제10조 제1항 또는 제26조 제1항의 규정에 의한 청구권은 2년간 이를 행사하지 아니하면 시효로 인하여 소멸한다.

제34조【의무보험 미가입자에 대한 등록 등 처분의 금지〈개정 2003. 8. 21〉】 ① 제5조 제1항 내지 제3항의 규정에 의하여 의무보험에 가입이 의무화된 자동차에 관하여 자동차관리법 제8조 · 제12조 · 제27조 · 제43조 제1항 제2호 · 제48조 제1항 또는 건설기계 관리법 제3조 · 제13조 제1항 제2호의 규정에 의한 등록 · 허가 · 검사의 신청 또는 신고가 있는 경우 관할관청(당해 업무를 위탁받은 자를 포함한다. 이하 같다)은 당해 자동차의 의무보험에의 가입 여부를 확인하여 의무보험에 가입된 경우에 한하여 등록 · 허가 · 검사 또는 신고수리를 해야 한다.〈개정 2003. 8. 21〉

② 제1항의 규정에 의한 의무보험의 가입 여부의 확인방법 · 절차 등에 관하여 필요한 사항은 건설교통부령으로 정한다.〈개정 2003. 8. 21〉

제35조【검사 · 질문 등】 ① 건설교통부장관은 필요하다고 인정하는 경우에는 소속 공무원으로 하여금 제37조 제1항 내지 제4항의 규정에 의하여 권한을 위탁받은 자의 사무소 등에 출입하여 이 법에 규정된 업무의 처리상황에 관한 장부 등의 서류를 검사하게 하거나 관계인에게 질문을 하게 할 수 있다.〈개정 2003. 8. 21〉

② 건설교통부장관은 이 법에 규정된 보험사업에 관한 업무의 처리상황을 파악하기 위하여 필요한 경우에는 금융감독원장에게 필요한 자료를 요청할 수 있다. 이 경우 금융감독원장은 특별한 사유가 없는 한 이에 응해야 한다.

③ 제1항의 규정에 의하여 검사 또는 질문을 하는 공무원은 그 권한을 표시하는 증표를 지니고 이를 관계인에게 내보여야 한다.

제36조【권한의 위임】 건설교통부장관은 이 법에 의한 권한의 일부를 대통령령이 정하는 바에 따라 특별시장 · 광역시장 · 도지사 또는 시장 · 군수 · 구청장에게 위임할 수 있다. [전문개정 2001. 1. 29]

제37조【권한의 위탁 등】 ① 건설교통부장관은 대통령령이 정하는 바에 의하여 다음 각 호의 업무를 보험사업자 등 또는 보험관련단체에 위탁할 수 있다. 이 경우 금융감독위원회와 협의해야 한다.〈개정 2003. 8. 21〉

1. 제26조 제1항의 규정에 의한 보상에 관한 업무
2. 제27조의 규정에 의하여 자동차손해배상보장사업자를 보험사업자 등으로 보게 됨으로써 자동차손해배상보장사업자가 가지는 권리와 의무의 이행을 위한 업무

3. 제29조의 규정에 의한 분담금의 수납 · 관리 · 운용에 관한 업무

4. 제31조 제1항의 규정에 의한 손해배상청구권의 대위행사에 관한 업무

② 건설교통부장관은 대통령령이 정하는 바에 의하여 제26조 제2항 및 제26조의2 제1항 제1호의 규정에 의한 지원에 관한 업무를 교통안전공단법에 의하여 설립된 교통안전공단에 위탁할 수 있다. 〈개정 2002. 1. 26〉

③ 건설교통부장관은 제6조의2의 규정에 의한 가입관리전산망의 구성 · 운영에 관한 업무를 보험료율산출기관에 위탁할 수 있다. 〈신설 2003. 8. 21〉

④ 건설교통부장관은 제26조 제3항의 규정에 의한 보상업무 및 제31조 제2항의 규정에 의한 반환청구에 관한 업무를 보험관련단체 또는 특별법에 의하여 설립된 특수법인에 위탁할 수 있다. 〈신설 2003. 8. 21〉

⑤ 정부는 제1항 또는 제2항의 규정에 의하여 권한을 위탁받은 자에게 그가 지급할 보상금 또는 지원금에 충당하기 위하여 예산의 범위 안에서 보조금을 지급할 수 있다.

제7장 벌 칙

제38조【벌칙】 ① 다음 각 호의 1에 해당하는 자는 3년 이하의 징역 또는 1천만 원 이하의 벌금에 처한다. 다만 제1호의 규정에 해당하는 자에 대하여는 비밀누설로 인하여 피해를 받은 자의 고소가 있어야 공소를 제기할 수 있다. 〈개정 2003. 8. 21〉

1. 제12조 제2항의 규정에 위반하여 진료기록의 열람으로 알게 된 다른 사람의 비밀을 누설한 자

2. 제23조의 규정에 위반하여 의무보험 사업의 구분경리를 하지 아니한 보험사업자 등

② 제7조 본문의 규정에 위반하여 의무보험에 가입되어 있지 아니한 자동차를 운행한 자동차 보유자에 대하여는 1년 이하의 징역 또는 500만 원 이하의 벌금에 처한다. 〈개정 2003. 8. 21〉

③ 제11조 제3항의 규정에 위반하여 진료기록부에 의한 진료기록과 다르게 자동차보험 진료수가를 청구하거나 이를 청구할 목적으로 허위의 진료기록을 작성한 의료기관에 대하여는 5천만 원 이하의 벌금에 처한다.

제39조【양벌규정】 법인의 대표자나 법인 또는 개인의 대리인 · 사용인, 기타 종업원이 그 법인 또는 개인의 업무에 관하여 제38조의 위반행위를 한 때에는 행위자를 벌하는 외에 그 법인 또는 개인에 대하여도 동 조의 벌금형을 과한다.

제40조【과태료】 ① 제15조 제4항의 규정에 위반하여 제15조 제1항의 규정에 의한 심

사청구를 하지 아니하고 제11조 제2항의 규정에 의한 의료기관의 지급청구액을 삭감한 보험사업자등에 대하여는 5천만 원 이하의 과태료에 처한다.

② 다음 각 호의 1에 해당하는 자는 2천만 원 이하의 과태료에 처한다. 〈개정 2003. 8. 21〉

1. 제10조 제2항의 규정을 위반하여 피해자가 청구한 가불금의 지급을 거부한 보험사업자 등

2. 제11조 제5항 본문의 규정에 위반하여 자동차보험 진료수가를 교통사고환자(환자의 보호자를 포함한다)에게 청구한 의료기관의 개설자

3. 제20조 제1항의 규정에 위반하여 제5조 제1항 및 제2항의 규정에 의한 보험 또는 공제에 가입하고자 하는 자와의 계약의 체결을 거부한 보험사업자 등

4. 제21조의 규정에 위반하여 의무보험의 계약을 해제하거나 해지한 보험사업자 등

③ 다음 각 호의 1에 해당하는 자는 300만 원 이하의 과태료에 처한다. 〈개정 2003. 8. 21〉

1. 제5조 제1항 내지 제3항의 규정에 의한 의무보험에 가입하지 아니한 자

2. 제6조 제1항 또는 제2항의 규정에 위반하여 통지를 하지 아니한 보험사업자 등

제41조【과태료의 부과절차】 ① 제40조의 규정에 의한 과태료는 시장·군수 또는 구청장이 부과·징수한다. 〈개정 2001. 1. 29〉

② 제1항의 규정에 의한 과태료처분에 불복이 있는 자는 그 처분의 고지를 받은 날부터 30일 이내에 당해 과태료처분을 한 행정관청(이하 "처분청"이라 한다)에 이의를 제기할 수 있다.

③ 처분청은 제1항의 규정에 의한 과태료처분을 받은 자가 제2항의 규정에 의하여 이의를 제기한 때에는 지체 없이 관할법원에 그 사실을 통보해야 하며, 그 통보를 받은 관할법원은 비송사건절차법에 의한 과태료의 재판을 한다.

④ 제2항의 규정에 의한 기간 이내에 이의를 제기하지 아니하고 과태료를 납부하지 아니한 때에는 지방세체납처분의 예에 따라 이를 징수한다.

제8장 범칙행위에 관한 처리의 특례 〈신설 2001. 1. 29〉

제42조【통칙】 ① 이 장에서 "범칙행위"라 함은 제38조 제2항의 죄에 해당하는 위반행위를 뜻하며, 그 구체적인 범위는 대통령령으로 정한다.

② 이 장에서 "범칙자"라 함은 범칙행위를 한 사람으로서 다음 각 호의 1에 해당하지 아

니하는 사람을 뜻한다.

1. 범칙행위를 상습적으로 행하는 사람
2. 죄를 범한 동기·수단 및 결과 등을 헤아려 통고처분함이 상당하지 아니하다고 인정되는 사람

③ 이 장에서 "범칙금"이라 함은 범칙자가 제43조의 규정에 따라 통고처분을 한 시·군 또는 구의 금고에 납입해야 할 금전을 뜻한다. 〈개정 2003. 8. 21〉

④ 범칙행위에 대한 수사는 검사와 사법경찰관리의직무를행할자와그직무범위에관한법률 제5조 제36호의 규정에 따라 지명을 받은 공무원(이하 "특별사법경찰관리"라 한다)이 전속적으로 행한다. [본조 신설 2001. 1. 29]

제43조【통고처분】 ① 시장·군수 또는 구청장은 범칙자로 인정되는 사람에 대하여는 그 이유를 명시한 범칙금 납부통고서로 범칙금을 납부할 것을 통고할 수 있다. 다만 다음 각 호의 1에 해당하는 사람에 대하여는 그러하지 아니하다.

1. 성명 또는 주소가 확실하지 아니한 사람
2. 범칙금납부통고서를 받기를 거부한 사람

② 제1항의 규정에 따라 통고할 범칙금의 액수는 차종과 위반정도에 따라 제38조 제2항에서 규정하는 벌금액의 범위 이내에서 대통령령으로 정한다. [본조 신설 2001. 1. 29]

제44조【범칙금의 납부】 ① 제43조의 규정에 따라 범칙금 납부통고서를 받은 사람은 범칙금 납부통고서를 받은 날부터 10일 이내에 시장·군수·구청장이 지정하는 수납기관에 범칙금을 납부해야 한다. 다만 천재지변, 그 밖의 부득이한 사유로 말미암아 그 기간 이내에 범칙금을 납부할 수 없는 때에는 그 사유가 없어지게 된 날부터 5일 이내에 납부해야 한다. 〈개정 2003. 8. 21〉

② 제1항의 규정에 따른 범칙금 납부통고서에 불복이 있는 사람은 그 납부기간 이내에 시장·군수 또는 구청장에게 이의를 제기할 수 있다. [본조 신설 2001. 1. 29]

제45조【통고처분의 효과】 ① 제43조 제1항의 규정에 따라 범칙금을 납부한 사람은 그 범칙행위에 대하여 다시 벌받지 아니한다.

② 특별사법경찰관리는 다음 각 호의 1에 해당하는 경우에는 지체 없이 관할 지방검찰청 또는 지방검찰청 지청에 사건을 송치해야 한다.

1. 제42조 제2항 각 호의 1에 해당하는 경우
2. 제43조 제1항 각 호의 1에 해당하는 경우
3. 제44조 제1항의 규정에 따른 납부기간 이내에 범칙금을 납부하지 아니한 경우
4. 제44조 제2항의 규정에 따라 이의를 제기한 경우 [본조 신설 2001. 1. 29]

자동차손해배상보장법시행령

[일부개정 2002. 8. 14 대통령령 제17711호]

제1조【목적】 이 영은 자동차손해배상보장법에서 위임된 사항과 그 시행에 관하여 필요한 사항을 규정함을 목적으로 한다.

제2조【건설기계의 범위】 자동차손해배상보장법(이하 "법"이라 한다) 제2조 제1호에서 "건설기계관리법의 적용을 받는 건설기계 중 대통령령이 정하는 것"이라 함은 다음 각 호의 것을 말한다.

1. 덤프트럭
2. 타이어식 기중기
3. 콘크리트믹서트럭
4. 트럭적재식 콘크리트펌프
5. 트럭적재식 아스팔트살포기
6. 타이어식 굴삭기

제3조【책임보험금 등】 ① 법 제5조 제1항의 규정에 의하여 자동차를 운행하고자 하는 자가 가입해야 하는 책임보험 또는 책임공제(이하 "책임보험 등"이라 한다)의 보험금 또는 공제금(이하 "책임보험금"이라 한다)은 피해자 1인당 다음 각 호의 금액과 같다.

1. 사망한 경우에는 8천만 원의 범위 안에서 피해자에게 발생한 손해액. 다만 그 손해액이 2천만 원 미만인 경우에는 2천만 원으로 한다.
2. 부상한 경우에는 별표 1에서 정하는 금액의 범위 안에서 피해자에게 발생한 손해액. 다만 그 손해액이 법 제13조 제1항의 규정에 의한 자동차보험 진료수가에 관한 기준(이하 "자동차보험 진료수가기준"이라 한다)에 의하여 산출한 진료비 해당액에 미달하는 경우에는 별표 1에서 정하는 금액의 범위 안에서 그 진료비 해당액으로 한다.
3. 부상에 대한 치료가 완료된 후 당해 부상이 원인이 되어 신체의 장해(이하 "후유장해"라 한다)가 생긴 경우에는 별표 2에서 정하는 금액의 범위 안에서 피해자에게 발생한 손해액

② 동일한 사고로 제1항 각 호의 금액을 지급할 2 이상의 사유가 생긴 경우 책임보험금의 지급은 다음 각 호의 방법에 의한다.

1. 부상한 자가 치료중 그 부상이 원인이 되어 사망한 경우에는 제1항 제1호 및 동 항 제2 호의 규정에 의한 금액의 합산액
2. 부상한 자에게 후유장해가 생긴 경우에는 제1항 제2호 및 동 항 제3호의 규정에 의한 금액의 합산액
3. 제1항 제3호의 규정에 의한 금액을 지급한 후 당해 부상이 원인이 되어 사망한 경우에는 제1항 제1호의 규정에 의한 금액에서 제1항 제3호의 규정에 의한 금액 중 사망일 이후에 해당하는 손해액을 공제한 금액

제4조【보험 등에의 가입이 강제되지 아니하는 자동차】 법 제5조 제2항에서 "대통령령이 정하는 자동차"라 함은 다음 각 호의 1에 해당하는 자동차를 말한다.

1. 대한민국에 주류하는 국제연합군대가 보유하는 자동차
2. 대한민국에 주류하는 미합중국군대가 보유하는 자동차
3. 제1호 내지 제4호에 해당하지 아니하는 외국인으로서 건설교통부장관이 지정하는 자가 보유하는 자동차
4. 견인되어 육상을 이동할 수 있도록 제작된 피견인자동차

제5조【사업용 자동차 등이 가입해야 하는 보험 등의 금액】 법 제5조 제3항 본문에서 "대통령령이 정하는 금액"이라 함은 피해자 1인당 1억 원 이상의 금액 또는 피해자에게 발생한 모든 손해액을 말한다.

제6조【보험금 등의 지급청구절차】 ① 법 제9조 제1항 또는 법 제10조 제1항의 규정에 의하여 보험금(공제금을 포함하며, 이하 "보험금 등"이라 한다) 또는 가불금의 지급을 청구하고자 하는 자는 보험사업자(공제사업자를 포함하며, 이하 "보험사업자 등"이라 한다)에게 다음 각 호의 사항을 기재한 청구서를 제출해야 한다.

1. 청구인의 성명 및 주소
2. 청구인과 사망자와의 관계(피해자가 사망한 경우에 한한다)
3. 피해자 및 가해자의 성명 및 주소
4. 사고발생의 일시·장소 및 개요
5. 당해 자동차의 종류 및 등록번호
6. 보험가입자(공제가입자를 포함한다. 이하 같다)의 성명 및 주소
7. 청구금액과 그 산출기초. 다만 법 제10조 제1항의 규정에 의한 가불금의 지급청구에 있어서는 산출기초를 기재하지 아니한다.

② 제1항의 규정에 의한 청구서에는 다음 각 호의 서류를 첨부해야 한다.

1. 진단서 또는 검안서

2. 제1항 제2호 내지 제4호의 규정에 의한 사항을 증명할 수 있는 서류

3. 제1항 제7호의 규정에 의한 산출기초에 관하여 건설교통부령이 정하는 증빙서류

③ 제1항의 규정에 의하여 보험금 등과 가불금의 지급을 동시에 신청하는 자는 그 지급청구서를 각각 제출하되, 그 중 하나의 청구서에는 제2항 제1호 및 제2호의 규정에 의한 서류를 첨부하지 아니할 수 있다.

④ 보험사업자 등은 보험금 등 또는 가불금의 적정한 지급을 위하여 필요하다고 인정하는 때에는 제2항 제1호의 규정에 의한 진단서를 제출하는 자에게 보험사업자 등이 지정하는 자가 작성한 것을 제출하게 할 수 있다. 이 경우 진단서의 작성에 필요한 비용은 보험사업자 등이 부담한다.

제7조【보험금 등의 청구에 대한 안내 등】 ① 보험사업자 등은 피해자에게 법 제9조의 규정에 의한 보험금 등과 법 제10조의 규정에 의한 가불금의 청구에 필요한 사항을 안내해야 한다.

② 보험사업자 등은 보험금 등을 지급하는 때에는 보험가입자에게 의견을 제시할 기회를 주어야 한다.

제8조【보험금 등 지급사실의 통지】 보험사업자 등은 보험금 등 또는 가불금을 지급한 때에는 다음 각 호의 사항을 보험가입자에게 지체없이 통지해야 한다.

1. 지급청구인 및 수령자의 성명 및 주소

2. 청구액 및 지급액

3. 피해자 및 가해자의 성명 및 주소

4. 사고발생의 일시 · 장소 및 개요

5. 당해 자동차의 종류 및 등록번호

제9조【가불금액】 법 제10조 제1항에서 "대통령령이 정하는 금액"이라 함은 피해자 1인당 제3조 제1항 각 호의 규정에 의한 한도액의 100분의 50에 상당하는 금액을 말한다.

제10조【자동차보험 진료수가의 지급의사 등의 통지】 ① 법 제11조 제1항의 규정에 의하여 보험사업자 등이 의료기관에 대하여 행하는 통지는 서류, 모사전송, 전산화일, 기타 문서에 의한 방법에 의한다.

② 제1항의 규정은 법 제11조 제5항 제1호의 규정에 의한 통지 및 철회의 경우에 이를 준용한다.

제11조【자동차보험 진료수가분쟁심의회의 구성 및 운영】 ① 법 제14조의 규정에 의한 자동차보험 진료수가분쟁심의회(이하 "심의회"라 한다)는 위원장을 포함한 15인 이내의 위원으로 구성한다.

② 위원은 건설교통부장관이 위촉하되 6인은 보험사업자 등의 단체가 추천한 자 중에서, 6인은 의료사업자단체가 추천한 자 중에서 위촉한다.

③ 위원장은 위원 중에서 호선한다.

④ 위원의 임기는 2년으로 한다. 다만 보궐위원의 임기는 전임자의 잔임기간으로 한다.

⑤ 심의회의 업무비용에 대한 보험사업자 등과 의료기관의 분담액, 분담방법, 기타 심의회의 조직 · 운영 등에 관하여 필요한 사항은 심의회가 정한다.

제12조【미리 지급하는 진료수가의 금액 등】 법 제15조 제2항 전단에서 "대통령령이 정하는 금액" 이라 함은 의료기관이 법 제11조 제2항의 규정에 의하여 지급 청구한 금액의 100분의 80에 상당하는 금액을 말한다. 다만 의료기관의 지급청구를 받은 날부터 30일이 경과한 후 이를 지급하는 경우에는 그 금액에 30일이 경과한 날의 다음 날부터 지급일까지 연 5퍼센트 내지 10퍼센트의 범위 안에서 시중은행의 수신금리를 감안하여 심의회가 정하는 금리에 의한 이자를 가산한 금액을 말한다.

제13조【진료수가의 지급 및 반환에 관한 이자율】 ① 보험사업자 등이 법 제11조 제4항 본문의 규정에 의한 지급기한을 경과하여 청구액을 지급하는 때에는 그 청구액에 연 15퍼센트 내지 20퍼센트의 범위 안에서 시중은행의 대출연체금리를 감안하여 심의회가 정하는 금리에 의한 이자를 가산하여 지급해야 한다.

② 법 제15조 제2항의 규정에 의하여 보험사업자 등과 의료기관이 심의회의 심사결과에 따라 자동차보험 진료수가를 정산해야 하는 경우 그 정산금액에 가산해야 하는 금액의 산출을 위한 이자율은 제1항의 규정에 의한 금리로 한다. 다만 보험사업자 등이 의료기관의 지급청구를 받은 후 30일이 경과한 날의 다음 날부터 법 제17조 제2항의 규정에 의하여 당사자간에 합의가 성립된 것으로 보는 날의 전날까지의 기간 동안의 이자율은 제12조 단서의 규정에 의한 금리로 한다.

제14조【보험계약체결의 거부】 법 제20조 제1항에서 "대통령령이 정하는 사유가 있는 경우" 라 함은 다음 각 호의 1에 해당하는 경우를 말한다.

1. 자동차관리법 또는 건설기계관리법에 의한 검사를 받지 아니한 자동차에 대한 청약이 있는 경우

2. 여객자동차운수사업법, 화물자동차운수사업법 및 건설기계관리법, 기타 법령에 의하여 운행이 정지되거나 금지된 자동차에 대한 청약이 있는 경우

3. 청약자가 청약 당시 사고발생의 위험에 관하여 중요한 사항을 고지하지 아니하거나 부실한 고지를 한 것이 명백한 경우

제15조【자동차손해배상보장사업에 의한 피해보상금액】 법 제26조 제1항의 규정에 의하여 정부가 피해자에게 보상할 금액(이하 "보상금" 이라 한다)은 보험업법에 의하여 인가된 책임보험의 약관이 정하는 책임보험금 지급기준에 의하여 산정한 금액으로 한다.

제16조【보상의 절차 등】 ① 피해자(피해자가 사망한 때에는 피해보상을 받을 권리를 가진 자를 말한다. 이하 이 조에서 같다)가 법 제26조 제1항의 규정에 의하여 보상을 청구하

는 때에는 다음 각 호의 사항을 기재한 청구서를 건설교통부장관(법 제37조 제1항 및 이 영 제26조의 규정에 의하여 건설교통부장관이 법 제37조 제1항 제1호의 업무를 위탁한 때에는 그 업무를 위탁받은 보험사업자 등 또는 보험관련단체를 말한다. 이하 이 조에서 같다)에게 제출해야 한다.

1. 청구인의 성명 및 주소
2. 청구인과 사망자와의 관계(피해자가 사망한 경우에 한한다)
3. 피해자 및 가해자의 성명 및 주소(법 제26조 제1항 제1호의 규정에 해당하는 경우에는 가해자의 성명 및 주소를 기재하지 아니한다)
4. 사고발생의 일시·장소 및 개요
5. 당해 자동차의 종류 및 등록번호(법 제26조 제1항 제1호의 규정에 해당하는 경우에는 기재하지 아니한다)
6. 청구금액

② 제1항의 규정에 의한 청구서에는 다음 각 호의 서류를 첨부해야 한다.

1. 진단서 또는 검안서
2. 제1항 제2호 내지 제4호의 규정에 의한 사항을 증명할 수 있는 서류. 이 경우 제1항 제4호의 규정에 의한 사항을 증명할 수 있는 서류는 사고장소를 관할하는 경찰서장의 확인이 있어야 한다.

③ 자동차의 운행으로 인한 사망 또는 부상 사고를 조사한 경찰서장은 당해 사고가 법 제26조 제1항 각 호의 1에 해당하는 경우에는 피해자에게 법 제26조 제1항의 규정에 의한 보상을 청구할 수 있음을 고지해야 한다.

④ 피해자가 법 제27조 제1항의 규정에 의하여 준용되는 법 제9조 및 법 제10조의 규정에 의한 보상금 및 가불금을 동시에 청구하는 경우에는 그 지급청구서를 각각 제출해야 한다. 이 경우 그 중 하나의 청구서에는 제2항의 규정에 의한 서류를 첨부하지 아니할 수 있다.

⑤ 건설교통부장관은 제1항의 규정에 의하여 보상의 청구를 받은 때에는 지체없이 이를 심사한 후 보상금을 결정하고, 결정한 날부터 10일 이내에 이를 지급해야 한다.

⑥ 제6조 제4항의 규정은 제1항의 규정에 의한 보상금의 지급청구에 관하여 이를 준용한다. 이 경우 "보험사업자 등"은 "건설교통부장관"으로 본다.

제17조 【지원대상자】 ① 법 제26조 제2항의 규정에 의하여 정부가 지원을 할 수 있는 대상자는 중증후유장해인, 유자녀와 피부양가족으로서 생계를 같이 하는 가족의 생활형편이 국민기초생활보장법에 의한 최저생계비를 감안하여 건설교통부장관이 정하는 기준에 해당되어 생계유지, 학업 또는 재활치료(중증후유장해인의 경우에 한한다)를 계속하기 곤란한 상태에 있는 자로서 제19조 제2항의 규정에 의하여 지원대상자로 결정된 자로 한다. 다만 지원을 위한 재원이 부족할 경우에는 생활형편이 어려운 자의 순으로 그 지원대상자를

선정할 수 있다. 〈개정 2000. 12. 27, 2002. 8. 14〉

② 제1항의 규정에 의한 중증후유장해인, 유자녀 및 피부양가족의 범위는 별표 3과 같다.

③ 삭제 〈2002. 8. 14〉

제18조【지원의 기준 및 금액】 ① 제17조 제1항의 규정에 따른 지원대상자에 대하여 정부가 지원할 수 있는 기준은 다음 각 호와 같다. 〈개정 2000. 12. 27〉

1. 중증후유장해인의 경우에는 의료법에 의한 의료기관 또는 장애인복지법에 의한 재활시설을 이용하거나 기타 요양을 하기 위하여 필요한 비용의 보조

2. 유자녀의 경우에는 학업의 유지 등을 위한 생활자금의 대출 또는 장학금의 지급

3. 피부양가족의 경우에는 노부모 등의 생활의 정도를 고려한 보조금의 지급

② 제1항의 규정에 의한 지원의 금액은 별표 4의 규정에 의한 금액을 기준으로 하되, 지원을 위한 재원을 감안하여 건설교통부장관이 기준금액의 2분의 1의 범위 안에서 가감하여 정하는 금액으로 한다.

③ 삭제 〈2002. 8. 14〉

④ 삭제 〈2002. 8. 14〉

제19조【지원의 방법 및 절차 등】 ① 제17조 및 제18조의 규정에 의한 지원을 받고자 하는 자는 지원신청서를 작성하여 건설교통부장관에게 제출해야 한다.

② 건설교통부장관은 제1항의 규정에 의한 지원신청을 받은 경우에는 지체없이 이를 심사하여 지원대상 여부를 결정한 후 신청인에게 그 결과를 통지해야 한다.

③ 건설교통부장관은 법 제26조 제2항 및 법 제26조의2의 규정에 의한 정부의 지원에 관한 업무의 적정한 수행을 위하여 다음 각 호의 사항이 포함되는 지원업무의 처리에 관한 규정을 작성해야 한다. 〈개정 2000. 12. 27, 2002. 8. 14〉

1. 제17조의 규정에 의한 지원대상자 선정의 세부기준

2. 제18조 제1항 제2호의 규정에 의한 자금의 대출 및 그 상환과 장학금의 지급에 관한 사항

3. 제18조 제2항의 규정에 의한 구체적인 지원금액

4. 제19조의4의 규정에 의한 구체적인 집행절차 및 사후관리 등에 관한 사항

5. 제1항의 규정에 의한 지원신청서의 작성 및 제출에 관한 사항

6. 재원의 관리와 회계처리에 관한 사항

7. 지원업무계획의 수립 및 시행에 관한 사항

④ 삭제 〈2002. 8. 14〉

제19조의2【재활시설운영자의 요건】 법 제26조의2 제4항의 규정에 의하여 건설교통부장관이 재활시설의 운영 및 관리 등을 위하여 선정하는 단체(이하 "재활시설운영자"라 한다)는 다음 각 호의 요건을 갖추어야 한다.

1. 자동차사고후유장해인의 재활사업을 목적으로 설립된 법인일 것
2. 장애인복지법 제53조의 규정에 의하여 보호 · 육성되는 자동차사고후유장해인단체일 것 [본조 신설 2002. 8. 14]

제19조의3【재활시설운영자의 선정 등】 ① 법 제26조의2 제5항의 규정에 의하여 재활시설운영자로 선정되고자 하는 자는 다음 각 호의 서류를 첨부하여 건설교통부장관에게 신청해야 한다.

1. 법인정관 1부
2. 법인등기부등본 1부
3. 재활시설의 운영 · 관리 등의 계획서(자동차사고후유장해인 재활시설의 운영 · 관리 등을 위한 전문인력의 확보 방안을 포함한 것) 1부
4. 재활시설의 운영 · 관리 등을 위한 내부규정 1부

② 건설교통부장관은 제1항의 규정에 의하여 신청을 받은 때에는 신청인이 제19조의2 각 호의 요건을 충족하였는지의 여부 및 재활시설의 운영 · 관리 등의 계획을 적절히 수행할 수 있는지의 여부를 확인하여 재활시설운영자를 선정해야 한다. [본조 신설 2002. 8. 14]

제19조의4【재활시설운영자에 대한 감독 등】 ① 재활시설운영자는 재활시설의 운영 · 관리 등의 사업에 대하여는 별도의 회계를 설치하고, 다른 사업과 구분하여 경리해야 한다.

② 재활시설운영자는 다음 연도 재활시설의 운영 · 관리 등을 위한 계획 및 예산을 매년 10월 31일까지 건설교통부장관에게 제출하고, 그 승인을 얻어야 한다. 이를 변경하고자 하는 경우에도 또한 같다.

③ 재활시설운영자는 다음 각 호의 사항을 매분기 종료 후 25일 이내에 건설교통부장관에게 보고해야 한다.

1. 재활시설의 운영 · 관리 등의 현황(입소자의 현황을 포함한다)
2. 재활시설의 운영 · 관리 등을 위한 전문인력의 현황
3. 재활시설의 운영 · 관리 등을 위한 교부금의 수입 및 지출현황
4. 재활시설의 운영 · 관리 등을 위한 교부금의 잔액증명서 등 건설교통부장관이 요구하는 자료

④ 건설교통부장관은 재활시설운영자의 전분기 재활시설의 운영 · 관리 등의 사업실적 및 재활시설의 운영 · 관리 등을 위한 교부금의 집행실적을 감안하여 다음 분기의 재활시설의 운영 · 관리 등을 위한 교부금을 조정하여 지급할 수 있다. [본조 신설 2002. 8. 14]

제20조【보상책임의 면제】 법 제28조 제1항에서 "그 밖의 대통령령이 정하는 법률" 이라 함은 다음 각 호의 법률을 말한다.

1. 공무원연금법(동 법 제34조의 규정에 의한 단기급여 및 동 법 제42조 제2호의 규정에

의한 장해급여에 한한다)

2. 군인연금법(동 법 제6조 제13호의 규정에 의한 재해보상금, 동 조 제14호의 규정에 의한 사망조위금 및 동 조 제17호의 규정에 의한 공무상요양비에 한한다)

3. 사립학교교원연금법(동 법 제42조의 규정에 의하여 준용되는 공무원연금법 제34조의 규정에 의한 단기급여와 동 법 제42조 제2호의 규정에 의한 장해급여에 한한다)

4. 전투경찰대설치법

5. 국가유공자등예우및지원에관한법률(동 법 제15조 내지 제17조의 규정에 의한 간호수당, 보철구수당 및 사망일시금에 한한다)

6. 근로기준법

7. 의료보험법

제21조【분담금의 납부자 등】 ① 법 제29조 제1항에서 "대통령령이 정하는 자동차의 보유자"라 함은 제4조 제3호의 규정에 의한 자동차의 보유자를 말한다.

② 제1항의 규정에 의한 자동차의 보유자와 자동차손해배상에 관한 보험계약을 체결한 보험사업자(보험업법에 의한 외국보험사업자를 포함한다)는 당해 자동차의 보유자로부터 분담금을 징수하여 이를 정부에 납부해야 한다.

제22조【분담금액】 ① 법 제29조 제1항의 규정에 의하여 자동차보유자가 건설교통부장관(건설교통부장관이 제26조의 규정에 의하여 법 제37조 제1항 제3호의 규정에 의한 업무를 보험사업자 등 또는 보험관련단체에 위탁한 경우에는 그 위탁을 받은 자를 말한다. 이하 제23조 제1항 내지 제4항 및 제24조에서 같다)에게 납부해야 하는 분담금은 책임보험 등의 보험료(책임공제의 경우에는 책임공제분담금을 말한다. 이하 "책임보험료 등"이라 한다)에 해당하는 금액의 100분의 5를 넘지 아니하는 범위 안에서 건설교통부령이 정하는 금액으로 한다.

② 건설교통부장관은 제1항의 규정에 의한 분담금이 법 제26조 및 이 영의 규정에 의한 정부의 보상 또는 지원을 위하여 과부족이 없도록 조정해야 한다.

③ 건설교통부장관은 제1항 및 제2항의 규정에 의하여 분담금을 정하거나 조정하고자 하는 때에는 미리 금융감독위원회와 협의해야 한다.

제23조【분담의 납부 등】 ① 보험사업자 등은 법 제29조 제2항 및 이 영 제21조 제2항의 규정에 의하여 자동차 보유자로부터 징수한 분담금을 징수한 달의 다음 달 말일까지 그 징수내역을 첨부하여 건설교통부장관에게 납부해야 한다.

② 건설교통부장관은 법 제26조의 규정에 의한 자동차손해배상보장사업에 따른 수입과 지출을 다른 수입 및 지출과 구분하여 경리해야 한다.

③ 건설교통부장관은 제1항의 규정에 의하여 납부받은 분담금 중 그 분담금의 100분의 33의 범위 안에서 건설교통부장관이 정하는 금액을 납부받은 달의 다음 달 10일까지 제26

조 제3항의 규정에 의하여 법 제26조 제2항 및 법 제26조의2 제1항 제1호의 규정에 의한 지원에 관한 업무를 위탁받은 자와 법 제26조의2 제4항의 규정에 의하여 선정된 재활시설운영자에게 교부해야 한다. 〈개정 2000. 12. 27, 2002. 8. 14〉

④ 제3항의 규정에 의하여 건설교통부장관으로부터 교부받는 금액(이하 "교부금"이라 한다)은 법 제26조 제2항 및 법 제26조의2 제1항의 규정에 의한 지원을 위한 업무 외의 용도로 사용할 수 없다. 〈개정 2002. 8. 14〉

⑤ 건설교통부장관은 법 제26조 제1항의 규정에 의한 정부의 보상에 관한 업무의 적정한 수행을 위하여 다음 각 호의 사항이 포함되는 손해배상보장업무의 처리에 관한 규정을 작성해야 한다.

1. 분담금의 징수·관리 및 회계방법
2. 보상처리에 관한 사항
3. 법 제31조의 규정에 의한 손해배상청구권의 대위행사에 관한 사항
4. 보상업무계획의 수립 및 시행에 관한 사항

제24조【손해배상청구권의 대위행사를 위한 협조요청】 ① 건설교통부장관은 법 제31조의 규정에 의한 피해자의 손해배상청구권을 대위행사하기 위하여 경찰청장·지방경찰청장 또는 경찰서장(이하 "경찰청장 등"이라 한다)에게 법 제26조 제1항 제1호에 규정된 보유자를 알 수 없는 자동차를 운행한 자의 검거여부 및 인적사항에 관한 자료의 열람·제출 또는 확인 등을 요구할 수 있다.

② 제1항의 규정에 의한 요구를 받은 경찰청장 등은 특별한 사유가 없는 한 이에 응해야 한다.

제25조【자료제출의 요청】 ① 시장·군수 또는 구청장(자치구의 구청장을 말한다. 이하 같다)은 건설교통부장관의 요청이 있는 때에는 법 제6조 제2항·제3항 또는 법 제40조의 규정에 의하여 강제보험 등에 가입하지 아니한 자에 대하여 행하는 업무의 처리현황을 특별시장·광역시장 또는 도지사를 경유하여 건설교통부장관에게 제출해야 한다.

② 특별시장·광역시장 또는 도지사는 시장·군수 또는 구청장이 강제보험 등에 가입하지 아니한 자에 대하여 행하는 업무를 원활히 수행할 수 있도록 필요한 지원을 해야 한다. [전문개정 2001. 6. 30]

제26조【권한의 위탁 등】 ① 건설교통부장관은 법 제37조 제1항의 규정에 의하여 자동차손해배상보장사업을 위탁하고자 하는 때에는 위탁을 받을 자에 대하여 다음 각 호의 사항을 확인해야 한다. 다만 법 제37조 제1항 제3호의 업무를 위탁하는 경우에는 그러하지 아니한다. 〈개정 2000. 12. 27〉

1. 최근 3년간의 재산상황 및 수입과 지출의 전망
2. 특별시·광역시 및 도별로 설치된 1개소 이상의 상설보상조직 및 그에 필요한 인력의

확보에 관한 사항

② 건설교통부장관은 법 제37조 제1항의 규정에 의하여 자동차손해배상보장사업을 위탁한 때에는 이를 관보에 게재해야 한다.

③ 건설교통부장관은 법 제37조 제2항의 규정에 의하여 법 제26조 제2항 및 법 제26조의2 제1항 제1호의 규정에 의한 지원에 관한 업무(제19조 제3항의 규정에 의한 지원업무의 처리에 관한 규정의 작성에 관한 업무를 제외한다)를 교통안전공단에 위탁한다. 〈개정 2002. 8. 14〉

④ 제2항 및 제3항의 규정에 의하여 업무를 위탁받은 자는 다음 각 호의 사항을 매분기 종료 후 25일 이내에 건설교통부장관에게 보고해야 한다.

1. 업무의 처리상황
2. 분담금 또는 교부금의 수입 및 지출상황
3. 제22조 제1항 및 동 조 제2항의 규정에 의하여 분담금을 정하거나 조정하기 위하여 건설교통부장관이 지정하는 자료

제27조【과태료의 부과ㆍ징수절차】 ① 시장ㆍ군수 또는 구청장은 법 제40조의 규정에 의한 과태료를 부과하고자 하는 때에는 당해 위반행위를 조사ㆍ확인한 후 위반사실ㆍ과태료금액 등을 서면으로 명시하여 이를 납부할 것을 과태료처분대상자에게 통지해야 한다. 〈개정 2001. 6. 30〉

② 시장ㆍ군수 또는 구청장은 제1항의 규정에 의하여 과태료를 부과하고자 하는 때에는 10일 이상의 기간을 정하여 과태료처분대상자에게 구술 또는 서면에 의한 의견진술의 기회를 주어야 한다. 이 경우 지정된 기일까지 의견진술이 없는 때에는 의견이 없는 것으로 본다. 〈개정 2001. 6. 30〉

③ 시장ㆍ군수 또는 구청장은 과태료의 금액을 정함에 있어서는 당해 위반행위의 동기ㆍ횟수와 그 결과 등을 참작하되, 그 부과기준은 별표 5와 같다. 〈개정 2001. 6. 30〉

④ 시장ㆍ군수 또는 구청장은 당해 위반행위의 동기ㆍ내용 및 그 횟수 등을 참작하여 제3항의 규정에 의한 금액의 2분의 1의 범위 안에서 이를 가중 또는 감경할 수 있다. 이 경우 가중하는 때에도 과태료의 총액은 법 제40조의 규정에 의한 금액을 초과할 수 없다. 〈개정 2001. 6. 30〉

⑤ 과태료의 징수절차는 건설교통부령으로 정한다.

제28조【범칙자의 범위】 ① 법 제42조 제2항 제1호에서 "범칙행위를 상습적으로 행하는 사람"이라 함은 범칙행위를 한 날부터 1년 이내에 동일한 위반행위를 한 사람을 뜻한다.

② 법 제42조 제2항 제2호의 규정을 적용함에 있어서 다음 각 호의 1에 해당하는 사람은 범칙자에서 제외해야 한다.

1. 법 제6조 제3항의 규정에 의하여 강제보험 등에 가입할 것을 명 받고 2월 이내에 이에

가입하지 아니한 사람

2. 강제보험 등에 가입되어 있지 아니한 자동차를 운행중에 교통사고를 일으킨 사람

[본조 신설 2001. 6. 30]

제29조【범칙행위의 범위 및 범칙금액 등】 ① 법 제42조 제1항 및 제43조 제2항의 규정에 의한 범칙행위의 범위와 범칙금액은 별표 6과 같다.

② 범칙금은 이를 분할하여 납부할 수 없다. [본조 신설 2001. 6. 30]

제30조【통고처분의 절차】 ① 시장·군수 또는 구청장은 법 제43조의 규정에 의하여 통고처분을 하는 때에는 범칙금 납부통고서를 작성해야 한다.

② 제1항의 규정에 의한 범칙금 납부통고서에는 통고처분을 받을 자의 인적사항·범칙금액·위반내용·적용법규·납부장소·납부기간 및 통고처분 연월일을 기재하고, 시장·군수 또는 구청장이 기명·날인해야 한다.

③ 이 영에 규정한 것 외에 범칙금의 납부 등에 관하여 필요한 사항은 건설교통부령으로 정한다. [본조 신설 2001. 6. 30]

가림출판사 · 가림M&B · 가림Let's에서 나온 책들

문 학

바늘구멍
켄 폴리트 지음 / 홍영의 옮김 / 신국판 / 342쪽 / 5,300원

레베카의 열쇠
켄 폴리트 지음 / 손연숙 옮김 / 신국판 / 492쪽 / 6,800원

암병선
니시무라 쥬코 지음 / 홍영의 옮김 / 신국판 / 300쪽 / 4,800원

첫키스한 얘기 말해도 될까
김정미 외 7명 지음 / 신국판 / 228쪽 / 4,000원

사미인곡 上 · 中 · 下
김충호 지음 / 신국판 / 각 권 5,000원

이내의 끝자리
박수완 스님 지음 / 국판변형 / 132쪽 / 3,000원

너는 왜 나에게 다가서야 했는지
김충호 지음 / 국판변형 / 124쪽 / 3,000원

세계의 명언
편집부 엮음 / 신국판 / 322쪽 / 5,000원

여자가 알아야 할 101가지 지혜
제인 아서 엮음 / 지창국 옮김 / 4×6판 / 132쪽 / 5,000원

현명한 사람이 읽는 지혜로운 이야기
이정민 엮음 / 신국판 / 236쪽 / 6,500원

성공적인 표정이 당신을 바꾼다
마츠오 도모루 지음 / 홍영의 옮김 / 신국판 / 240쪽 / 7,500원

태양의 법
오오카와 류우호오 지음 / 민병수 옮김 / 신국판 / 246쪽 / 8,500원

영원의 법
오오카와 류우호오 지음 / 민병수 옮김 / 신국판 / 240쪽 / 8,000원

석가의 본심
오오카와 류우호오 지음 / 민병수 옮김 / 신국판 / 246쪽 / 10,000원

옛 사람들의 재치와 웃음
강형중 · 김경익 편저 / 신국판 / 316쪽 / 8,000원

지혜의 쉼터
쇼펜하우어 지음 / 김충호 엮음 / 4×6판 양장본 / 160쪽 / 4,300원

헤세가 너에게
헤르만 헤세 지음 / 홍영의 엮음 / 4×6판 양장본 / 144쪽 / 4,500원

사랑보다 소중한 삶의 의미
크리슈나무르티 지음 / 최윤영 엮음 / 신국판 / 180쪽 / 4,000원

장자-어찌하여 알 속에 털이 있다 하는가
홍영의 엮음 / 4×6판 / 180쪽 / 4,000원

논어-배우고 때로 익히면 즐겁지 아니한가
신도희 엮음 / 4×6판 / 180쪽 / 4,000원

맹자-가까이 있는데 어찌 먼 데서 구하려 하는가
홍영의 엮음 / 4×6판 / 180쪽 / 4,000원

아름다운 세상을 만드는 사랑의 메시지 365
DuMont monte Verlag 엮음 / 정성호 옮김 /
4×6판 변형 양장본 / 240쪽 / 8,000원

황금의 법
오오카와 류우호오 지음 / 민병수 옮김 / 신국판 / 320쪽 / 12,000원

왜 여자는 바람을 피우는가?
기젤라 룬테 지음 / 김현성 · 진정미 옮김 / 국판 / 200쪽 / 7,000원

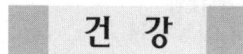

건 강

식초건강요법
건강식품연구회 엮음 / 신재용(해성한의원 원장) 감수

가장 쉽게 구할 수 있고 경제적인 식품이면서 상상할 수 없을 정도로 뛰어난 약효를 지닌 식초의 모든 것을 담은 건강지침서!
신국판 / 224쪽 / 6,000원

아름다운 피부미용법
이순희(한독피부미용학원 원장) 지음

피부조직에 대한 기초 이론과 우리 몸의 생리를 알려줌으로써 아름다운 피부, 젊은 피부를 오래 유지할 수 있는 비결 제시!

신국판 / 296쪽 / 6,000원

버섯건강요법
김병각 외 6명 지음

종양 억제율 100%에 가까운 96.7%를 나타내는 기적의 약용버섯 등 신비의 버섯을 통하여 암을 치료하고 비만, 당뇨, 고혈압, 동맥경화 등 각종 성인병 예방을 위한 생활 건강 지침서!
신국판 / 286쪽 / 8,000원

성인병과 암을 정복하는 유기게르마늄
이상현 편저 / 카오 샤오이 감수

최근 들어 각광을 받고 있는 새로운 치료제인 유기게르마늄을 통한 성인병, 각종 암의 치료에 대해 상세히 소개.
신국판 / 312쪽 / 9,000원

난치성 피부병
생약효소연구원 지음

현대의학으로도 치유불가능했던 난치성 피부병인 건선 · 아토피(태열)의 완치요법이 수록된 건강 지침서.
신국판 / 232쪽 / 7,500원

新 방약합편
정도명 편역

자신의 병을 알고 증세에 맞춰 스스로 처방을 할 수 있고 조제할 수 있는 보약 506가지 수록. 신국판 / 416쪽 / 15,000원

자연치료의학
오홍근(신경정신과 의학박사 · 자연의학박사) 지음

대한민국 최초의 자연의학박사가 밝힌 신비의 자연치료의학으로 자연산물을 이용하여 부작용 없이 치료하는 건강 생활 비법 공개!! 신국판 / 472쪽 / 15,000원

약초의 활용과 가정한방
이인성 지음

주변의 흔한 식물과 약초를 활용하여 각종 질병을 간편하게 예방 · 치료할 수 있는 비법제시. 신국판 / 384쪽 / 8,500원

역전의학
이시하라 유미 지음 / 유태종 감수

일반상식으로 알고 있는 건강상식에 대해 전혀 새로운 관점에서 비판하고 아울러 새로운 방법들을 제시한 건강 혁명 서적!! 신국판 / 286쪽 / 8,500원

이순희식 순수피부미용법
이순희(한독피부미용학원 원장) 지음

자신의 피부에 맞는 관리법으로 스스로 피부관리를 할 수 있는 방법을 제시하고 책 속 부록으로 천연팩 재료 사전과 피부 타입별 팩 고르기. 신국판 / 304쪽 / 7,000원

21세기 당뇨병 예방과 치료법
이현철(연세대 의대 내과 교수) 지음

세계 최초 유전자 치료법을 개발한 저자가 당뇨병과 대항하여 가장 확실하게 이길 수 있는 당뇨병에 대한 올바른 이론과 발병시 대처 방법을 상세히 수록! 신국판 / 360쪽 / 9,500원

신재용의 민의학 동의보감
신재용(해성한의원 원장) 지음

주변의 흔한 먹거리를 이용해 신비의 명약이나 보약으로 활용할 수 있는 건강 지침서로서 저자가 TV나 라디오에서 다 밝히지 못한 한방 및 민간요법까지 상세히 수록!! 신국판 / 476쪽 / 10,000원

치매 알면 치매 이긴다
배오성(백상한방병원 원장) 지음

B.O.S.요법으로 뇌세포의 기능을 활성화시키고 엔돌핀의 분비효과를 극대화시켜 증상에 맞는 한약 처방을 병행하여 치매를 치유하는 획기적인 치유법 제시. 신국판 / 312쪽 / 10,000원

21세기 건강혁명 밥상 위의 보약 생식
최경순 지음

항암식품으로, 다이어트식으로, 젊고 탄력적인 피부를 유지할 수 있게 해주는 자연식으로의 생식을 소개하여 현대인들의 건강 길라잡이가 되도록 하였다. 신국판 / 348쪽 / 9,800원

기치유와 기공수련
윤한홍(기치유 연구회 회장) 지음

누구나 노력만 하면 개발할 수 있고 활용할 수 있는 기 수련 방법과 기치유 개발 방법 소개. 신국판 / 340쪽 / 12,000원

만병의 근원 스트레스 원인과 퇴치
김지혁(김지혁한의원 원장) 지음

만병의 근원인 스트레스를 속속들이 파헤치고 예방법까지 속시원하게 제시!! 신국판 / 324쪽 / 9,500원

김종성 박사의 뇌졸중 119
김종성 지음

우리나라 사망원인 1위. 뇌졸중 분야의 최고 권위자인 저자가 일상생활에서의 건강관리부터 환자간호에 이르기까지 뇌졸중의 예방, 치료법 등 모든 것 수록. 신국판 / 356쪽 / 12,000원

탈모 예방과 모발 클리닉
장정훈 · 전재홍 지음

미용적인 측면과 우리가 일상적으로 고민하고 궁금해 하는 털에 관한 내용들을 다양하고 재미있게 예들을 들어가면서 흥미롭게 풀어간 것이 이 책의 특징. 신국판 / 252쪽 / 8,000원

구태규의 100% 성공 다이어트
구태규 지음

하이틴 영화배우의 다이어트 체험서. 저자만의 다이어트법을 제시하면서 바람직한 다이어트에 대해서도 알려준다. 건강하게 날씬해지고 싶은 사람들을 위한 필독서! 4×6배판 변형 / 240쪽 / 9,900원

암 예방과 치료법
이춘기 지음

암환자와 가족들을 위해서 암의 치료방법에서부터 합병증의 예방 및 암이 생기기 전에 알 수 있는 방법에 이르기까지 상세하게 해설해 놓은 책. 신국판 / 296쪽 / 11,000원

알기 쉬운 위장병 예방과 치료법
민영일 지음

소화기관인 위와 관련 기관들의 여러 질환을 발병 원인, 증상, 치료법을 중심으로 알기 쉽게 해설해 놓은 건강서. 신국판 / 328쪽 / 9,900원

이온 체내혁명
노보루 야마노이 지음 / 김병관 옮김

새로운 건강관리 이론으로 주목을 받고 있는 음이온을 통해 건강을 돌볼 수 있는 방법 제시. 신국판 / 272쪽 / 9,500원

어혈과 사혈요법
정지천 지음

침과 부항요법 등을 사용하여 모든 질병을 다스릴 수 방법과 우리 주변에서 흔하게 접할 수 있는 각 질병의 상황별 처치를 혈자리 그림과 함께 해설. 신국판 / 308쪽 / 12,000원

약손 경락마사지로 건강미인 만들기
고정환 지음

경락과 민족 고유의 정신 약손을 결합시킨 약손 성형경락 마사지로 수술하지 않고도 자신이 원하는 부위를 고치는 방법을 제시하는 건강 미용서. 4×6배판 변형 / 284쪽 / 15,000원

정유정의 LOVE DIET
정유정 지음

널리 알려진 온갖 다이어트 방법으로 살을 빼려고 노력했던 저자의 고통스러웠던 다이어트 체험담이 실려 있어 지금 살 때문에 고민하는 사람들이 가슴에 와 닿는 나만의 다이어트 계획을 나름대로 세울 수 있을 것이다. 4×6배판 변형 / 196쪽 / 10,500원

머리에서 발끝까지 예뻐지는 부분다이어트
신상만 · 김선민 지음

한약을 먹거나 침을 맞아 살을 빼는 방법, 아로마요법을 이용한 다이어트법, 운동을 이용한 부분부위만 해소법 등이 실려 있으므로 나에게 맞는 방법을 선택해 날씬하고 예쁜 몸매를 만들 수 있을 것이다. 4×6배판 변형 / 196쪽 / 11,000원

알기 쉬운 심장병 119
박승정 지음

심장병에 관해 심장질환이 생기는 원인, 증상, 치료법을 중심으로 내용을 상세하게 해설해 놓은 건강서. 신국판 / 248쪽 / 9,000원

알기 쉬운 고혈압 119
이정균 지음

생활 속의 고혈압에 관해 일반인들이 관심을 가지고 예방할 수

있도록 고혈압의 원인, 증상, 합병증 등을 상세하게 해설해 놓은
건강서. 신국판 / 304쪽 / 10,000원

여성을 위한 부인과질환의 예방과 치료
차선희 지음

남들에게는 말할 수 없는 증상들로 고민하고 있는 여성들을 위해
부인암, 골다공증, 빈혈 등 부인과질환을 원인 및 치료방법을 중
심으로 설명한 여성건강 정보서. 신국판 / 304쪽 / 10,000원

알기 쉬운 아토피 119
이승규 · 임승엽 · 김문호 · 안유일 지음

감기처럼 흔하지만 암만큼 무서운 아토피 피부염의 원인에서부
터 증상, 치료방법, 임상사례, 민간요법을 적용한 환자들의 경험
담 등 수록. 신국판 / 232쪽 / 9,500원

120세에 도전한다
이권행 지음

아프지 않고 건강하게 오래 살기를 바라는 현대인들에게 우리 체
질에 맞는 식생활습관, 심신 활동, 생활습관, 체질별 · 나이별 양
생법을 소개. 장수하고픈 독자들의 궁금증을 풀어줄 것이다.

신국판 / 308쪽 / 11,000원

건강과 아름다움을 만드는 요가
정라식 지음

책을 보고서 집에서 혼자서도 할 수 있는 요가법 수록. 각종 질병
에 따른 요가 수정체조법도 담았으며, 별책 부록으로 한눈에 보는
요가 차트 수록. 4×6배판 변형 / 224쪽 / 14,000원

우리 아이 건강하고 아름다운 롱다리 만들기
김성훈 지음

키 작은 우리 아이를 롱다리로 만드는 비법공개. 식사습관과 생
활습관만의 변화로도 키를 크게 할 수 있으므로 키 작은 자녀를
둔 부모의 고민을 해결해 준다. 대국전판 / 236쪽 / 10,500원

알기 쉬운 허리디스크 예방과 치료
이종석 지음

전문가들의 의견, 허리병의 치료에서 가장 중요한 운동치료, 허
리디스크와 요통에 관해 언론에서 잘못 소개한 기사나 과장 보도
한 기사, 대상이 광범위함으로써 생기고 있는 사이비 의술 및 상
업적인 의술을 시행하는 상업적인 병원 등을 소개함으로써 허리
병을 앓고 있는 사람들에게 정확하고 올바른 지식을 전달하고자
하는 길라잡이서. 대국전판 / 336쪽 / 12,000원

소아과 전문의에게 듣는 알기 쉬운 소아과 119
신영규 · 이강우 · 최성항 지음

새내기 엄마, 아빠를 위해 올바른 육아법을 제시하고 각종 질병
에 대한 치료법 및 예방법, 응급처치법을 소개.
4×6배판 변형 / 280쪽 / 14,000원

교 육

우리 교육의 창조적 백색혁명
원상기 지음 / 신국판 / 206쪽 / 6,000원

현대생활과 체육
조창남 외 5명 공저 / 신국판 / 340쪽 / 10,000원

퍼펙트 MBA
IAE유학네트 지음 / 신국판 / 400쪽 / 12,000원

유학길라잡이 I -미국편
IAE유학네트 지음 / 4×6배판 / 372쪽 / 13,900원

유학길라잡이 II - 4개국편
IAE유학네트 지음 / 4×6배판 / 348쪽 / 13,900원

조기유학길라잡이.com
IAE유학네트 지음 / 4×6배판 / 428쪽 / 15,000원

현대인의 건강생활
박상호 외 5명 공저 / 4×6배판 / 268쪽 / 15,000원

천재아이로 키우는 두뇌훈련
나카마츠 요시로 지음 / 민병수 옮김

머리가 좋은 아이로 키우기 위한 환경 만들기, 식사, 운동 등 연
령별 두뇌 훈련법 소개. 국판 / 288쪽 / 9,500원

두뇌혁명
나카마츠 요시로 지음 / 민병수 옮김

『뇌내혁명』 하루야마 시게오의 추천작!!
어른들을 위한 두뇌 개발서로, 풍요로운 인생을 만들기 위한
'뇌' 와 '몸' 자극법 제시. 4×6판 양장본 / 288쪽 / 12,000원

테마별 고사성어로 익히는 한자
김경익 지음 / 4×6배판 변형 / 248쪽 / 9,800원

生생 공부비법
이은승 지음

국내 최초 수학과외 수출의 주인공 이은승이 개발한 자기만의 맞
춤식 공부학습법 소개. 공부도 하는 법을 알면 목표를 달성할 수
있다고 용기를 북돋우어 주는 실전 공부 비법서.
대국전판 / 272쪽 / 9,500원

자녀를 성공시키는 습관만들기
배은경 지음

성공하는 자녀를 꿈꾸는 부모들이 알아야 할 자녀 교육법 소개.
부모는 자녀 인생의 주연이 아님을 알아야 하며 부모의 좋은 습
관, 건전한 생각이 자녀의 성공 인생을 가져온다는 내용을 담은
부모 및 자녀 모두를 위한 자기 계발서. 대국전판 / 232쪽 / 9,500원

취미 · 실용

김진국과 같이 배우는 와인의 세계
김진국 지음

포도주 역사에서 분류, 원료 포도의 종류와 재배, 양조 · 숙성 ·
저장, 시음법, 어울리는 요리와 와인의 유통과 소비, 와인 시장의
현황과 전망, 와인 판매 요령, 와인의 보관과 재고의 회전, '와인
양조 비밀의 모든 것'을 동영상으로 담은 CD까지, 와인의 모든
것이 담긴 종합학습서.
국배판 변형양장본(올 컬러판) / 208쪽 / 30,000원

경제 · 경영

CEO가 될 수 있는 성공법칙 101가지
김승룡 편역 / 신국판 / 320쪽 / 9,500원

정보소프트
김승룡 지음 / 신국판 / 324쪽 / 6,000원

기획대사전
다카하시 겐코 지음 / 홍영의 옮김

기획에 관련된 모든 사항을 실례와 도표를 통하여 초보자에서 프로기획맨에 이르기까지 효율적으로 활용할 수 있도록 체계적으로 총망라하였다. 신국판 / 552쪽 / 19,500원

맨손창업 · 맞춤창업 BEST 74
양혜숙 지음

창업대행 현장 전문가가 추천하는 유망업종을 7가지 주제별로 나누어 수록한 맞춤창업서로 창업예비자들에게 창업의 길을 밝혀줄 발로 뛰면서 만든 실무 지침서!! 신국판 / 416쪽 / 12,000원

무자본, 무점포 창업! FAX 한 대면 성공한다
다카시로 고시 지음 / 홍영의 옮김 / 신국판 / 226쪽 / 7,500원

성공하는 기업의 인간경영
중소기업 노무 연구회 편저 / 홍영의 옮김

무한경쟁시대에서 각 기업들의 다양한 경영 실태 속에서 인사 · 노무 관리 개선에 있어서 기업의 효율을 높이고 발전을 이룰 수 있는 원칙을 제시. 신국판 / 368쪽 / 11,000원

21세기 IT가 세계를 지배한다
김광희 지음

21세기 화두로 떠오른 IT혁명의 경쟁력에 대해서 전문가의 논리적이고 철저한 해설과 더불어 매장 끝까지 실제 사례를 곁들여 설명. 신국판 / 380쪽 / 12,000원

경제기사로 부자아빠 만들기
김기태 · 신현태 · 박근수 공저

날마다 배달되는 경제기사를 꼼꼼히 챙겨보는 사람만이 현대생활에서 부자가 될 수 있다. 언론인의 현장감각과 학자의 전문성을 접목시킨 것이 이 책의 특성! 누구나 이 책을 읽고 경제원리를 체득, 경제예측을 할 수 있게 준비된 생활경제서적.
신국판 / 388쪽 / 12,000원

포스트 PC의 주역 정보가전과 무선인터넷
김광희 지음

포스트 PC의 주역으로 급부상하고 있는 정보가전과 무선인터넷 그리고 이를 구현하기 위한 관련 테크놀러지를 체계적으로 소개. 신국판 / 356쪽 / 12,000원

성공하는 사람들의 마케팅 바이블
채수명 지음

최근의 이론을 보완하여 내놓은 마케팅 관련 실무서. 마케팅의 정보전략, 핵심요소, 컨설팅실무까지 저자의 노하우와 창의적인 이론이 결합된 마케팅서. 신국판 / 328쪽 / 12,000원

느린 비즈니스로 돌아가라
사카모토 게이이치 지음 / 정성호 옮김

미국식 스피드 경영에 익숙해져 현실의 오류를 간과하고 있는 사람들을 위한 어떻게 팔 것인가보다 무엇을 팔 것인가를 설명하는 마케팅 컨설턴트의 대안 제시서! 신국판 / 276쪽 / 9,000원

적은 돈으로 큰돈 벌 수 있는 부동산 재테크
이원재 지음

700만 원으로 부동산 재테크에 뛰어들어 100배 불린 저자가 부동산 재테크를 계획하고 있는 사람들이 반드시 알아두어야 할 내용을 경험담을 담아 해설해 놓은 경제서. 신국판 / 340쪽 / 12,000원

바이오혁명
이주영 지음

21세기 국가간 경쟁부문으로 새로이 떠오르고 있는 바이오혁명에 관한 기초지식을 언론사에 몸담고 있는 현직 기자가 아주 쉽게 해설해 놓은 바이오 가이드서. 바이오 관련 용어 해설 수록.
신국판 / 328쪽 / 12,000원

성공하는 사람들의 자기혁신 경영기술
채수명 지음

자기 계발을 통한 신지식 자기경영마인드를 갖추어야 한다는 전제 아래 그 방법을 자세하게 알려주는 자기계발 지침서.
신국판 / 344쪽 / 12,000원

CFO
교텐 토요오 · 타하라 오키시 지음 / 민병수 옮김

일반인들에게 생소한 용어인 CFO, 즉 최고 재무책임자의 역할이 지금까지와는 완전히 달라져야 한다. 기업을 이끌어가는 새로운 키잡이로서의 CFO의 역할, 위상 등을 일본의 기업을 중심으로 하여 알아보고 바람직한 방향을 제시한다.
신국판 / 312쪽 / 12,000원

네트워크시대 네트워크마케팅
임동학 지음

학력, 사회적 지위 등에 관계 없이 자신이 노력한 만큼 돈을 벌 수 있는 네트워크마케팅에 관해 알려주는 안내서.
신국판 / 376쪽 / 12,000원

성공리더의 7가지 조건
다이앤 트레이시 · 윌리엄 모건 지음 / 지창영 옮김

개인과 팀, 조직관계의 개선을 위한 방향제시 및 실천을 위한 안내자 역할을 해주는 책. 현장에서 활용할 수 있는 실용서.
신국판 / 360쪽 / 13,000원

김종결의 성공창업
김종결 지음

누구나 창업을 할 수는 있지만 아무나 돈을 버는 것은 아니다라는 전제 아래 중견 연기자로서, 음식점 사장님으로 성공한 탤런트 김종결의 성공비결을 통해 창업전략과 성공전략을 제시한다.
신국판 / 340쪽 / 12,000원

최적의 타이밍에 내 집 마련하는 기술
이원재 지음

부동산을 통한 재테크의 첫걸음 '내 집 마련'의 결정판. 체계적이고 한눈에 쏙 들어오는 '내 집 장만 과정'을 쉽게 풀어놓은 부동산재테크서. 신국판 / 248쪽 / 10,500원

컨설팅 세일즈 Consulting sales
임동학 지음

발로 뛰는 영업이 아니라 머리로 하는 영업이 절실히 요구되는 시대 상황에 맞추어 고객지향의 세일즈, 과제해결 세일즈, 구매자와 공급자 간에 서로 만족하는 세일즈법 제시.
대국전판 / 336쪽 / 13,000원

연봉 10억 만들기
김농주 지음

연봉으로 말해지는 임금을 재테크 하여 부자가 될 수 있는 방법 제시. 고액의 연봉을 받기 위해서 개인이 갖추어야 할 실무적 능력, 태도, 마음가짐, 재테크 수단 등을 각 주제에 따라 구체적으로 제시함으로써 부자를 꿈꾸는 사람들이 그 희망을 이룰 수 있게 해준다. 국판 / 216쪽 / 10,000원

주5일제 근무에 따른 한국형 주말창업
최효진 지음

우리나라 실정에 맞는 주말창업 아이템의 제시 및 창업시 필요한 정보를 얻을 수 있는 곳, 주의해야 할 점, 실전 인터넷 쇼핑몰 창업, 표준사업계획서 등을 수록하여 지금 당장이라도 내 사업을 할 수 있게 해주는 창업 길라잡이서.
신국판 변형 양장본 / 216쪽 / 10,000원

주 식

개미군단 대박맞이 주식투자
홍성걸 (한양증권 투자분석팀 팀장) 지음

초보에서 인터넷을 활용한 주식투자까지 필자의 현장에서의 경험을 바탕으로 한 주식 성공전략의 모든 정보 수록.
신국판 / 310쪽 / 9,500원

알고 하자! 돈 되는 주식투자
이길영 외 2명 공저

일본과 미국의 주식시장을 철저한 분석과 데이터화를 통해 한국 주식시장의 투자의 흐름을 파악함으로써 한국 주식시장에서의 확실한 성공전략 제시!! 신국판 / 388쪽 / 12,500원

항상 당하기만 하는 개미들의 매도·매수타이밍 999% 적중 노하우
강경무 지음

승부사를 꿈꾸며 와신상담하는 모든 이들에게 희망의 등불이 될 것을 확신하는 Jusicman이 주식시장에서 돈벌고 성공할 수 있는 비결 전격공개!! 신국판 / 336쪽 / 12,000원

부자 만들기 주식성공클리닉
이창희 지음

저자의 경험담을 섞어서 주식이란 무엇인가를 풀어서 써놓은 주식입문서. 초보자와 자신을 성찰해볼 기회를 가지려는 기존의 투자자를 위해 태어났다. 신국판 / 372쪽 / 11,500원

선물·옵션 이론과 실전매매
이창희 지음

선물과 옵션시장에서 일반인들이 실패하는 원인을 분석하고, 반드시 지켜야 할 투자원칙에 따라 유형별로 실전 매매 테크닉을 터득함으로써 투자를 성공적으로 할 수 있게 한 지침서!!
신국판 / 372쪽 / 12,000원

너무나 쉬워 재미있는 주가차트
홍성무 지음

주식시장에서는 차트 분석을 통해 주가를 예측하는 투자자만이 주식투자에서 성공하므로 차트에서 급소를 신속, 정확하게 뽑아내 매매타이밍을 잡는 방법을 알려주는 주식투자 지침서.
4×6배판 / 216쪽 / 15,000원

역 학

역리종합 만세력 정도명 편저 / 신국판 / 532쪽 / 10,500원

작명대전 정보국 지음 / 신국판 / 460쪽 / 12,000원

하락이수 해설 이천교 편저 / 신국판 / 620쪽 / 27,000원

현대인의 창조적 관상과 수상
백운산 지음 / 신국판 / 344쪽 / 9,000원

대운용신영부적 정재원 지음 / 신국판 양장본 / 750쪽 / 39,000원

사주비결활용법 이세진 지음 / 신국판 / 392쪽 / 12,000원

컴퓨터세대를 위한 新 성명학대전
박용찬 지음 / 신국판 / 388쪽 / 11,000원

길흉화복 꿈풀이 비법
백운산 지음 / 신국판 / 410쪽 / 12,000원

새천년 작명컨설팅 정재원 지음 / 신국판 / 470쪽 / 13,000원

백운산의 신세대 궁합 백운산 지음 / 신국판 / 304쪽 / 9,500원

동자삼 작명학 남시모 지음 / 신국판 / 496쪽 / 15,000원

구성학의 기초 문길여 지음 / 신국판 / 412쪽 / 12,000원

법률 일반

여성을 위한 성범죄 법률상식
조명원 (변호사) 지음

성희롱에서 성폭력범죄까지 여성이기 때문에 특히 말 못하고 당해야만 했던 이 땅의 여성들을 위한 성범죄 법률상식서. 사례별 법적 대응방법 제시. 신국판 / 248쪽 / 8,000원

아파트 난방비 75% 절감방법
고영근 지음

예비역 공군소장이 잘못 부과된 아파트 난방비를 최고 75%까지 줄일 수 있는 방법을 구체적인 법적 근거를 토대로 작성한 아파트 난방비 절감방법 제시. 신국판 / 238쪽 / 8,000원

일반인이 꼭 알아야 할 절세전략 173선
최성호 (공인회계사) 지음

세법을 제대로 알면 돈이 보인다.
현직 공인중계사가 알려주는 합법적으로 세금을 덜 내고 돈을 버는 절세전략의 모든 것! 신국판 / 392쪽 / 12,000원

변호사와 함께하는 부동산 경매
최환주 (변호사) 지음

새 상가건물임대차보호법에 따른 권리분석과 채무자나 세입자의 권리방어기법은 제시한다. 또한 새 민사집행법에 따른 각 사례별 해설도 수록. 신국판 / 404쪽 / 13,000원

혼자서 쉽고 빠르게 할 수 있는 소액재판
김재용 · 김종철 공저

나홀로 소액재판을 할 수 있도록 소장작성에서 판결까지의 실제 재판과정을 상세하게 수록하여 이 책 한 권이면 모든 것을 완벽하게 해결할 수 있다. 신국판 / 312쪽 / 9,500원

"술 한 잔 사겠다"는 말에서 찾아보는 채권 · 채무
변환철 지음

일반인들이 꼭 알아야 할 채권 · 채무에 관한 법률 사항을 빠짐없이 수록. 신국판 / 408쪽 / 13,000원

알기쉬운 부동산 세무 길라잡이
이건우 지음

부동산에 관련된 모든 세금을 알기 쉽게 단계별로 해설. 합리적이고 탈세가 아닌 적법한 절세법 제시. 신국판 / 400쪽 / 13,000원

알기쉬운 어음, 수표 길라잡이
변환철 (변호사) 지음

어음, 수표의 발행에서부터 도난 또는 분실의 경우의 공시최고와 제권판결에 이르기까지 어음, 수표 관련 법률사항을 쉽고도 상세하게 압축해 놓은 생활법률서. 신국판 / 328쪽 / 11,000원

제조물책임법
강동근 · 윤종성 공저

제품의 설계, 제조, 표시상의 결함으로 소비자가 피해를 입었을 때 제조업자가 배상책임을 져야 하는 제조물책임 시대를 맞아 제조업자가 갖춰야 할 법률적 지식을 조목조목 설명해 놓은 법률

서. 신국판 / 368쪽 / 13,000원

알기 쉬운 주5일근무에 따른 임금 · 연봉제 실무
문강분 지음

최근의 행정해석과 판례를 중심으로 임금관련 문제를 정리하고 기업에서 관심이 많은 연봉제 및 성과배분제, 비정규직문제, 여성근로자문제 등의 이슈들과 주40시간제 법개정, 퇴직연금제 도입 등 최근의 법 · 시행령 개정사항을 모두 수록한 임금 · 연봉제 실무 지침서.   4×6배판 변형 / 544쪽 / 35,000원

변호사 없이 당당히 이길 수 있는 형사소송
김대환 지음

우리 생활과 함께 숨쉬는 형사법 서식을 구체적인 사례와 함께 소개. 내 손으로 간결하고 명확한 고소장 · 항소장 · 상고장 등 형사소송서식을 작성할 수 있다. 형사소송 관련 서식 CD 수록.
신국판 / 304쪽 / 13,000원

변호사 없이 당당히 이길 수 있는 민사소송
김대환 지음

민사, 호적과 가사를 포함한 생활과 밀접한 관련이 있는 생활법률 전반을 보통 사람들이 가장 궁금해하는 내용을 위주로 하여 사례를 들어가며 아주 쉽게 풀어놓은 민사 실무서.
신국판 / 412쪽 / 14,500원

혼자서 해결할 수 있는 교통사고 Q&A
조명원 지음

현실에서 본인이 아무리 원하지 않더라도 운명처럼 누구에게나 닥칠 수 있는 교통사고 문제를 사례, 각급 법원의 주요 판례와 함께 정리하여 일반인들도 쉽게 이해할 수 있도록 내용 구성.
신국판 / 336쪽 / 12,000원

생활법률

부동산 생활법률의 기본지식
대한법률연구회 지음 / 김원중 감수 / 신국판 / 480쪽 / 12,000원

고소장 · 내용증명 생활법률의 기본지식
하태웅 지음 / 신국판 / 440쪽 / 12,000원

노동 관련 생활법률의 기본지식
남동희 지음 / 신국판 / 528쪽 / 14,000원

외국인 근로자 생활법률의 기본지식
남동희 지음 / 신국판 / 400쪽 / 12,000원

계약작성 생활법률의 기본지식
이상도 지음 / 신국판 / 560쪽 / 14,500원

지적재산 생활법률의 기본지식
이상도 · 조의제 공저 / 신국판 / 496쪽 / 14,000원

부당노동행위와 부당해고 생활법률의 기본지식
박영수 지음 / 신국판 / 432쪽 / 14,000원

주택 · 상가임대차 생활법률의 기본지식
김운용 지음 / 신국판 / 480쪽 / 14,000원

하도급거래 생활법률의 기본지식
김진흥 지음 / 신국판 / 440쪽 / 14,000원

이혼소송과 재산분할 생활법률의 기본지식
박동섭 지음 / 신국판 / 460쪽 / 14,000원

부동산등기 생활법률의 기본지식
정상태 지음 / 신국판 / 456쪽 / 14,000원

기업경영 생활법률의 기본지식
안동섭 지음 / 신국판 / 466쪽 / 14,000원

교통사고 생활법률의 기본지식
박정무 · 전병찬 공저 / 신국판 / 480쪽 / 14,000원

소송서식 생활법률의 기본지식
김대환 지음 / 신국판 / 480쪽 / 14,000원

호적 · 가사소송 생활법률의 기본지식
정주수 지음 / 신국판 / 516쪽 / 14,000원

상속과 세금 생활법률의 기본지식
박동섭 지음 / 신국판 / 480쪽 / 14,000원

담보 · 보증 생활법률의 기본지식
류창호 지음 / 신국판 / 436쪽 / 14,000원

소비자보호 생활법률의 기본지식
김성천 지음 / 신국판 / 504쪽 / 15,000원

처 세

성공적인 삶을 추구하는 여성들에게 우먼파워
조안 커너 · 모이라 레이너 공저 / 지창영 옮김

사회의 여성을 향한 냉대와 편견의 벽을 깨뜨리고 성공적인 삶을 이루려는 여성들이 갖추어야 할 자세 및 삶의 이정표 제시!!
신국판 / 352쪽 / 8,800원

聽 이익이 되는 말 話 손해가 되는 말
우메시마 미요 지음 / 정성호 옮김

직장이나 집안에서 언제나 주고받는 일상의 화제를 모아 실음으로써 대화의 참의미를 깨닫고 비즈니스를 성공적으로 이끌기 위한 대화술을 키우는 방법 제시!! 신국판 / 304쪽 / 9,000원

성공하는 사람들의 화술테크닉
민영욱 지음

개인간의 사적인 대화에서부터 대중을 위한 공적인 강연에 이르기까지 어떻게 말하고 어떻게 스피치를 할 것인가에 관한 지침서. 신국판 / 320쪽 / 9,500원

부자들의 생활습관 가난한 사람들의 생활습관
다케우치 야스오 지음 / 홍영의 옮김

경제학의 발상을 기본으로 하여 사람들이 살아가면서 생활에서 생각해 볼 수 있는 이익을 보는 생활습관과 손해를 보는 생활습관을 수록, 독자 자신에게 맞는 생활습관의 기본 전략을 설계할 수 있도록 제시. 신국판 / 320쪽 / 9,800원

코끼리 귀를 당긴 원숭이-히딩크식 창의력을 배우자
강충인 지음

코끼리와 원숭이의 우화를 히딩크의 창조적 경영기법과 리더십에 대비하여 자기혁신, 기업혁신을 꾀하는 창의력 개발법을 제시. 신국판 / 208쪽 / 8,500원

성공하려면 유머와 위트로 무장하라
민영욱 지음

21세기에 들어 새로운 추세를 형성하고 있는 말 잘하기. 이러한 추세에 맞추어 현재 스피치 강사로 활약하고 있는 저자가 말을 잘하는 방법과 유머와 위트를 만들고 즐기는 방법을 제시한다.

신국판 / 292쪽 / 9,500원

등소평의 오뚝이전략
조창남 편저

중국 역사상 정치·경제·학문 등의 분야에서 최고 위치에 오른 리더들의 인재활용, 상황 극복법 등 처세 전략·전술을 통해 이 시대의 성공인으로 자리매김하는 해법 제시.
신국판 / 304쪽 / 9,500원

노무현 화술과 화법을 통한 이미지 변화
이현정 지음

현재 불교방송에서 활동하고 있는 이현정 아나운서의 화술 길라잡이서. 노무현 대통령의 독특한 화술과 화법을 통해 리더로서, 성공인으로서 갖추어야 할 화술 화법을 배우는 화술 실용서.
신국판 / 320쪽 / 10,000원

성공하는 사람들의 토론의 법칙
민영욱 지음

다양한 사람들의 다양한 욕구를 하나로 응집시키는 수단으로 등장하고 있는 토론에 관해 간단하고 쉽게 제시한 토론 길라잡이서. 신국판 / 280쪽 / 9,500원

사람은 칭찬을 먹고산다
민영욱 지음

현대에서 성공하는 사람으로 남기 위해서는 남을 칭찬할 줄도 알아야 한다. 성공하는 사람이 되기 위해서 알아야 할 칭찬 스피치의 기법, 특징 등을 실생활에 적용해 설명해놓은 성공처세 지침서. 신국판 / 268쪽 / 9,500원

사과의 기술
김농주 지음

미안하다는 말에 인색한 한국인들에게 "I'm sorry."가 성공을 위한 처세 기법으로 다가온다. 직장, 가정 등 다양한 환경에서 사과 한마디의 의미, 기능을 알아보고 효율성을 가진 사과가 되기 위해 갖추어야 할 조건을 제시한다.
신국판 변형 양장본 / 200쪽 / 10,000원

취업 경쟁력을 높여라
김농주 지음

각 기업별 특성 및 취업 정보 분석과 예비 취업자의 능력 개발, 자신의 적성에 맞는 직종과 직장을 잡는 법을 상세하게 수록.
신국판 / 280쪽 / 12,000원

명 상

명상으로 얻는 깨달음
달라이 라마 지음 / 지창영 옮김

티베트의 정신적 지도자이자 실질적 지도자인 달라이 라마의 수많은 가르침 가운데 현대인에게 필요해지고 있는 안내에 대한 이야기. 국판 / 320쪽 / 9,000원

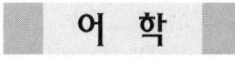
어 학

2진법 영어
이상도 지음

2진법 영어의 비결을 통해서 기존 영어학습 방법의 단점을 말끔히 해소시켜 주는 최초로 공개되는 고효율 영어학습 방법. 적은 시간을 투자하여 영어의 모든 것을 획기적으로 향상시킬 수 있는

비법을 제시한다. 4×6배판 변형 / 328쪽 / 13,000원

한 방으로 끝내는 영어
고제윤 지음

일상생활에서의 이야기를 바탕으로 하는 영어강의로 영어문법은 재미있고 지루하다고 생각하는 이 땅의 모든 사람들의 상식을 깨면서 학습 효과를 높이기 위한 공부방법을 제시하는 새로운 영어학습서. 신국판 / 316쪽 / 9,800원

한 방으로 끝내는 영단어
김승엽 지음 / 김수경·카렌다 감수

일상생활에서 우리가 무심코 던지는 영어 한마디가 당신의 영어 수준을 드러낸다는 사실을 깨닫게 하는 영어 실용서. 풍부한 예문을 통해 참영어를 배우겠다는 사람, 무역업이나 관광 안내업에 종사하는 사람, 영어권 나라로 이민을 가려는 사람들에게 많은 도움을 줄 것이다. 4×6배판 변형 / 236쪽 / 9,800원

해도해도 안 되던 영어회화 하루에 30분씩 90일이면 끝낸다
Carrot Korea 편집부 지음

온라인과 오프라인을 넘나들면서 영어학습자들의 각광을 받고 있는 린다의 현지 생활 영어 수록. 교과서에서 배울 수 없었던 생생한 실생활 영어를 90일 학습으로 모두 끝낼 수 있다.
4×6배판 변형 / 260쪽 / 11,000원

바로 활용할 수 있는 기초생활영어
김수경 지음

다양한 상황에 대처할 수 있도록 인사나 감정 표현, 전화나 교통, 장소 및 기타 여러 사항에 관한 기초생활영어를 총망라.
신국판 / 240쪽 / 10,000원

바로 활용할 수 있는 비즈니스영어
김수경 지음

해외 출장시, 외국의 바이어 접견시 기본적으로 사용할 수 있는 상황별 센텐스를 수록하여 해외 출장 준비 및 외국 바이어 접견을 완벽하게 끝낼 수 있게 했다. 신국판 / 252쪽 / 10,000원

생존영어55
홍일록 지음

살아 있는 영어를 익힐 수 있는 기회 제공. 반드시 알아야 할 핵심 센텐스를 저자가 미국 현지에서 겪었던 황당한 사건들과 함께 수록, 재미도 느낄 수 있다. 신국판 / 224쪽 / 8,500원

필수 여행영어회화
한현숙 지음

해외로 여행을 갔을 때 원어민에게 바로 통할 수 있는 발음 수록. 자신 있고 당당한 자기 표현으로 즐거운 여행을 할 수 있도록 손안의 가이드 역할을 해줄 것이다. 4×6판 변형 / 328쪽 / 7,000원

필수 여행일어회화
윤영자 지음

가깝고도 먼 나라라고 흔히 말해지는 일본을 제대로 알기 위해 노력하는 사람들에게 손안의 가이드 역할을 하는 실전 일어회화집. 일어 초보자들을 위한 한글 발음 표기 및 필수 단어 수록.
4×6판 변형 / 264쪽 / 6,500원

필수 여행중국어회화
이은진 지음

중국에서의 생활이나 여행에 꼭 필요한 상황별 회화, 반드시 알아야 할 1500여 개의 단어에 한자병음과 우리말 표기를 원음에 가깝게 달아 놓았으므로 든든한 도우미가 되어 줄 것이다.
4×6판 변형 / 256쪽 / 7,000원

영어로 배우는 중국어
김승엽 지음

중국으로 여행을 가거나 출장을 가는 사람들이 알아두어야 할 기

초 생활 회화와 여행 회화를 영어, 중국어 동시에 익힐 수 있게 내용을 구성. 신국판 / 216쪽 / 9,000원

필수 여행스페인어회화
유연창 지음

정열의 나라라고 불리는 스페인을 여행하고자 하는 사람들에게 꼭 필요한 기본 스페인어 회화 수록. 은행, 병원, 교통 수단 이용하기 등 외국에서 직접적으로 맞닥뜨리게 되는 상황을 설정하여 바로바로 도움을 받을 수 있게 간단한 회화를 한글 발음 표기와 같이 수록하여 손안의 도우미 역할을 해줄 것이다.

4×6판 변형 / 288쪽 / 7,000원

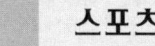

스포츠

수열이의 브라질 축구 탐방 삼바 축구, 그들은 강하다
이수열 지음

축구에 대한 관심만으로 각 나라의 축구팀, 특히 브라질 축구팀에 애정을 가지고 브라질 축구팀의 전력 및 각 선수들의 장단점을 나름대로 분석하고 연구하여 자신의 의견을 피력하고 있는 축구 길라잡이서. 신국판 / 280쪽 / 8,500원

마라톤, 그 아름다운 도전을 향하여
빌 로저스 · 프리실라 웰치 · 조 헨더슨 공저 / 오인환 감수 / 지창영 옮김

마라톤에 입문하고자 하는 초보 주자들을 위한 마라톤 가이드서. 올바르게 달리는 법, 음식 조절법, 달리기 전 준비운동; 주자에게 맞는 프로그램 짜기, 부상 예방법을 상세하게 설명하고 있다.

4×6배판 / 320쪽 / 15,000원

레포츠

퍼팅 메커닉
이근택 지음

감각에 의존하는 기존 방식의 퍼팅은 이제 그만!!
저자 특유의 과학적 이론을 신체근육 운동학에 접목시켜 몸의 무리를 최소한으로 덜고 최대한의 정확성과 거리감을 갖게 하는 새로운 퍼팅 메커닉 북. 4×6판 변형 / 192쪽 / 18,000원

아마골프 가이드
정영호 지음

골프를 처음 시작하는 모든 아마추어 골퍼를 위해 보다 쉽고 빠르게 이해할 수 있도록 내용이 구성된 아마골프 레슨 프로그램서. 4×6배판 변형 / 216쪽 / 12,000원

인라인스케이팅 100%즐기기
임미숙 지음

레저 문화에 새로운 강자로 자리매김하고 있는 인라인 스케이팅을 안전하고 재미있게 즐길 수 있도록 알려주는 인라인 스케이팅 지침서. 각단계별 동작을 한눈에 알아볼 수 있도록 세부 동작별 일러스트 수록. 4×6배판 변형 / 172쪽 / 11,000원

배스낚시 테크닉
이종건 지음

현재 한국배스스쿨에서 강사로 활약하고 있는 아마추어 배스 낚시꾼이 중급 수준의 배스 낚시꾼들이 자신의 실력을 한 단계 업그레이드 시킬 수 있도록 루어의 활용, 응용법 등을 상세하게 해설. 4×6배판 / 440쪽 / 20,000원

나도 디지털 전문가 될 수 있다!!!
이승훈 지음

깜찍한 디자인과 간편하게 휴대할 수 있다는 장점 때문에 새로운 생활필수품으로 자리를 잡아가고 있는 디카 · 디캠을 짧은 시간 안에 쉽게 배울 수 있도록 해놓은 초보자를 위한 디카 · 디캠길라잡이서. 4×6배판 / 320쪽 / 19,200원

스키 100% 즐기기
김동환 지음

스키 인구의 확산 추세에 따라 스키의 기초 이론 및 기본 동작부터 상급의 기술까지 단계별 동작을 전문가의 동작사진을 곁들여 내용 구성. 4×6배판 변형 / 184쪽 / 12,000원

태권도 총론
하웅의 지음

우리의 국기 태권도에 관한 실용 이론서. 지도자가 알아야 할 사항, 태권도장 운영이론, 응급처치법 및 태권도 경기규칙 등 필수 내용만 수록. 4×6배판 / 288쪽 / 15,000원

건강하고 아름다운 동양란 기르기
난마을 지음

동양란 재배의 첫걸음부터 전시회 출품까지 동양란의 모든 것 수록. 동양란의 구조 · 특징 · 종류 · 감상법, 꽃대 관리 · 꽃 피우기 · 발색 요령 등 건강하고 아름다운 동양란 만들기로 구성.

4×6배판 변형 / 184쪽 / 12,000원

수영 100% 즐기기
김종만 지음

물 적응하기부터 수영용품, 수영과 건강, 응용수영 및 고급 수영 기술에 이르기까지 주옥 같은 수중촬영 연속사진으로 자세히 설명해 주는 수영기법 Q&A.
4×6배판 변형 / 248쪽 / 13,000원

애완견114
황양원 엮음

애완견 길들이기, 애완견의 먹거리, 멋진 애완견 만들기, 애완견의 질병 예방과 건강, 애완견의 임신과 출산, 애완견에 대한 기타 관리 등 애완견을 기를 때 반드시 알아야 할 내용 수록.
4×6배판 변형 / 228쪽 / 13,000원

건강을 위한 웰빙 걷기
이강옥 지음

건강 운동으로서 많은 사람들의 관심을 모으고 있는 걷기운동을 상세하게 설명. 걷기가 필요한 장비, 올바른 걷기 자세를 설명하고 고혈압 · 당뇨병 · 비만증 · 골다공증 등 성인병과 관련해 걷기 운동을 했을 때 얻을 수 있는 효과를 수록하여 성인병을 예방하고 치료할 수 있도록 하였다. 대국전판 / 280쪽 / 10,000원

우리 땅 우리 문화가 살아 숨쉬는 옛터
이형권 지음

우리나라에서 가장 가보고 싶은 역사의 현장 19곳을 선정, 그 터에 어린 조상의 숨결과 역사적 증언을 만날 수 있는 시간 제공. 맛있는 집, 찾아가는 길, 꼭 가봐야 할 유적지 등 핵심 내용 선별 수록. 대국전판 올컬러 / 208쪽 / 9,500원

아름다운 산사
이형권 지음

우리나라의 대표적인 산사를 찾아 계절 따라 산사가 주는 이미지, 산사가 안고 있는 역사적 의미를 되새겨 본다. 동시에 산사를 찾음으로써 생활에 찌든 현대인들이 삶의 활력을 되찾는 시간을 갖게 한다. 대국전판 올컬러 / 208쪽 / 9,500원